檢視經驗的偏誤，找回決策的主動權

經驗陷阱

The Myth of Experience

WHY WE LEARN THE WRONG LESSONS, AND WAYS TO CORRECT THEM

BY

EMRE SOYER &
ROBIN M. HOGARTH

埃姆雷・索耶爾 & 羅賓・霍格思——著
張馨方——譯

『目次』

推薦序

累積經驗，但又不被經驗所束縛

李偉俠

如果經驗的累積和新創的成功率有正向關係，那我們應該看到大多數成功的新創公司都是由豐富經驗的老手創立的，而且一家新創公司的成功率可以很容易從創辦人的經驗來預測，但顯然不是。

網飛（Netflix）的創辦人哈斯廷斯（Reed Hastings）之前有成功出場經驗；Airbnb創辦人切斯基（Brian Joseph Chesky）則沒有。Paypal作為一個金融創新的公司，在員工人數破百的時候，出身傳統金融領域的員工也只有個位數，創辦人彼得・提爾（Peter Thiel）、馬斯克（Elon Musk）也毫無傳統金融業經驗。而迪士尼前主席、夢工廠共同創辦人卡森伯格（Jeffrey Katzenberg）與前eBay和惠普執行長惠特曼（Meg

Whitman）一起創業，聽起來就是必勝的黃金陣容，但他們一起成立的Quibi影音平台，推出半年就失敗。我們總可以找到各種正反案例去支持或反對經驗的重要性。

從我自己的創業經驗和輔導新創企業的經驗來看，我對於「經驗」這件事情也是「水能載舟、亦能覆舟」的態度：請一個產業經驗豐富的人加入團隊，好處是知道各種成敗案例和故事，也了解產業的遊戲規則，可以少走一些冤枉路。但壞處可能是一些「好的」冤枉路，由於不了解前後全貌，而被我們當成失敗公式並拋棄，反而錯過一個潛在的成功機會。或者那些熟悉產業的人，由於太習慣很多做法，因此會有很強的慣性接受或排斥某些嘗試。尤其許多臺灣人喜歡先觀察那些跑在前頭的案例，一旦成功就跟上、失敗就讓別人繳學費就好，這種便宜行事的做法反而讓自己距離巨大的成功越來越遠。

彼得・提爾在Facebook很早期的時候用五十萬萬美金投資，後來獲利十七億美金。當時在Facebook接洽很多投資人的時候，投資圈已經瀰漫一股對社交平台避之唯恐不及的氣氛，圈內已經知道這些平台的活躍使用者都呈現衰退的趨勢。但提爾沒有困在這些聽起來已成為常識的表面資訊，他到處打聽活躍使用者驟降的原因。後來他了解到，真實的原因和大家以為的相反，實際上是湧入社交平台的用戶增加太快，造成伺服器頻繁當機，所以是使用者體驗不佳造成的流失，而非使用者開始遠離社交平台。根據這個資訊，他下定決心投資Facebook。

我們都知道自己的經驗有限，但因為人的大腦本來就傾向把有限資訊串成完整的故事和因果關係，我們很難不從自己的經驗判斷未來的事情，而且還覺得自己很正確。《經驗陷阱：檢視經驗的偏誤，找回決策的主動權》這本書不僅點出人們的盲點，更重要的是也提供了解方：如何透過更仔細的分析了解事情全貌和因果關係，並幫助我們做出品質更好的決策。

作者舉出許多具體的分析方法，我列舉個人認為最重要的四點：

1. 不要太依賴美好經驗的回憶，盡可能用客觀角度回顧過去。
2. 多關注自己以為不重要的細節，有些細節可能是影響最終結果的關鍵。
3. 儘量多問What、Who、Where、When、Why、How，才能更接近事情的全貌。
4. 持續和他人交流並刺激思考，避免讓自己的經驗有太多片面誤導。

我很推薦這本書給新創投資人和創業者閱讀，我相信收穫會很多。這兩類人是非常需要持續累積新經驗的，又不能被經驗所束縛，如此才能降低失敗率。

書中提及一個創投：貝西默風險投資機構（Bessemer Venture Partners）。它勇敢公開自己錯過的投資清單，包括 Apple、eBay、Facebook、FedEx、Google、Intel、Paypal 和 Tesla。Airbnb 也公開五名潛在投資人的拒絕信。這些投資人都認為 Airbnb 的點子無利可圖，有兩名投資人連回信都沒有。

很多資深投資人已經看了無數的案子，但仍然很難判斷出一個新創的點子和團隊的勝率如何。如果能充分運用書中所提的各種分析資訊方法，相信一定能提高決策品質和成功率。

精實創業（lean startup）和敏捷開發（agile）是資深創業者所熟悉的方法論。作者認為這些方法是透過原型製作、實驗與迭代法建立可靠的經驗，而不是嚴格控制計畫來做出最終的產品，這些方法可以降低經驗的局限。但很可惜的是，這些方法尚未成為常態。絕大多數的組織沒有讓成員有空間探索出真正有價值的點子，反而是用高度控制性的計畫限制未來的發展。

另外，很多創業者也很喜歡吸收各種資訊和知識，盡可能了解各種失敗和成功因素，但這些資訊來源很難呈現完整樣貌。我們大部分看到的都是成功故事，但成功真正的原因我們未必知道，有可能是故事中描述的原因，也有可能是時機、政策等外部因素所造成的結果，結果被用一個吸引人的小故事去解釋，讓文章廣泛被傳播，大家也信以為真。失敗案例也很少被公開，自然更難被分析，通常只有自己經歷這過程後，才有辦法知道真正的因果關係。

如果創業者能從這本書學到如何保持開放心態，並且培養自己不放過蛛絲馬跡的分析能力，積極和不同的人交流，多聽取和自己不同的意見和經驗，我相信一定會讓自己的判斷能力有所精進，做出更好的決策。

作者簡介：

譯者翻譯平台 Termsoup 共同創辦人，美國傅爾布萊特學人（Fulbright scholar），《新創募資教戰》、《創新產品鍊金術》作者，創新產品開發與市場策略、募資簡報與營運模式講師。

授課和輔導單位包括經濟部、科技部、工研院、資策會、行政院青創基地、新北市亞馬遜AWS聯合創新中心、KPMG安侯建業會計事務所、外貿協會、台北市電腦公會、Career就業情報、104人力銀行、新北創立坊、桃園青創指揮部、台灣大學、清華大學、台灣師範大學、台北醫學大學、中原大學、成功大學、世新大學、高雄應用科技大學、商業週刊、天地人學堂等。

線上課程資訊及部落格：https://novapoints.com

序言

經驗是良師，但並非一向如此

你相信自己的經驗嗎？

多數人確實如此。個人經驗形塑了我們的喜好、訓練我們的直覺與引導我們的決定。它是不可多得的導師，帶給我們歷久彌新的教訓。社會普遍推崇經驗。大家都期望醫生、法官、政治人物與高階主管經驗豐富，總認為年資越久，學識或能力就越傑出。

這樣很好啊！有什麼不對嗎？

不幸的是，過分或一味依賴經驗，有可能導致令人煩惱的結果。事實上，這會讓情況變得血腥，真的非常「血腥」。

即將進入十九世紀的兩週前，六十七歲的喬治．華盛頓生病了。這位首任美國總統高燒不退。他喉嚨嚴重發炎，呼吸變得困難。助手見狀立刻找來御用的三位醫師。必要的治療手段無疑是放血。三位醫師與華盛頓本人都極力要求採取這項普遍使用的療法。充足與重複的放血，是當時醫療照護的關鍵要素，而且經常與血泡（blistering）、灌腸與催吐一併施行。華盛頓享有最完善的醫療照護資源，不為總統進行徹底的放血治療似乎說不過去。御用醫師們希望速戰速決，因此下手極重。據報告指出，在十二個小時的療程中，華盛頓全身將近一半的血液都放流了。數小時過後，他就逝世了。[1]

華盛頓的病症在醫生抵達前就已十分嚴重，以當時的醫療水準而言應該也回天乏術。但是，由於接受了放血治療，華盛頓在最需要血液的時候失去了這個身體組織。因此，應該**正是**這個立意良善的企圖害死了他。[2]

世代以來的民俗與臨床經驗支持放血療法的採用。數千年來，人們認為放血可治百病。羅馬學者凱爾蘇斯（Aulus Cornelius Celsus）在一世紀寫成的醫學專著《藥物》（*De Medicina*）中宣稱：「以靜脈切開術來放血不是什麼新鮮事，真正稀奇的是天底下幾乎任何疾病都可以透過放血來治療。」[3]

古希臘醫生家蓋倫（Galen of Pergamum）在西元二世紀積極提倡這種療法，深刻影響了往後數世紀的西方醫療實踐。十七世紀，最早發現血液循環系統的英國醫生威廉·哈維（William Harvey）依然認為：「日常生活的經驗明確顯示，放血對許多疾病能夠發揮最有益的影響，而且是所有普遍療法中最有效的一種。」[4]於是，放血療法延續了下來。

班傑明·拉許（Benjamin Rush）是華盛頓時代一位備受尊崇的醫生與美國《獨立宣言》（Declaration of Independence）其中一位簽署人。他致力改善社會局勢，反對奴隸制度、鼓吹監獄改革與促進國民教育。[5]

一七九三年費城無預警爆發黃熱病，基於治癒患者的強烈渴望，拉許提倡並實行一套密集放血與催瀉的療法。非常情況需要非常的治療手段。他本人不幸染疫時，也指示醫生替他大量放血。[6]

他存活了下來。「我用自己的身體證明了，」後來拉許在一封信裡寫道：「如果透過新的方法來治療黃熱病，它就等於是普通的感冒而已。」[7]

數十年後，對放血療法抱持懷疑態度的拜倫勳爵（Lord Byron）出現了。據說他生病時對試圖替他放血的醫生怒言：「因為放血而死的人，比戰死的人還多。」他的醫生並不認同這個說法。之後，他好幾次健康亮紅燈時，都被迫接受放血治療，而那段期間正是他人生的盡頭。[8]

為何長久以來，民眾與學識淵博的專家都堅信放血可治百病？（如今我們知道，這是一個受到誤導的信念。）

這項療法可追溯至人們對於人體解剖學與疾病生物學的錯誤假設。當時認為，疾病是體液失衡所致，而放血是一種讓身體恢復平衡的方法。過去的人們沒有多少工具與方法可找出真正的病因。這整件事從一開始就是個錯誤。

說來合理。當一個科學領域處於發展初期，即便是聰明絕頂、學富五車的專家，也有可能相信錯誤的觀點。這是會發生的。但是，在如此重要的脈絡下，加上幾世紀以來無數案例的反覆經驗，應該能幫助前輩們學到教訓、承認錯誤的觀念並修正做事的方法。

結果不然。經驗讓情況雪上加霜。

距今約兩千四百年前，古希臘名醫希波克拉底（Hippocrates）在他最初、也最著名的格言中，告誡人們需要從經驗中學習：「人生短暫而藝術恆久；危機總在瞬間發生；經驗不可靠，而做決定並不容易。」[9]

他說的對。在放血這件事上，以個人觀察與屢次發生的軼事所呈現的經驗，其實是種謬誤。過往的經驗證實了錯誤的假設，並鼓勵出於好意的治療師、醫生甚至美容師在「治療」病患時自由施行（而且往往是在不衛生的情況下），因而加深人們一直以來認為放血是萬靈丹的信念。就連教育程度頂尖與聲望崇高的人士，也容易誤入經驗陷阱。他們面對的是一位極具說服力的「導師」，即使學到的教訓是錯的。

我們來看看，還有哪些從經驗中汲取的教訓，會讓人誤入歧途。

在許多情況下，少量放血能讓身體恢復元氣（有時透過拔罐與水蛭吸血法施行），也可減輕某些發燒與發炎的症狀。因此，人們看到症狀有所緩解與表面上的安慰劑效應（placebo effect），很容易就認為放血具有療效。[10]

即使過度放血，一些病患仍有可能痊癒。在這些人當中，有一部分人也許遭到誤診，也就是他們實際上並未罹患醫生所推斷的疾病。然而，他們頑強的生命力有可能被解讀為「放血可治病」的進一步證據。

雖然放血後成功存活的幸運兒可以大聲宣告放血的確帶來了益處，然而病死的患者卻無法將自身的經驗也納入討論。如此一來，人們很容易就會將這些個案的死亡歸咎於疾病本身，而不是探究放血治療的影響。

我們無法光憑觀察來分辨真正的病因，因此難以制定適當的預防措施，而這可能助長了疾病的擴散。可以想像的是，當流行病突然爆發之際，人們更傾向仰賴傳統療法。

此外，許多具影響力的專家學者親身經歷過放血治療且順利存活，於是對這項療法深信不疑。他們往往認為自己有資格、甚至有義務向大眾宣傳放血的療效。之後，這些專家再將這項療法授予徒弟，積極維護這個歷史悠久的思想流派。事實上，在美國首任總統華盛頓的三位御用醫生及治療拜倫勳爵的三位醫生之中，都各有兩位出身同一所醫學院——班傑明．拉許本身也是該院的校友。華盛頓的醫療團隊第三位成員也曾是拉許的學生。學識圈如此封閉，加上數個世代的醫療從業者都從源頭汲取知識，這件事讓錯誤的教訓更容易持續存在與傳播。[11]

到最後，隨著這些以經驗為基礎的教訓全都指向同一個方向，人們反而越來越難做決定，甚至無法考慮其他做法。舉例來說，挑戰這個普遍信念的一種方法，是隨機挑選一組病患，不替他們進行放血治療並追蹤他們的健康狀況，再與接受放血治療者比較有何不同。但是，若拒絕對情況危急的病患進行這項行之有年的療法，似乎又顯得殘忍與罕見，尤其當病患本身提出了放血的要求時。因此，事實證明，多年的經驗難以抹除，導致累積的傳統更根深柢固，無法顛覆。

十九世紀，由於各種隨機試驗、解剖與生物學研究的進展，放血的熱潮終於開始消退。醫學史專家米契爾．克拉克（W. Mitchell Clarke）證實了希波克拉底早在兩千四百年前就擁有的智慧：「正如希波克拉底的第一個箴言，如果我們認為一種療法沿用了兩、三千年且不斷受古代智者權威背書，那麼那樣的經驗肯定靠不住，甚至該永遠捨棄。在我看來，這似乎是這個議題中最令人玩味、也最重要的一個問題。」[12]

確實如此。經驗所造成的誤導、偶爾伴隨致命後果的可能性，是人類在學習與思考過程中面臨的一大課題。而這正是我們選擇寫書探討這種現象的原因。

毫無疑問地，經驗在大多數生活面向的決策中不可或缺。實際上，它或許是個可靠的良師，但問題在於它並非**一向**如此。然而，我們往往堅信經驗是對的。

在某些情況下，過度仰賴經驗可能會使我們變得愚昧，同時又以為自己擁有變得更聰明的「知識」。經驗非但未揭開正確的答案，反而加深了錯誤的看法。我們一而再、再而三地犯下同樣的錯誤，久而久之甚至未能意識到問題的存在。

在後續章節裡，我們將聚焦一些實例，探討經驗在哪些情況下意外成了敵人與騙子，而不是人們的良師益友。我們將討論經驗可能在什麼時候、以什麼方式讓能力出眾的決策者失去判斷力，同時又讓他們誤信自己的能力非凡。我們將探究一般人在哪些情況下容易習取錯誤的教訓，以及我們該如何超越既有的經驗，找出正確的途徑。

若我們能以健全與建設性的批判態度看待經驗的教訓，將能獲益良多。今日，除了少數罕見的情況外，醫生並不會為病患大量放血。雖然這項慣例依舊存在，但比以往受到了更嚴格的限制，也變得沒那麼主流了。這麼做並不容易，但我們終究成功屏棄了這個迷思，改善了醫療程序。[13]

儘管如此，經驗還會透過哪些方式在其他重要的生活面向上蒙蔽我們？它會在什麼時候使人們不知不覺掉入陷阱？又有哪些嶄新的習慣與思維可以幫助我們承認經驗有所缺陷、可能導致誤解，並明瞭其中的教訓，做出更完善的決定呢？

本書將一一挖掘這些問題的答案。

經驗——強大的導師

經驗是一個複雜的概念。這個簡單的詞彙其實蘊含多個面向與特性。[14]

經驗是一種**過程**，是人們分分秒秒與眼前的環境互動。我們觀察和參與各種事件，或兩者同時進行；欣賞搖滾演唱會或參加滑雪之旅也是一種經驗。如果我們是生意人，那麼在設計商店、網站與手機時，我們會注重如何優化客戶與使用者體驗。

經驗也是一種**商品**。它依據我們過去無數的互動逐漸累積。我們藉由多次練習與執行任務來獲取經驗。由於重視經驗帶來的教訓，我們在招募同仁時會尋找已具備適當經驗的人才。

經驗還**關乎個人**。我們嘗試新事物，根據經驗來判斷自己喜歡它們與否，然後據此規劃未來的決定與行為。經驗在我們的喜好上也扮演關鍵角色。許多美國人熱愛棒球，不少英國人則偏好板球，但多數的土耳其人與西班牙人不太在乎這兩項運動。我們通常會喜歡從小接觸的運動、書籍與特定的食物。15

最終，經驗成為人們在日常生活中所仰賴的重要知識來源。做決定時，我們會參考過往的經驗，甚至需要借助某些經驗才能釐清現狀，並根據自身的偏好與目標採取行動。

幸好，從經驗中學習，還是益處良多。

經驗是**不經思索的**。我們很少思考自己如何從經驗中學習。這已變成一種習慣。許多動物自然而然地透過經驗學習周遭環境出現的各種狀況、模式、風險與獎勵。16

經驗**來得迅雷不及掩耳**。它會迅速回應我們的直覺，回應我們每天面臨的各種情況與隨之產生的無意識感知。就連單一的偶然事件也足以讓我們形成一項看法，而許多時候，這多少可以幫助我們有效處理生活中的各種狀況。17

經驗**能鼓舞人心**。它讓我們認清現實，幫助我們建立克服難題的自信。當累積越多經驗，人們會覺得自己越有能力。

經驗**歷久彌新**。從經驗中習得的許多技能，最後都會成為我們的第二天性。它們會持續很長一段時間，而且變得越來越容易應用。這種持久性讓我們有時間與精力學習其他技能。

騎單車是每個人從經驗中習得的典型技能。如果你會騎單車，表示你是透過實踐而學會的，因為一個人不可能靠著讀書或看影片來鍛鍊騎單車的技術。學會騎單車不需要花上數百個小時，你騎越多次，就越能駕馭單車。騎乘時，你不需要思考自己正在做什麼。然而，教導一個從未騎過單車的人騎車技巧，並不是件容易的事。他們需要親身體會才能明白。一旦學會，即使你已一段時間沒騎了，下次騎也能很快上手。同樣的道理也適用在其他技能，如開車、打字、滑雪或動手術。[18]

因此，廣泛而大量的經驗可以成就專業。謹慎的練習加上可靠的反饋，有助於人們在許多複雜任務上精進技能。[19]

以網球為例，球場上的所有選手都能觀察每一個動作與每一次擊球的結果。經由每一次練習與比賽中的數百回互動，對打的雙方能夠得到可靠與即時的洞察，了解什麼策略會在所有可能的情況下導致哪些結果。教練也能在場邊觀察整個過程，進而充實選手的經驗。近年來，裝備製造商也開始研發智慧型球拍。微晶片與感應器可提供細微的擊球資料，分析過後可以用於促進學習與表現。[20]

有鑑於網球選手的學習條件，那些登上溫布頓（Wimbledon）殿堂的好手擁有過人的技巧也就不令人意外了。可靠的經驗有助於他們將才能發揮到淋漓盡致。

除了實際的技能之外，經驗也是習取概念的重要工具。反覆接觸各種看法，可以大幅減少費力思考的必要性。經驗遠不只是一張列出過去與現在發生在我們身上的冗長事件清單而已，它還承載了許許多多錯綜複雜的記憶、解讀與關聯性，可幫助我們輕易連結各式各樣的概念。

諸如約翰．杜威（John Dewey）、庫爾特．勒溫（Kurt Lewin）、尚．皮亞傑（Jean Piaget）及近期的大衛．庫伯（David Kolb）與羅納德．福萊（Ronald E. Fry）等心理學家，都將經驗學習視為一種循環。人們先有了經驗，然後反省、習得概念性的教訓，最後驗證這些教訓以獲取更多經驗，如此往復不斷。[21]

這種循環是我們理解**成因與影響**的主要來源。我們做出某些決定，也觀察他人做決定，接著找出其中的連結與因果。之後，我們利用這些洞察來修正自己的決定，提高獲得有利結果的機會。[22]

以網球為例，不同的擊球策略會引發對手不同的反應，進而導致不同的結果，選手可從這樣的過程中逐步優化戰術。同樣地，關於過往人際關係——家庭與社交生活、職場或團體——的記憶，也會影響一個人往後在人際關係中的所作所為。

我們也可能透過某個領域的經驗，來認知其他領域中相關的過程與問題。這些經驗可豐富我們聯想到的線索，以增進不同領域**知識轉移**（knowledge transfer）的可能性。[23]

打網球有助於洞察辛勤工作、競爭、耐心、挫敗、信心與才能的本質，而這些知識在球場以外的地方也十分珍貴。對企業家而言，可以從一個成功專案的細節中，學到讓另一個專案順利推行的方法。

最後，我們可以從**他人的經驗**中學到教訓。雖然這些教訓往往不如我們親身體驗到的更清晰鮮明，但仍可指引我們培養自身的能力。前輩也可以分享自己從經驗中汲取的教訓，幫助後進省下大量的時間與精力。[24]

在網球賽事中，選手可從對手與他人的對戰中找出寶貴線索，了解如何與之對戰。教練可引導選手採取適合個人特質且有利的戰略。同樣地，在閱歷豐富的商業顧問指點下，決策者可以更妥善地詳細規劃目標與路徑。

基於以上原因，經驗**可以**妥善地指引我們產生直覺，並做出生活各方面的決定。它可以幫助我們適應新環境、提升表現與克服難關。

然而，這些優點的背後也許潛藏著黑暗面。經驗有可能在不知不覺中騙了我們。

詭譎的學習環境：我們遺漏了哪些重點？哪些事情毫不相干？

由於經驗關乎個人、不假思索、快如閃電、鼓舞人心且歷久彌新，我們很難忽視它。經驗在我們的直覺中植入的觀念讓人覺得可靠。不幸的是，它也帶給我們**錯誤的**指引。

我們都先入為主地認為，經驗可清楚且全面地反映眼前面臨的情況。不論我們經由觀察或參與的過程中學到了什麼，貌似都是真實的。心理學家與諾貝爾獎得主丹尼爾·康納曼（Daniel Kahneman）將這種症狀稱為「所見即為全貌」（WYSIATI）。[25] 這項假設普遍適用於騎單車與打網球等活動。這些運動牽涉**良善的學習環境**，決策者接受大量、即時且精確的行動反饋，而且遊戲規則基本上維持不變。在這種受到控制和有所局限的情況下，經驗帶來的教訓通常是可靠的。[26]

然而，現代生活不能與騎單車或打網球相提並論。我們看到的，不見得就是全貌。

心理學家湯瑪斯·吉洛維奇（Thomas Gilovich）在《康乃爾最經典的思考邏輯課》（*How We Know What Isn't So*）一書中警告我們：「這個世界不按牌理出牌。它不提供清晰的資訊讓我們『知道』得更透徹，而是帶來隨機、不完整、非典型、模稜兩可、前後矛盾、令人難以接受或間接的雜亂資料。」[27]

舉例而言，我們未必一直都有機會觀察自身決定造成的後果，或只能在事過境遷後觀察。現實生活的規則瞬息萬變且出人意料，導致得來不易的經驗陳舊過時。我們通常沒有教練或微晶片可協助仔細分析與矯正個人對於事態的解讀。

在大部分情況下，我們面臨的是**詭譎的學習環境**，累積的經驗不斷遭受各式各樣的滲透與扭曲。如柏拉圖著名的洞穴隱喻，人們看到的，只不過是許多相關背景下，實際情況的一些模糊表徵。雖然經驗仍能讓我們學到東西，但那些教訓未必正確反映了現實狀況。[28]

實際上，社會學家與組織行為學者詹姆斯．馬區（James March）在《經驗的疆界》（*The Ambiguities of Experience*）中主張，當經驗缺少證據又包含了不相關的細節時，人們經常無法學到正確的教訓。我們也相當容易受主觀的解讀所動搖，並根據有限的資訊快速歸納事情。因此，豐富的經驗有可能加深錯誤的信念，同時讓人誤以為自己變得更明智。[29]

因此，我們必須勇於質疑，然後及時調整經驗帶來的教訓，尤其是在我們真心希望做出明智決定的複雜情況下。面臨詭譎的學習環境時，思考兩個關鍵問題可以學到極其寶貴的一課：

- 如果我希望充分了解眼前的情況，需要從自己的經驗中找出哪些之前**遺漏**的重點？
- 我需要忽略經驗中哪些**不相關**的細節，才能專注於眼前的情況？

以下舉一個簡單的例子，以凸顯遺漏的細節如何導致我們受到經驗的誤導。

在電視特輯《系統》（The System）中，插畫家德倫·布朗（Derren Brown）連續擲硬幣十次，每次的結果都是正面。他使用的硬幣如假包換，畫面也未經特效處理。整個過程不到一分鐘。[30]

這看來十分不可思議。布朗一副自信滿滿、掌握自如的模樣。擲了六次後，他甚至預示接下來的發展：「再擲四次……就結束。」彷彿他找到了方法，可以騙過上天，用意志控制那枚硬幣。

的確如此。但是，他的方法不是操縱硬幣，而是向觀眾隱藏了部分事實。之後他在節目中揭露真相，其實大家看到的十次過程，只是一整段錄影的最後一分鐘。布朗的攝影團隊得花數小時拍攝他擲硬幣的過程，並在他每次擲出反面後重來一次。然而經過多次嘗試後，他終於連續擲出了十次正面，也就是觀眾看到的唯一一段過程。隨著時間過去，起初看似不可能的事情成了必然的結果。布朗的驚人之舉不是超能力，而只是擲硬幣的一種機率。

在此情況下，雖然令人印象深刻的結果輕易可見，但其中大半的複雜過程從觀者的經驗中消失了，因此結果看起來比實際上還離奇。[31]

若換成數千人同時擲硬幣，也可創造類似的效果。其中總有一些人會連續擲出十次正面。不過同樣地，這不是因為他們技能出眾，而是運氣的關係。如果某個人沒看過別人連續擲出十次正面，那麼他的經驗裡便遺漏了特定的結果（有人能連續擲出十次正面）。這麼一來，那些少數成功連續擲出正面的例子，就會顯得比實際上來得不可思議。[32]

遺憾的是，多數人的生活經驗都以這種選擇性的資訊為取樣基礎。例如，人們通常沒有機會觀察如果做了另一個選擇，到底會發生什麼事。此外，史無前例的災難與顛覆性的創新——顧名思義——並不存在於我們的經驗中。這導致人們非常容易輕視或忽略特定的相關細節，因此無法妥善做出重要的決定。於是，「眼不見」就輕易變成了「心不念」。[33]

反之亦然。眼前所見塑造了經驗，我們從中汲取結論，即使它們與現實情況毫不相干。

我們兩位作者其中之一是霍格思，他在蘇格蘭長大的。他們一家最愛到一處名為「反重力山坡」（Electric Brae）的地方郊遊。這座地勢奇特的山坡鄰近杜紐爾村（Dunure）。如果你在地上放一顆球或潑一些水，會看到球或水**往上坡處移動**。難道，地球引力在蘇格蘭這個地方不適用？

斜坡附近有顆巨石，上頭刻著說明文字：

> 這座山坡從俯瞰西邊的克羅伊鐵路高架橋（Croy Railway Viaduct，平均海拔約八十七公尺）的轉彎處零點二五公里為始，一路延伸至東邊林木繁茂的克萊根克羅伊峽谷（Craigencroy Glen，平均海拔約九十二公尺）。雖然從轉彎處到峽谷的坡度為八十六比一，但道路兩旁的地勢造成視線錯覺，使山坡貌似往相反方向傾斜。因此，一台靜止的車子如果沒有拉起手煞車，看起來會像是緩緩開上坡。「反重力」一詞的由來，是過去人們誤以為這個現象是地底下的電極或磁力所致。[34]

周圍鄉村的地貌干擾了我們對於斜坡的判斷。雖然這座山坡看起來彷彿有反重力，但事實絕非如此。

本書將不斷探討兩個關鍵問題：**我們遺漏了哪些重點？哪些事情無關緊要？**這些工具寶貴無價，可幫助我們挑戰經驗所帶給我們清楚明瞭的教訓——在詭譎的學習環境裡，這些經驗往往導致不充分或大錯特錯的結論。

從經驗中學習——然後努力忘卻經驗

一旦我們從經驗中習得不可靠的結論，就會難以修正乃至終身難忘。而且，它們通常會隨經驗的累積而變得根深柢固。這正是為什麼即使情況改變了，我們依然會受經驗牽絆，無法適度做出調整。[35]

YouTube頻道〈一天比一天更聰明〉（Smarter Every Day）的創作者德斯汀・桑德林（Destin Sandlin）利用一項奇特的實驗測試這個概念。他將單車的握把反轉，每當旋轉手把往左時，輪子就會往右，手把往右時，輪子就會往左。接著他請習慣騎正常單車的人試騎這台他稱之為「反轉大腦的單車」移動數公尺看看。

這有多難？答案是，難度爆表。因為大家都習慣騎正常的單車，不管怎麼試，就是無法適應這台特製的單車。

令人驚訝的是，經過多次練習、經驗與嘗試，桑德林最終學會騎這台設計怪異的單車。但他之後發現，自己無法回過頭去騎正常的單車了，這證明學習騎一台正常單車所帶來的經驗與技能，並不適用於「反轉單車」，反之亦然。[36]

如果你不想拿單車亂搞，嘗試反轉電腦鍵盤看看，應該也能達到相同的效果。反轉後，試著輸入自己的名字吧。你會發現，自己的雙手在鍵盤上不知所措，遍尋不著之前習慣的字母位置。[37]

由此可見，在經驗的制約下，我們偏好特定的選擇、過程或行動，即使它們陳舊過時或無助於達成目標。會這樣子有一部分原因是我們難以忘記之前學習的路徑，並改由其他方式學習。[38]

在經典著作《未來的衝擊》（*Future Shock*）中，未來學家艾文・托佛勒（**Alvin Toffler**）將反學習（**unlearn**）與重新學習的能力比作識字。在一個持續發展的社群化、科技化與全球化世界，經驗的不可逆與不可靠，會使我們長期「不識字」，更讓我們對這種無知不以為意。[39]

其實，人類曾有好幾個世紀都傲慢地以為自己身處於宇宙的中心。人們單純認為所見必定是事實。經驗的透鏡不斷證實與加深我們的信念——以為地球是平的、所有行星都圍繞著地球旋轉。我們必須發展有助於超越經驗的方法與科技，才能掌握實際的處境——發現地球原來不是宇宙的中心，而僅僅是龐大系統的一小部分。如果不準確評估實際的情況，我們便會受限於來自經驗的錯誤知識與技能，而經驗的增加更進一步鞏固這些錯誤。[40]

好消息是，倘若運用正確的工具，我們便能避開經驗的陷阱。這對於人們在醫學、科技、教育、政治、經濟與商業等重要領域中的進展不可或缺。壞消息是，除非我們承認經驗有時會帶來不良的教訓，否則我們即使握有充足的反證，仍會受到誤導。

避免經驗造成的錯覺

「經驗是良師」的說法根本是空穴來風。早在十五年前，當我們兩位作者首次見面時，便著手研究有無實際案例是經驗助人習取寶貴見解並做出妥善決策的。然而過了一段時間，我們漸漸注意到，在許多情況下，豐富的經驗會讓事情變得更複雜，而人們對此毫無知覺。

認知心理學家與行為決策研究先驅海利爾・殷紅（Hillel Einhorn）曾說：「如果我們相信自己能從經驗中學到東西，是不是也該明白這種學習的局限性？」[41]

在充滿爭論的現代世界裡，不論是科學家、學術專家、政治社會「菁英」或有力的新媒體機構，人們對於應該在何時以何種方式挑戰既有智慧，眾說紛紜。我們以殷紅的疑問為基礎，也應該抱持同樣嚴謹與審慎的態度來檢視經驗。畢竟，欺騙自己跟被別人欺騙一樣糟糕，而人們往往更難克服前者。

我們這麼說，並不是要大家忽視經驗，而是指即時且適度的質疑，有助於我們分辨經驗在什麼時候可靠、什麼時候又不可靠。身為決策者的我們，若能將經驗視為有待驗證的假設，而不是不容置疑的定論，會是比較好的做法。如此一來，我們便可能有效學習、拆解過往的經驗與重新學習。[42]

在《成為一個人》（*On Becoming a Person*）中，人本心理學家卡爾・羅哲斯（Carl Rogers）詳盡闡述了這種懷疑的態度。他表示，在人們認識周遭世界與做決策的同時，個人經驗是「最高權威」與「有效性的試金石」。我們會感覺沒有其他事情比從經驗中學到的教訓更具說服力。但是，這種權威性不應該源自「經驗絕對正確」的假設。相反地，羅哲斯主張，我們之所以應該重視經驗帶來的教訓，正是因為它們可以受到檢驗與矯正。[43]

對於經驗的好奇態度，也能約束備受民眾仰賴的專家或領袖。明白經驗在什麼時候值得依靠與什麼時候不值得借鏡，可以讓我們選出更適任的經理、專員、顧問與行政人員，進而促進長期福祉。

本書旨在改善大家從經驗中學習的方式，絕非擅自推斷或要求一個人應該或不應該做出哪種決定。相反地，我們希望透過本書揭露經驗不值得依賴的情況，並設想富有創意的方法來訓練直覺，讓大家免於付出不必要的代價。

第一章
不實的故事
簡化的故事不等於經驗

我們來看看下方一連串圖示。

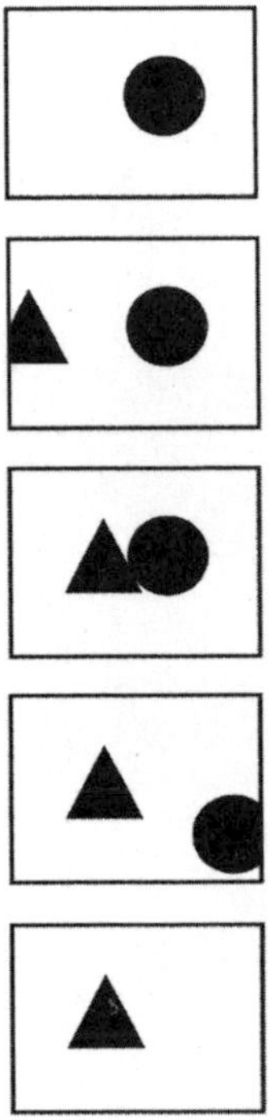

畫面上有一個圓形，靜止不動且位於中間偏右的位置。接著，一個三角形由左邊進入畫面，滑向那個圓形。兩個圖形在中間交會時，三角形停止移動，而圓形開始滑向右邊。最後它出鏡了，而三角形依然在畫面中，靜止不動。結束。

請思考以上畫面。這一連串的事件代表什麼？

我們曾在一些演講與工作坊中播放這串圖，請觀眾思考這個問題。意外地，他們通常很快就有回應，且答案五花八門。有些人從表面上解讀：「三角形將圓形擠了出去。」

其他回應則饒富趣味與隱喻性：

「改變無可避免。」

「方法不斷發展，以更妥善解決問題。」

「秩序戰勝混亂。」

「有原則的人勝過沒有原則的人。」

「理智擊敗情感。」

蒐集了無數回應後，我們接著問：之後將發生什麼事？我們一樣得到許多答案，但多數都以先前的回應為基礎：

「會有一個方形來將三角形擠出去。」

「圓形會回到畫面裡……它會回來復仇。」

「會有一個更好的解決方法取代現有的方法……也許畫面會出現更多顏色。」

「情感終將戰勝理智。」

這項測試以心理學家弗里茨・海德（Fritz Heider）與瑪麗安・西梅爾（Marianne Simmel）的研究為基礎，他們兩位都受到心理學家阿爾伯特・米齊特（Albert Michotte）的啟蒙。他們向觀眾展示特定形狀的物體、讓物體四處移動，然後探討人們的感知。三角形與圓形的故事揭示了人們如何從經驗中學習。[1]

首先，**經驗會迅速成為故事**。人們能夠輕易根據自身的觀察來建構故事，更經常將自己的解讀與過去的經驗、看法和知識連結在一起。

第二，**人們往往認為事件的先後順序具有因果關係**。這串圖單純呈現兩個物體往各種方向移動，但觀影者不假思索地根據事件發生的順序歸結，一個物體導致另一個物體移動並在最後出了鏡。

第三，**人們很輕易就會根據覺察到的故事來預測接下來將發生什麼事**。由於一個物體排擠另一個物體，因此現在應該要換後者報復前者了。或者，由於改變無可避免，因此將有更新的物體來取代之。最初的故事內容，為人們對於事態演變的推測與期望奠定了基礎。

因此，這項簡單的測驗顯示，人類能夠快速且熟練地根據經驗創造故事，然後據此判斷未來的情況。這是相當複雜的任務，但我們善於此道。或許我們會這麼擅長說故事，有部分是因為故事賦予我們極強大與寶貴的能力以面對經驗。

故事也幫助我們**理解**經驗。它提供了一種方式，讓我們可將意義連結到生活中複雜卻重要的事件。它讓我們得以在混亂中建立秩序。

故事也幫助我們**記憶**經驗。記憶一張寫滿單字或概念的筆記，並在一段時間過後依序背誦，是一件困難的事。但如果我們透過統一的故事牽起它們之間的連結，就能在需要時輕易回想起來。

故事有助於**傳播**經驗。我們可以輕易向他人傳達經驗，確保大家都能學到教訓。我們也可從他人的故事中習取經驗。

故事能幫助我們根據經驗**預測未來**。我們可以利用它們來訓練自己針對未來事態的推測。過往今來的故事，塑造了關於未來的故事。[2]

在《人類大歷史》（*Sapiens*）一書中，歷史學家哈拉瑞（Yuval Noah Harari）強調人類創造、相信與散播故事的能力，這對作為一個在地球上占據統治地位的我們來說，至關重要。故事有助於我們團結合作、擊退敵人、在致命危險中生存、建造大型城市、維持複雜體制與創造新事物。舉例來說，國家建立在故事的基礎上並受其支撐，而這些故事生動地濃縮了人民的共同經驗。相較之下，倘若未能覺察這些故事，我們便可能無法習取寶貴教訓、與他人合作及獲得機會。[3]

有鑑於故事推動我們發展成今日的樣貌，人類天生就會不自覺地從經驗中看見故事。

這樣很好啊！有什麼不對嗎？

不幸的是，說故事的傾向也可能造成嚴重的問題。如果我們對事件的感知受到過濾、扭曲、細節的遺漏與不相關的資訊所影響，創造出來的故事便會過於簡化與不切實際，因而無法掌握實際情況中的細微差異，或者不利於做好迎接未來的充分準備。儘管如此，這些容易引人誤解的故事仍擁有很大的影響力且歷久不衰。在《人性的，太人性的》（*Human, All Too Human*）中，哲學家尼采（Friedrich Nietzsche）認為：「一知半解往往能戰勝全知。這讓事情看起來比實際上更簡單，進而使片面的知識更容易被掌握與更有說服力。」[4]

歷史的本質讓人無可避免地一知半解。回顧歷史，我們只能看見眾多可能結果裡的一種可能性。真正發生的事情，甚至不是最有可能成真的版本。說到向歷史借鑑，真實的學習環境總是凶險萬分的。在《凡事皆可想而知》（*Everything Is Obvious: Once You Know the Answer*）中，社會學家鄧肯・華茲（Duncan Watts）警告：「向過去借鏡時，我們只會看見已發生的事情，而不是所有可能發生而未發生的事。因此順著常理，我們經常將單純的先後順序誤解成因果關係。」[5]

但眼前所見未必是全貌。

例如，在三角形與圓形的故事中，也許還有其他事情不為人知。也許圓形的離開正是促使三角形到來的原因，因此實際上是前者「鼓勵」了後者。這則故事也有可能是隨機發生的：一起事件只在某些時候才會導致另一起事件，而我們只是碰巧看到了特定的發生順序。又或者，故事裡不存在因果關係，只有相互關聯：一起事件接在另一起事件之後，但後者並非**肇因於**前者。

更複雜的是，假如世界上不存在任何有意義的故事，我們該怎麼辦？換句話說，沒有助力、沒有阻力、沒有模式、沒有教訓、沒有起因、沒有影響，沒有任何事可以預測該怎麼辦。假如經驗或歷史中的事件大多是隨機而起，又該怎麼說？人類其實冒著極大的風險探究那些根本不存在深意的故事。

心理學家表示，若將隨機事件視為具有特定意義，即是中了群聚錯覺（clustering illusion）的魔咒。身為作家與懷疑論者的麥可．薛莫（Michael Shermer）將「在雜音中意識意義模式的傾向」稱為「模式性」（patternicity），而精神病學家克勞斯．康拉德（Klaus Conrad）則稱為「關聯妄想症」（apophenia）。根據隨機性編造複雜故事的行為也有專門的名稱，應用統計學者與作家納西姆．塔雷伯（Nassim Taleb）稱其為「敘事謬誤」（narrative fallacy）。[6]

對人們而言，根據經驗編造故事，要比忽視經驗容易得多。在複雜性與無常之下，人們非常容易寫出**錯誤的**故事。因此，我們會不經意地創造、學習、相信、依循與散播既不存在又嚴重謬誤的故事。一旦我們深深著迷於某個故事，便很難改變自己的想法。從故事中學到的教訓會變得根深柢固，並左右我們之後的行為。

以放血為例，人們對病因的錯誤看法，促成了這項特殊療法。經驗上，這種療法看似反映了虛幻的因果關係，導致人們在很長一段時間繼續深化與傳播錯誤的故事。有時，這會促使我們做出過分的行為，傷害需要幫助的病患與深愛的親朋好友。

一不小心，經驗便會使我們相信錯誤的原因、期待不切實際的結果、不當地評估表現、進行不良的投資、獎勵或懲罰錯誤的對象，以及未能做好承擔風險的準備。更糟的是，我們甚至不會發覺自己正依循謬誤的經驗行事，並且無法及時與適當修正做事的方法。因此到頭來，我們有可能解決了不對的問題、採取不當的方式，而且未能達成目標。[7]

唯有承認這些潛在的弱點與超越可用的經驗，我們才能找出有助於更精準洞察許多複雜局勢的機制。我們甚至可以善用編故事的本領，將經驗視為有待質疑與改進的理論，而不是可行的真理，不論它們多麼具有說服力。若能及時並以健全的懷疑態度來看待以經驗為基礎的故事，我們便可判斷，哪些因果關係比其他關係來得密切，以及其中遺漏了哪些關聯。

我們將透過本書描述各式各樣的謬誤故事，凸顯它們如何在人們處理不同生活面向的重大決定時，導致學習的幻覺（illusion of learning）。本章將舉出一些具體案例，為後續章節的敘述鋪陳。

低估隨機性的故事

以下事件全都發生在二〇一五年。[8]

塞雷納．威廉絲（Serena Williams，人稱「小威廉絲」），這位空前絕後的網球頂尖好手暨世界排名第一的女子選手，被外界看好將贏得所謂的「年度大滿貫」——意指選手於同年度的四大網球公開賽中均奪冠，包含澳洲公開賽、法國公開賽、溫布頓公開賽與美國公開賽。這是相當了不起的成就，而當時小威廉絲在賽程中無往不利。因此，她風光成為《運動畫刊》（*Sports Illustrated*）八月三十一日那期的封面人物，標題寫著「大滿貫賽事：萬眾矚目的塞雷納」（THE SLAM: All Eyes on Serena）。

之後，出人意料的事情發生了。在九月份美國公開賽精彩刺激的一場準決賽中，備受愛戴的小威廉絲輸給了非種子選手羅貝塔．文琪（Roberta Vinci）。

棒球明星丹尼爾・墨菲（Daniel Murphy）在美國職棒大聯盟紐約大都會隊（New York Mets）打出如魚得水的一季，「以連續六場季後賽都擊出全壘打的成績創下聯盟紀錄，在進入世界大賽（World Series）後的九場比賽中打擊率點四二一、擊出七支全壘打與十一個打點。」因此，墨菲迅速登上了《運動畫刊》十一月二日出刊的封面。標題將他稱為「令人嘖嘖稱奇的墨菲」（The Amazin' Murph）。

接著，出人意料的事情發生了。墨菲的打擊率退步，還在世界大賽關鍵的第四場第八局漏接了一顆滾地球，據報導那正是紐約大都會隊敗給堪薩斯皇家隊（Kansas City Royals）的原因。

演員威爾・史密斯（Will Smith）因細膩詮釋發現了美式足球與腦部損傷有關的法醫病理學家班奈特・奧瑪魯（Bennet Omalu）而入圍金球獎。有鑑於這是體育界的一項重大發展，《運動畫刊》將史密斯與電影《震盪效應》（Concussion）作為十二月二十八日上市的封面，並打上標題：「威爾・史密斯點亮了足球界最黑暗的角落與美式足球的未來」（Will Smith shines a light on football's darkest corner and the future of America's game）。

然後，出人意料的事情再度發生了。儘管電影叫好叫座，史密斯也以精湛的演技廣受好評，但並未入圍奧斯卡。事實上，這部片完全被排除在這項影壇盛事的入圍名單之外。

以上所有事件都發生在幾個月內，而且呈現了類似的事態演變：某人的表現如日中天，結果登上《運動畫刊》的封面，最後的表現卻不如以往。大眾看到的故事很簡單：《運動畫刊》的封面為某人帶來了厄運。是這本雜誌**導致了**某人的失敗。

因此，《運動畫刊》的封面遭到了詛咒，任何運動員或球隊登上封面，都將在不久後發生壞事。《運動畫刊》封面受到詛咒的這種看法，根基於重複發生的事件，而這是運動迷們多年來不斷觀察到的現象。關於這個詛咒的魔力，最新的資料來源是維基百科的內容，其依照發生順序列出了數百起案例。該雜誌本身也曾在二〇〇二年的一月刊探究這個現象，發現截至當時，有百分之三十七的人物在登上封面後，確實出現事業表現大幅衰退的情況。（自一九五四年八月創刊起的兩千四百五十六位封面人物中，有九百一十三人受到影響。）[9]

這是一個人們特別容易根據經驗產生簡單故事的例子。如果運動員或球隊的表現未能符合期望，球迷們會急著想知道究竟發生了什麼事。結果，他們發現在一次次令人失望的表現之前，那位運動員或那支球隊曾經登上雜誌封面，於是認定這兩件事一

定有關聯。也許這位運動員或這支球隊承受不了獲得公開讚揚的壓力；也許他們因為日益嚴格的媒體審視與球迷的瘋狂吹捧而無法專心致志；也許他們變得驕矜自滿，不再力求表現。

以上設想的情況全都有可能，但我們應該給那些封面人物一點肯定。職業運動員為了成功而持續努力鍛鍊技能。當然，他們之中，沒有那麼多人會如此輕易受壓力的影響或變得傲慢。我們該問的不是**為什麼**登上《運動畫刊》封面就會表現退步，而是應該問，運動員或球隊會在**什麼時候**登上這本雜誌的封面？答案是：在他們處於事業顛峰之際！

如果《運動畫刊》有善盡本分，就表示許多封面人物都是當時頂尖好手中的佼佼者。經由傑出成就所贏得的封面，進一步帶他們攀上顛峰狀態。達到那樣的極限後，進步空間不會太多。假如他們的優秀表現是高超技能結合某些不在控制內的事件所組成的（其實在體育界或許多其他行業中一向如此），那麼下一次的表現很可能會退回相對正常的程度。雖然退步的情況可能發生在登上封面後不久，但這並不是登上封面所造成的，只是事件自然演變的過程罷了。

事實上，倘若許多封面人物後來的表現**並未**退步，對《運動畫刊》而言才是凶兆。因為這意味著，編輯們並未善盡職責，選出正值顛峰的傑出人士。這裡探討的現象並非魔咒，而主要是統計學中所謂的均值回歸（regression to the mean）現象，或者如《運動畫刊》本身所述，他們在「測水深」。[10]

當然，你可能認為這種都市傳說無傷大雅。畢竟，這只是個發生在體育界某些罕見與極端事件的謬論。[11]

然而，這個例子其實代表一個更全面且普遍的現象。均值回歸存在於那些結果有部分取決於運氣或隨機事件的各種領域與情況。運氣在極端結果中扮演的角色越重要，事件就越有可能在不久後回歸正常。面對正面或負面的極端情況，無疑都是如此。大家都非常關心生活面向的許多極端事件，然而這就表示，一旦忽視均值回歸，往往會導致人們創造錯誤的故事，不僅誤認事件的起因，並高估它們對結果的影響。

舉醫學為例，如果一種藥物或療法大多在極端病例中施行，那麼它的療效就有可能受到高估。事實上，倘若一些病患在病情嚴重時選擇放血，這項療法便會得益於均值回歸。他們的病情也許過了一陣子就會緩解，但放血療法占盡了大部分的功勞。同理也適用於許多替代的健康療法，它們有時被稱為「萬靈丹療法」。就如同《運動畫刊》封面有魔咒一樣，正確的問題不是**為何**萬靈丹能治病，而是病患會在**何時**選擇萬靈丹。[12]

同樣地，均值回歸現象會使管顧業從業人員在各種情況下名過其實，尤其當客戶在表現奇差的時候找上他們。客戶會將之後的進步，一部分歸功於他們、一部分感謝運氣，但那些顧問往往會搶走所有的風采。

任何類型的評估，都必須將可能的回歸效應納入考量後才算完整。假設一間公司給表現最優異的員工分紅，並處罰最差勁的員工，這麼做很合理……但均值回歸會讓一些優秀員工在之後表現退步，而差勁員工卻有所進步，不論他們之前得到的是獎勵或懲罰。若主管僅憑表象就對此經驗信以為真，便會因此更加深信，懲處更能激勵員工，而獎金制對員工是無益的。[13]

所謂的「彼得原理」（Peter Principle），有一部分也源自均值回歸現象，即認為人們會「被拔擢至無法勝任的職位」。「如果員工在工作表現處於或幾近顛峰狀態時獲得晉升，那麼他們之後的表現便可能因為回歸效應而退步。」[14]

類似的情況也見於領導階層的變動。在一連串的專案中表現不佳的經理或管理人員會遭拔職，他們一走，組織的績效便有所進展。然而，這純粹是因為剔除了那些表現欠佳的管理階層嗎？即便他們的表現有一部分是因為運氣差造成的？由於人們永遠無法得知，倘若當初沒有替換那些管理人員，事態將如何發展，因此很少會考慮這個替代選項。[15]

在《隨機法則》（*The Drunkard's Walk*）一書中，物理學家雷納・曼羅迪諾（Leonard Mlodinow）舉了電影產業的幾個例子，指某些製作人因為連續選的幾部電影都票房不佳、被炒魷魚。新的製作人上任後，電影公司的營運便有了起色，讓人以為確實是之前的管理不善導致了低潮，而更換製作人是對的選擇。諷刺的是，即使後續的賣座影片其實是遭到解職的製作人選入的並已進入籌拍階段，但這種看法依然會產生。[16]

說到電影產業，續集電影也受到回歸效應的詛咒。如果第一集叫好叫座，那麼第二集獲得相對低落的評價，其實人們不應該感到意外。首部曲在市場上越轟動，後續的電影就越「受到詛咒」。這並不代表續集電影在客觀上品質不佳，而且資料也顯示，續集電影通常都能帶來大量收益。因此，短期內市場上並不會缺乏續集電影。[17]

最終，基於經驗而對均值回歸的錯誤理解，會促使我們提出謬誤的故事，進而錯怪或高估了某些人、事、物。那麼，為何人們對周遭可能出現的回歸效應視而不見呢？畢竟這種現象十分普遍，但並未出現在大多數的課堂與新聞分析中。我們永遠不會在報紙的體育或金融版面上看到「表現水準下滑：均值回歸現象再度來襲！」（Performance Is Down: Regression to the Mean Strikes Again!）這類標題。

一部分是因為，承認均值回歸的存在，就意味著將我們經歷的重要結果歸因於機率。人類難以接受隨機性。我們不願承認的是，我們無法完全掌握努力工作或投入大量金錢後所出現的結果。相反地，我們編造故事來解釋良好或差強人意的表現，期望這能讓我們持續迎來好結果和避免壞表現。

輕視機率與過度解讀一些隨機的波動，是人們的故事最終導致誤解的唯一可能。在許多情況下，我們根據經驗創造故事，卻牴觸了潛在複雜的因果關係，甚至這些事件未必需要極端的條件就能成形。

扭曲時間的故事

播下種子時，你不會期望立刻收成果實。你必須事前規劃、進行投資、堅持到底與等待結果。我們都知道作物需要時間萌芽茁壯。

求學不會立即帶來報酬。我們必須思考希望達到哪些目標、如何運用知識、該怎麼投資自己與持續前進。教育及其益處一樣需要時間醞釀。

如果我們希望擁有健康，就不該期待一蹴可幾。我們必須維持健康飲食、規律運動，投注時間與精力，循序漸進達成理想的健康程度。良好的健康也需要時間養成。生命中幾乎所有值得珍惜的事物都需要意志與努力，當然還有時間的灌溉。如果一個方案或解法需要大量與未知的時間才能發揮作用，便容易使人們對事情的因果關係感到困惑。

例如，經濟是一套複雜的體系，其過程讓人難以徹底了解，而且經常需要比想像中更久的時間才能發揮效果。如果政府與其他機構採取某些措施來促進經濟，一般不可能立即見效。

除此之外，許多政策也需要預先投入高昂的成本，之後才能收到渴望的效果，促成「倒吃甘蔗」的局面。例如，假設政府希望透過調整教育政策來降低失業率，那麼今日付出的昂貴代價，便需要一段時間才能促成後續種種的結果。政策制定者與管理者播下種子，而果實需要時間才能發育成熟。然而，我們經常從經驗中簡化敘事，為了貪快而省去改變所需的真正時間，並利用那些過於精簡的經驗。[18]

因此，人們很可能有得到錯誤結論的風險。如果有一項行動未能迅速產生某個預期的結果，我們就會認為它沒效。等到好結果終於浮現時，我們卻傾向將它歸因於近期採取的行動。因此，剛當選不久的政府官員很容易被視為經濟或社會情勢出現正面轉變的功臣，但這其實是前任官員的舉措所致。同樣的情形也見於任何類型組織裡新到任的管理階層。事實上，電影製片大多依據當前的情況遭到解雇或得到獎賞，也貼切呈現了故事的時間線一旦被扭曲是什麼樣子。假如我們未能意識到「測水深」是需要時間的，以及極端的情況需要時間來回歸正常，最後便會做出錯誤的選擇。

倘若人們以這種錯誤的時間意識來提出故事，便無法邁向更好的未來。當權者大多明白，民眾傾向從即刻的經驗中學習——許多人可能會分享這種經驗並依此行事。為了確保職位與權勢，上位者經常選擇速效且可預期結果的措施，即使長期的解決方案較為可行。

除非我們學會透過故事準確反映事態發展所需的時間，否則我們總會採取不當的策略，在短暫的成功之後迎來接連的卡關，其結果也就無需感到意外了。這甚至會導致上位者逐漸變得短視，因為他們知道如何利用大眾容易出錯的敘事能力便宜行事。

如同隨機性，因果之間被拉長的時序，會導致我們相信謬誤的故事，而這種信念對未來的決定毫無幫助。然而，故事還沒結束……

過度類化的故事

看到下列詞彙，你腦中會立刻浮現什麼樣的形象、特質與情緒？

民主黨員

共和黨員

總裁

青少年

來自（某國家）的人

從事（某職業）的人

也許你不用花多少時間與心力，就能為每一個詞彙創造一小段故事。

人的直覺喜歡節省時間與精力，因此傾向將事物分門別類，然後再為每一個類型建構簡單的故事。如此導致的**刻板印象**往往帶有一系列的形象、特質與各種情緒。[19]

我們腦中許多刻板印象有廣泛的文化背景，包含家庭、群體、學校與媒體上接觸到的故事、看法、假設與態度。然而，個人經驗也會製造刻板印象。你只要接觸特定類型的人或情況一、兩次就好，就從中得出結論、編織包羅萬象的故事，並將它們融入對現實的觀點之中。

刻板印象其實非常實用。如社會心理學家黎・尤辛姆（Lee Jussim）在《社會感知與社會現實》（*Social Perception and Social Reality*）中所述，許多普遍化的歸納以統計學的角度而言十分準確，而且在時間緊促與缺乏資訊的情況下，很適合作為預測基準。[20]

儘管如此，倘若基於有限的個人經驗而得來的刻板印象掩蓋了相關的細節，甚至導致絕對的結論，問題就會產生。如果刻板印象不可靠、只有部分屬實、全然主觀或陳舊過時，經驗當然也無法發揮有效的作用。更糟的是，一旦以謬誤故事為基礎的刻板印象變得根深柢固，我們就會受困於其他更多的經驗之中，有時還會招致負面的影響。[21]

例如，作家麥爾坎・葛拉威爾（Malcolm Gladwell）在《決斷2秒間》（*Blink*）中探討女性古典音樂家長期面臨的職業困境。歷史慣例、未受質疑的傳統與決策者的個人觀點，創造了一個專屬於管弦樂演奏家的強烈刻板印象——許多管弦樂團的領袖相信只有男性才能演奏得好。因此，管弦樂團很少聘請女性演奏家。經濟學者克勞蒂亞・戈爾丁（Claudia Goldin）與塞西莉亞・勞斯（Cecilia Rouse）觀察發現：「在七〇年代之前，女性演奏家的人數不只少得可憐，許多掌握聘僱大權的樂團總監更公開表示，女性演奏家的音樂才能不如男性。」[22]

因此，在長達數世紀的期間裡，許多女性苦無公開演奏的機會，也許還有更多女性從一開始就被勸說不要走上音樂這條路。到頭來，排除特定族群的管弦樂團變得無法達成目標——必須集結人才能呈現最優質的音樂。

刻板印象的另一個版本是「月暈效應」（halo effect），意指從個人經驗而生的刻板印象，對既有情況做出任意延伸、毫無根據的結論。一個著名的例子是，一般人經常根據吸引力來判斷一個人可不可靠或是否值得信賴——雖然這些特質之間並無任何客觀或必要的連結。同樣地，專家學者的主觀自信也經常被視為能力的一種指標。月暈效應導致人們理所當然地認為一個外表、行為與聲音貌似可靠的人，實際上就是值得信賴的人。[23]

在《魔球》（*Moneyball*）中，作者麥可・路易士（Michael Lewis）描述自負的專家人士有多麼容易根據不相關的因素對球員未來的表現妄下錯誤結論。他們過於相信自己的眼光，即使「球賽中有很多東西是你看不到的」。他們也會根據一些近期的觀察結果來預測球員之後的表現。如果球探們未能意識到自己在不知不覺中過度依賴刻板印象，便會持續做出不可靠的判斷多年，嚴重傷害球隊號召傑出人才的努力。這種自我欺騙的行為會導致球隊的營運效能低落，進而遭到有心人士操弄牟利。[24]

要讓這些專家承認自身思維的缺陷極其困難，畢竟他們會深信不疑地表示，自身的看法有豐富的個人經驗為證。這些基於經驗而生的故事，會影響他們往後的抉擇及後續經驗，進而加深最初的刻板印象與月暈效應。如此可能會導致一種情況，那就是基於經驗的謬誤最終竟成為現實，因為人們根據它們來思考、構築信念與採取行動，結果這些故事讓人們的預言得到了應驗。

自我應驗的故事

在一九九九年上映的電影《駭客任務》（The Matrix）中，英雄尼歐（Neo）拜訪先知（Oracle），希望能一窺自己的未來。他進入房間時，先知對他說，花瓶的事沒關係。這個突如其來的警告使尼歐變得畏畏縮縮而不敢前進，焦急地轉過身來，結果碰到了花瓶，讓瓶身墜落碎滿一地。他連忙道歉，並問先知怎麼能準確預料即將發生的事。

「讓你更困惑的是，」先知答道：「如果我不說，你還是會打破它嗎？」[25]先知的警告驗證了預言的結果。這就是**自我應驗的預言**。

神話人物伊底帕斯（Oedipus）是一個不受國王疼愛的王子，由於有預言說他終有一天會殺害國王，因此遭到了驅逐。然而，流放的遭遇正是促使他回到王國殺害父親的原因。[26]

在《哈利波特》（*Harry Potter*）系列小說中（還沒看過這部小說的人慎防以下劇透），反派佛地魔深信預言——自己將死在一個法力強大的年輕巫師手裡。於是他企圖對襁褓中的哈利下毒手，因為他認為哈利就是那位天選之子。他殺了哈利的家人，但是未能消滅最主要的目標。這樁悲劇造成了後續的事態發展，讓哈利最終成為殺死佛地魔的英雄，因而驗證了預言。[27]

這種迂迴曲折的事件不只見於藝術、神話或文學，也在現實生活中造成困擾。在《最年輕的科學》（*The Youngest Science*）中，身為醫師與散文作家的路易斯．湯瑪士（Lewis Thomas）描述二十世紀初某一位醫生醫術高超，因為特別擅長診斷傷寒而聲望崇高——這項疾病當時在紐約廣泛流行。

這位醫生為病患進行檢查時，會特別留意舌頭的外觀並長時間觸診，以評估生病的可能性。經過這些檢查後，他通常會宣布患者得了初期的傷寒。令人遺憾的是，這些預言大部分都在之後應驗了。

然而，沒有人知道，那位醫生其實就是傳播疾病的媒介。在醫生本人不知情的狀況下，診療的程序正是許多人染上傷寒、最後病死的原因。如湯瑪士所述：「他的傳播力比傷寒瑪莉（Typhoid Mary）更強，只靠雙手就能讓人染病。」[28]

這位醫生與那些觀察他工作的人不斷從經驗中習得錯誤的教訓。每個人都假設那位醫生醫術高超，進而未能意識到，他的行為確實讓自我應驗的預言準確無誤。他們所有人都徹底誤判了這件事。

某些預言者能夠按照自身的期望行事，進而影響事情的發展，有時候真的讓預言應驗了。如果他們並未意識到預言有自我應驗的特性，那麼即使經驗再多，仍無法洞悉真相，還會加深錯誤的看法，以為自己具有先見之明。[29]

自我應驗的故事有可能存在於許多領域。例如，一些主管認為某些弱勢族群好吃懶做、不學無術或卑鄙可恥，於是按照這些刻板印象（不論刻意或無意）行事，這種行為會加深弱勢人士的困境，進而使問題更加惡化。

對員工的長處或弱點抱持這種看法的管理階層，其採取的治理方式會進一步加深這種觀點。他們可以將相對容易或困難的任務指派給某些員工，提供不同程度的資源，以不同的標準解讀他們的成績，並給予各種正面或負面的反饋。這種差別待遇會加深員工的失常表現，進而導致惡性循環。[30]

此外，聘僱與晉升的程序，也讓那些受到上司青睞的員工享有其他員工所沒有的機會與優勢。因此，當選擇帶來了成功的結果，管理階層便會誤將成果完全歸因於自己慧眼獨具。

有些人認為自己擅長在短時間內判斷一個人。他們以自己能在短暫碰面後就準確評斷他人個性與才能的能力為傲。然而，這種自信背後的基礎，可能是自我應驗在作祟。如果他們憑藉第一印象與刻板印象對待他人，那麼行為本身就有可能使他們的評估成真。例如他們第一次見到某人時覺得順眼，就會費盡心思善待對方，而這種舉動便會引發討人喜歡與友善的回應。「我早就知道他／她是好人！」這類的說法，就是自鳴得意的結論。

每當這樣的過程發生在新認識的朋友身上，故事便會得到強化：「我看人向來很準！」相信自己是件簡單而愉快的事——也很有可能錯得離譜。

幸好，自我應驗的預言不是一向存在，也未必會造成傷害。但是，真的如此的時候，經驗並不會適度警示那些傷害即將來臨，更無從挑戰它們，最終加深了那些教訓。這種事件往往會緩慢發展並持續增強個人信念，讓人更難以質疑經驗帶來的教訓。但如果我們不這麼做，便無法意識到自己的問題。因此，我們身處危險之中——越來越相信自己擁有先知般的能力以明辨情勢與他人。

打造更真實的故事：故事懷疑論者與故事科學家

人類其實相當擅長根據經驗創造故事。這個習慣是如此根深柢固，以致我們會不知不覺這麼做。因此，我們必須得認清那些圍繞經驗所編織出來的故事，是否因為過度簡化、對因果關係的錯誤認知與誤導性的過度概化而不可信。

身為人類的我們，如何能將說故事的天賦，從潛在的弱點轉化為前後一致與可靠的長處呢？第一個步驟是培養**質疑故事**的精神。你只需要不輕易陷入人們根據經驗而衝動創造的故事裡就好。遺憾的是，這件事說起來比做的容易。

你是否有描述某個真實事件、寫情書、編寫演講稿、堆樂高積木、在心中創作旋律或捏泥土的經驗？想必你應該很喜歡那些作品。人都喜歡自己創作的東西，而我們對於自己根據經驗編織出來的故事也是如此。質疑這些故事，就等於質疑自己。

說故事本身也帶有說服與凝聚人心的特性。一般認為，打造引人浮想聯翩與強而有力的故事，並透過優美而生動的文辭與他人分享，是領袖與企業家的重要技能。然而，一個引人入勝的故事，未必正確無誤。事實上，故事的吸引力與正確性之間可能是負相關的，尤其是故事美好得令人難以置信的時候。[31]

雖然在簡單且可預測的情況下，將某些「故事」視為「事實」或許有益且適當，但如果我們在生活、工作、政治與其他複雜領域中依照那些故事來評估重要決定，便有可能造成誤導。

為了挽救這種情況，我們建議你利用人類容易受到條理分明、優美與簡單故事所吸引的傾向，作為觸發機制。如果有一個故事過於吸引人（即太過強大、太具有說服力、令人神往），我們就應該有所警覺，而不是一頭栽入它激發的靈感之中。故事背後可能潛藏著更複雜的現實。如果我們極欲根據一個具有說服力的故事所傳達的精神來進行任何重大的決定，最好三思而後行，並留意本章所述的陷阱。

雜誌的封面會導致菁英運動員走下坡？也許不會。

領袖都能透過簡單的行動迅速解決複雜的問題？或許不能。

人們都能根據第一印象準確評判他人？那可不一定。

當然，如同任何思考策略，「質疑故事」的精神也有可能變得過於極端。科學史家對於僅僅一百年前還廣泛流傳的許多謬誤與理論感到困惑，有時甚至還抱持極度懷疑的態度，即所謂「出自科學史的悲觀歸納論證（the pessimistic meta-induction）」。也就是說，一百年後，我們的故事也會以同樣的方式受到評判與公開於世。這種懷疑主義倘若發展到極致，可能會造成反效果。如此一來，人們會開始認為，自己不論如何都會誤解事情，那又何必費心探尋真相？[32]

然而，適度的懷疑觀點是一項強大的工具，可以激發始終如一的好奇心，促成後續的發現。「故事懷疑主義」旨在提出問題、願意修正假設，以及不斷嘗試找出自己從經驗中察覺到的連結哪些屬實、哪些又需要受到進一步檢視。故事懷疑論者將敘述視為深入了解經驗的途徑，而非通往真相的捷徑。

身為記者與作家的凱瑟琳．舒爾茲（Kathryn Schulz）在《犯錯的價值》（*Being Wrong*）中主張，透過這種建設性的故事懷疑主義，我們可以將悲觀的歸納論證轉變為樂觀的歸納論證。我們會不斷努力讓故事更貼近現實，以促進重大決定，尤其是利用科學方法分析自己從經驗中汲取的教訓。[33]

之後，故事懷疑論者會自然進化為故事科學家——也就是將經驗的教訓視為在可行情況下有待實驗驗證的決策者。

然而，人類並非天生就會實驗。只要我們的經驗越加深故事的說服力，我們就越相信那些故事，也越不願意透過實驗來挑戰它。即便是高學歷的專家，也有可能如此，正如放血療法的故事所提醒我們的。

為了反抗這個天生的傾向，我們可以採取反偏誤的角度——做好在情況允許下隨時驗證假設的準備。在《一切都是誘因的問題》（*The Why Axis*）一書中，經濟學家尤里·葛尼奇（**Uri Gneezy**）與約翰·利斯特（**John List**）主張，利用隨機對照實驗在社會與經濟方面的決策中「超越祕聞軼事與都市傳說」。只要改變大型群體中的代表性樣本，然後密切追蹤這項改變對結果的影響，就能了解因果關係究竟是怎麼一回事。這裡我們只概略描述了多數重大科學發現的核心實驗方法。倘若多花點心思，你也可以將其運用在日常生活中。[34]

例如，大多數頂尖的管弦樂團都找到了一種方式，利用這項實驗法來克服導致女性演奏家受到排擠的謬誤。首先，徵選時不採用一人評選的方式，而是指派數名成員擔任評審，盡可能減少個別偏見的影響。第二，以號碼取代申請人的姓名，隱藏他們的性別。第三，在評審與申請人之間設置布幕，以隔絕不相關的視覺線索。這種簡單卻又有效的測試作業程序，有助於管弦樂團經理排除錯誤與自我應驗的故事，避免偏誤的發生。如此的結果是，今日許多世界頂尖管弦樂團的女性成員，比例終於高於以往。

不幸的是，這種實驗未必都能進行。例如，該事件可能不具重複性，只能一次性決策。我們無法觀測平行宇宙，無法得知不同的選擇會帶來哪些結果，因此只能仰賴其他思考方式來挖掘自己**無法**經歷的事情（經常被稱為「**反事實**」）。倘若假設的原因消失了，會有什麼影響？假如決策者做了不同的決定，會發生什麼事？既有的結果會不斷發生嗎？如果不會，根據資料，它的或然性是多少？哪些類型的新資訊可以證實既有的故事？又有哪些證據可以拿來駁斥？[35]

在《三步決斷聖經》（*Farsighted*）中，史蒂芬・強森（Steven Johnson）審視了各種形式的反事實思維可能扮演的角色，包括情境規劃、模擬及指派一位魔鬼代言人（唱反調者）來支持那些遭到忽略的故事。這些實踐可供人們比對知識與經驗，同時準備好做出重大決定。它們迫使決策者試想其他解釋來描述眼前的狀況，並對未來做出不同的預測。它們全都可促進即時且適當的懷疑態度，伴隨著故事科學家會運用的客觀研究與豐富想像力來重新思考。其旨在激勵人們質疑受經驗加深的信念，避免錯誤的因果敘事成為迷信與傳統。[36]

舉例來說，《運動畫刊》只需提出其他故事來替代封面魔咒，便可證明自己不只會為運動員與球隊帶來不幸，事實上也能對他們施加正面的魔法。想想看，如果這本雜誌與頂尖運動人士一起找出任何特定期間最令人失望的運動員與球隊——譬如，原本可望進入超級盃（Super Bowl）賽事的國家美式足球聯盟（National Football League，NFL）球隊最終創下敗場紀錄，或是抱負遠大的職業高爾夫選手突然間失去對推桿動作的掌握，連續數場比賽都慘遭淘汰出局。之後，《運動畫刊》將這些「失敗」刊在封底。那麼，在出刊的幾週或幾個月後，會發生什麼事？我們必須實際展開實驗，才能知道確切結果。但是，均值回歸的現象意味著透過健康的觀點分享這些失敗，將能促成運動員或球隊的進步。於是，球迷與體育界權威人士會開始討論：「《運動畫刊》封底的神奇魔力。」

對即將成為故事科學家的人來說，還可以經由另一種方式驗證故事的有效性，那就是利用新問世的數據證據進行蒐集與分析——也就是俗稱的**大數據**。

稍早我們引述了麥可・路易士所著的《魔球》，這本書分析了長久以來棒球球探在評估球員技能時都受到了錯誤的故事誤導。近年來在棒球與其他運動中，利用數據分析來衡量運動員的真實技能與優化作戰策略上，改變了競爭的本質。在今日的體育界，白髮蒼蒼的球探與專家基於個人經驗的老生常談，已被電腦數據分析所提供更新、更精確的評估所取代。

因此，我們是否正走向機器可利用大數據代替人們學習與思考的時代？我們是否應該將故事的創造力交付給機器，請它代勞解讀這個世界？

在《因果革命：人工智慧的大未來》（*The Book of Why*）中，電腦科學家朱迪亞・珀爾（Judea Pearl）與作者達納・麥肯錫（Dana Mackenzie）共同探討了這點。機器實際上相當擅長在海量資料中找出固定模式，並根據那些資訊進行預測。但是，它們無法創造錯綜複雜的因果故事，因為它們不知道，**為何**某些模式與變數的組合比其他因素更能準確預測事態的發展。至今依然只有人類才具備此技能，找出可能的原因與影響、偵測其中的錯誤，以及在必要時參照資料。因此，習取經驗教訓時，我們可以試著提出正確的問題，再借助機器驗證答案。[37]

以自我應驗的預言為例，我們可以在概念上試著假設自我應驗的預言若沒有成真會是什麼情況，再來跟現實進行比較與判斷。

另一個例子是氣象學。這是一個複雜的領域，卻有著相對友善的學習環境，因為氣象學家隨時都能從反饋中習取正確的教訓。他們預測天氣，然後觀察大氣的變化。除非他們之中有人發展出可以影響環境的特殊力量，否則天氣預報無法影響未來的天氣。因此，他們的故事無法自我應驗。每當我們從自身預測的結果中學習時，可以思考一下「這是否類似氣象學」？或者在這種情況下，一旦預言成真，想一下我們是否真的具有某些影響力？

領導、統治、管理、聘僱與認識新進員工，跟氣象學並不相同。有了這點認知，我們便可開始探究自己在結果中扮演哪種角色，避免受自我應驗的預言所蒙蔽。

我們遺漏了哪些重點？哪些事情毫不相干？

作為擅長說故事的生物，人類習慣透過故事來理解因果：在特定情況下發生了什麼事？這件事為何發生？畢竟故事可以有效幫助我們總結、分享與記憶經驗帶來的教訓。然而在複雜與未知的情況下，故事往往過度簡化或扭曲現實，導致我們做出錯誤的決定。

不相干模式會隨機出現。人們總愛探究「原因」，即使面對的現象其實是隨機發生的，或者牽涉到過於複雜難辨的因素。因此，那些我們試圖學習與強化的教訓，也許根本並不存在。

考慮時間因素。建立於經驗之上的故事，往往低估了事物發揮作用所需的時間。起因與結果之間時間被拉長了，讓人難以做出有效的推論，因而賞罰不分。

丟掉毫無幫助的過度類化。我們很容易根據有限的個人經驗建立錯誤的刻板印象、產生月暈效應。然而，在瞬息萬變的現實世界裡，這種過度類化的行為通常會變得不可信與陳舊過時。

自我應驗其實毫無幫助。有時候，我們會按照自己的期望與預測來行動，因而驗證了預言。如果不考量這個可能性，我們便會對自己的決策能力產生誤解。若想查明自己是否正在自我應驗預言，你可以問自己：這是否類似氣象學？

反事實思維很重要。你有必要即時對基於經驗的故事提出質疑。不過，與其憤世嫉俗，不如對大部分的故事保持懷疑的態度，除了更有建設性，也能幫助我們成為故事科學家。你可以透過實驗、資料與反事實思維，來質疑與驗證既有敘述背後的假設，創造更全面與正確的故事。

人們都有一股強烈的欲望，想將經驗轉化為故事，再將這些故事編寫成教訓，控制往後的行為。然而，我們可以將這種說故事的天性，從危險的陷阱轉變為有助於認清複雜難解現實的一種方法。

第二章

遺失自己的見解

創造力不應該被經驗所限制

請舉出一個廣受歡迎且大獲成功的創意。

《哈利波特》是一個例子。Google是，個人電腦也是。大家應該都同意，這些備受歡迎與讚譽的創意概念持續影響著二十一世紀人類的生活與文化。

現在，嘗試列出這類創意背後各種成功的因素。原因肯定數不勝數。注意到了嗎？你可是出乎意料、輕輕鬆鬆就想到它們了。

例如，《哈利波特》系列小說引領我們進入魔法世界，講述一個落難英雄的故事，並讓主角與讀者一起成長和發展。各年齡層的受眾都能在這個故事裡得到一些共鳴：友誼、冒險、掙扎、愛情、仇恨、良善、邪惡。整個系列文筆流暢，充滿懸疑、刺激、驚奇與詼諧的元素。作者J．K．羅琳（J. K. Rowling）本身作為單親媽媽與長期不得志作家的經歷也十分啟發人心。除此之外，還有許多其他原因……

Google的搜尋引擎讓我們能在短短幾秒鐘內從網路找到所需的資料。從這項簡單卻極其強大的服務出發，Google如今已擴展為提供各式各樣需求的網路服務，從電子郵件與雲端儲存空間，到行銷與廣告工具、文件建立與分享、旅行地圖工具等都是。除此之外，還有許多其他原因……[1]

現代個人電腦是我們不可或缺且無所不在的工具。其中的圖形使用者介面

（graphical user interface，GUI）搭配直覺性圖示、利用點擊與連結的簡易導航功能，以及讓人動動指尖就可取得資訊的滑鼠或觸控板，從小孩到退休人士，任何人都能輕鬆掌握。個人電腦結合網際網路，讓大眾得以進入一個由溝通、資訊、娛樂與經驗構成的世界，當中包含音樂、意象、文學、藝術、影像、科學與個人連結，重新定義了世界各地人們的工作、玩樂與溝通的方式。除此之外，還有許多其他原因……

有鑑於我們接觸過的經驗，找出以上種種理由輕而易舉。事實上，任何廣受歡迎且大獲成功的創意都是如此。我們通常可以輕易地理解、分析、解釋與傳達富有創意的成功故事，因此，我們應該努力向它們看齊。

這樣很好啊！有什麼不對嗎？

可惜的是，這種接觸創意的經驗，最終會扭曲我們對於創造力的直覺，進而傷害自身的創造性潛能。

若想探究個中原因，請回想一下當這種經驗還不存在、想法剛萌芽、方案尚未脫穎而出的時候，是什麼樣的情況。接著，試著想像這些想法在對應的領域中若有一個經驗豐富的專業人士第一次接觸了，會作何感想。毫無疑問地，如果一個想法的普及與成功背後的許多原因明顯可見，想必專家們也能立即察覺。照理說來，他們的經驗應該有助於更準確預見最終的結果、做出更好的決定與從中獲益。

實情卻完全不是這樣。

不論你讀到本章的開頭時，腦中浮現了什麼例子，只要它越具有開創性與創意，就越有可能在問世之初牴觸了人們在該領域的經驗。這種衝突使它在引起轟動之前，無可避免地遭到專家排斥或忽視。[2]

當J．K．羅琳撰寫《哈利波特》時，出版商並未在她常去寫小說的愛丁堡咖啡廳門口大排長龍。相反地，這本小說起初遭到知名的編輯與出版社無情拒絕，還不只一、兩次，而是好多次；他們斷絕了自己在世界各地贏得崇高聲望的機會，也無法從這一系列小說的終極成功中大賺一筆。即便是這部作品的出版商，原先也不看好它。據說倫敦在地出版社布魯姆斯伯里（Bloomsbury）給J．K．羅琳的預付款少得可以，而且只印了五百本《哈利波特：神祕的魔法石》（*Harry Potter and the Philosopher's Stone*）。如今，那些數量稀少的初版每本價值數千元美金。就《哈利波特》不可思議的商業潛力而言，豐富的出版經驗一點也不值得參考。[3]

九〇年代晚期，當謝爾蓋．布林（Sergey Brin）與賴瑞．佩吉（Larry Page）想出了Google的搜尋演算法後，網路巨頭們同意與他們會面。這些投資者與專家們主導了當時的網路搜尋市場，原本有機會買下不久後反將他們淘汰、並在往後數十年獨占鰲頭的一個點子。僅僅數年，Google就累積了好幾十億美金的身價，成為全球最有價值的企業之一。[4]

但是，當初Google創辦人向這些投資者與專家要求一百六十萬美金的授權金時，卻遭到所有潛在買家的斷然拒絕。以Google不可思議的商業潛力而言，豐富的網路與搜尋產業經驗毫無價值。即便是具有遠見的Google創辦人，肯定也未充分意識到它的前景，因為他們原本打算賣掉它來換取金錢，而相較於Google在短短幾年後一飛衝天的鉅額價值，這筆授權金實在微不足道。

回到七〇年代晚期，當帕羅奧多研究中心（Palo Alto Research Center，PARC）——文件科技巨頭全錄公司（Xerox）的一個技術研發部門——設計了第一台配有圖形使用者介面的個人電腦時（包含一個滑鼠與螢幕上的互動圖示），公司高層並不欣賞這項發明。他們非但沒有迅速推動這個專案的商業化，利用它來統領日益興起的個人電腦市場，反而認為這不過是個「有趣的發想」罷了。他們甚至向一群外人詳盡展示了這台電腦，其中包括年紀輕輕的史蒂夫・賈伯斯（Steve Jobs），之後他將其關鍵的創新技術運用於蘋果公司推出的第一代電腦。到頭來，以現代個人電腦不可思議的商業潛力而言，豐富的商用機器經驗宛如糞土。[5]

但我們也不要全怪全錄公司。他們在前一回眼光高明地給予一項創新技術一個機會。物理學家與專利律師切斯特．卡爾森（Chester Carlson）於四〇年代首度開發影印技術，在他遭到奇異（GE）與國際商業機器（IBM）等大型商用機器製造商拒絕之後，全錄公司是唯一一間看見這個點子有利可圖的公司。如今看來，豐富的商業科技經驗，對影印技術不可思議的商業潛力而言一文不值。[6]

從全錄公司的例子也可看出，即便過去曾對開創性科技慧眼獨具，之後未必就能在另一項開創性科技嶄露頭角時洞燭機先。在這個案例中，配有圖形使用者介面的個人電腦並未在全錄公司展現潛力，反而是全錄公司間接推廣了這項產品。

因此，在創造力的背景下，學習的環境仍有詭譎之處。特定領域的經驗並未使我們能意識到新奇想法的潛力。任何領域的創新，都可能導致與過去教訓相牴觸的顛覆性變革，因而使經驗變得不可信。[7]

但是，基於過去與未來之間的歧異導致人們執著於經驗、短視近利，而這只是問題的一部分。人們會遺漏創新想法是如何演變的，進而無法了解開創性想法實際上如何誕生。

關鍵是消費者經驗。開創性想法在廣受歡迎與大獲成功的同時所牽涉的細節與過程，沒有被納入消費者經驗。「一夕之間成功」成了傳奇，在這之前耗費數個月或數年的合作、實驗挫折、失敗與重新設計的艱辛歷程，往往不為人知。因此，我們通常不知道創意、創新與企業家精神其實比表面上還要更複雜和不可測。這會危害我們在學校、職場與社交生活中發揮創意的方式，還可能永久限制創造力。

從經驗來看，我們沒那麼有能力明辨事實，但更懂得發揮創意。一旦我們意識到經驗可以透過不同方式阻礙我們把握機會與產生想法，便能調整認知機制，以制衡經驗的力量，而不是掉入它設好的陷阱。

評斷創意時的短視近利

過去與未來之間的相通點越少，我們就越難根據之前的經驗預測之後的發展。有鑑於創新正是造成過去與未來有所差異的主要因素，某個想法越具開創性，我們就越不可能根據過去的經驗準確評估它對未來的影響。

因此，許多富有創意的計畫注定遭到目光短淺的守門人駁回。我們已經看過了一些例子，如《哈利波特》、Google、個人電腦與影印技術等等。然而，相關的例子遠遠不止於此。

目前規模最大的住宿共享網路平台Airbnb，不久前公開了來自五名潛在投資者的拒絕信。這些投資者都認為，共享旅宿的點子無利可圖。另外兩名金主甚至沒有回覆。[8]

每個經驗老到的投資者至少都有幾次看走眼的經驗，雖然多數人都不願公諸於世。貝西默風險投資機構（Bessemer Venture Partners，BVP）是個例外，它勇敢將自己的「反投資組合」放上企業網站。這份清單列出了BVP當初審慎考慮後決定跳過的投資，其中包括Apple、eBay、Facebook、FedEx、Google、Intel、Paypal與Tesla。經歷豐富的投資者認為這些創意注定無法成功，結果不久後它們反而大放光彩。[9]

實際上，情況比這些零散例子所呈現的還殘酷。人們只知道遭受挫敗後終於成功的企業，但那些在遭到拒絕後就無疾而終的絕妙創意呢？我們的觀察遺漏了無數這種「失敗案例」，因此它們並未成為可用經驗的一部分。至於那些獲得認同與資助、但很快就失敗的點子呢？在多數情況下，那些創意發想人與投資者巴不得讓這些故事銷聲匿跡。因此，許多從未真正成功的「成功案例」也不為人知。

這些扭曲的事實必然導致我們過度美化最終獲得成功的那些想法，因而到最後我們忽視了現實。也就是說，明顯可見的成功與先前的許多失敗並無太大差別。

事實上，如我們所見，創作者本身也難免目光短淺。就連Google與全錄這種具有遠見的企業都無法認清內部的創意潛力。即使如此，這兩家企業依然蓬勃發展。但其他原先擁有數個想法、卻未能把握最有潛力的創意繼續發展下去的企業呢？近期研究顯示，人們並不擅長安排計畫的優先順序。[10]

一個著名例子是一九七五年率先推出數位相機的柯達（Kodak）。雖然如此，當初柯達高層並未優先進行這項計畫。在評估這項新科技及其橫掃市場的速度時，他們過於借重膠片攝影的經驗，結果不只錯失了大好機會，最終也蒙受龐大損失，成為自己一手創造的科技下最大的受害者。

基於以上種種原因，建立在過去的觀察與知識上的經驗，會使人們無法正確判斷創新的想法如何影響未來。

為了解決目光如豆的問題，一些創意產業開始設法限縮「資深守門人」的影響力。例如，近年來自助出版有了爆炸性的成長，新興數位通路讓消費者得以決定一本書的潛力，而不是讓出版一本書的決定權落在少數編輯手中。DADA.nyc與Choon等平台開始試行區塊鏈的基礎架構，將這種評鑑權分散給藝術家與音樂家。群眾募資網站也讓有遠見的企業家擁有管道取得成千上萬民眾所投資的小額資金，使他們能在不依賴專業投資者的情況下發行產品或創業。各行各業的創作者繞道而行，避開少數決策者基於過往經驗來定生死，企圖在更大程度上掌握自身的命運。

評估想法時低估了相關過程

我們都知道《哈利波特》在第一集大受歡迎後相關產業的蓬勃發展，也非常清楚Google首度架設網站後如何引導科技發展的浪潮，許多人更親眼見證了個人電腦的爆炸性成長。經驗帶來的教訓極其清楚地展現了一個創意在廣受歡迎與大獲成功之後發生的所有事件。事後看來，這樣的成功讓人感覺強烈、有必然性且顯而易見。但那只是冰山一角，大部分的內幕是我們看不到的。

最初的概念是什麼？它如何隨時間演變？有誰參與其中，他們又做了哪些貢獻？經驗掩蓋了這些實際上在創意過程中占了大部分的細節。幾乎所有創意發展到後來都跟最初設想的不一樣。如果我們未能認知這種發展的複雜性，便無法客觀看待其中的創意與真正能使它們發揮到極致的助力。

以皮克斯（Pixar）為例，其動畫的成功無可否認。他們持續打造一部又一部賣座電影，顛覆了整個業界的生態。這點不容置疑。但是，他們的創意真的出眾嗎？[11]想想看，有部電影描述一隻老鼠指點一名笨手笨腳的廚房學徒做出美味的法式料理，你覺得這種劇情能讓票房開紅盤嗎？多數真心喜愛二〇〇七年《料理鼠王》（Ratatouille）的觀眾，一定都懷疑過這個劇本成功的可能性。其他電影也是如此，譬如一個性情乖戾的老人利用派對氣球讓房子飛到南美洲的《天外奇蹟》（Up，二〇〇九年上映），或是一個不會說話的箱型機器人在遭到人類遺棄的地球上撿拾垃圾（《瓦利》〔WALL-E〕，二〇〇八年上映）。[12]這些故事乍聽之下不像是出色的電影劇情。那些令人印象深刻、值得奧斯卡獎肯定的最終成品，其實都經歷了觀眾並未親身體驗過的嚴謹創作過程，如果不深入感受皮克斯的創作能量，就會難以理解背後成功的關鍵。[13]

這正是為何艾德·卡特莫爾（Ed Catmull）——電腦科學家、也是皮克斯與華特迪士尼動畫工作室（Walt Disney Animation Studios）前總裁——曾認為，比起創意想法，之後的發展過程重要得多。打造與維持一個健全的工作環境，讓各種人才和諧地發揮所長、開誠布公地溝通、增進彼此的想法、預防問題的發生，以及從過往專案中學習正確的教訓，並不容易。皮克斯真正的成功在於孕育了複雜精細的生態系。[14]

然而，多數人並不知道這點。接觸創意的經驗一般會使我們不當地美化最終的成功與曇花一現的創作者，低估一些創意人士與冒險投資的企業家默默推動的繁複過程與重要性。假如沒有這些過程，大眾喜愛的創意就不存在。

一個點子在引起轟動之前所經歷的過程往往不為人知，而在成功之後，創意通常會被不斷放大。因此，創造力看似比實際上還要更神祕、更排外，而這個觀點會減損人們創造與發揮創意的動力。

若能超越經驗的教訓，我們會發現，自己的天賦其實不輸那些提出開創性想法的人才。因此，我們不應該太過在意他人的評價，而應該專注於構思與實行更完善的創意過程。

發想時以為自己的創意獨一無二

假設你正在嘗試解決一個問題，一旦你克服了它，就可以成立一家新企業、開創一套新方法或發明一項新產品。也許你打算設計一個有助於學習新知的應用程式、一套可提高員工效能的系統或一項可助人快速與輕易解決常見問題的服務。重點是，你正試圖透過嶄新的方法做事。你希望確保自己的創意前所未見。它必須專屬於你；它必須獨一無二。

但是，深入研究後，你發現這個問題早已有人探索過並得到解決了。你想不出任何真正具有原創性的想法，於是沮喪失志，認為自己毫無創意。

然而，創造任何點子或解決方式時，應該在多大程度上重視原創性？所謂的「原創性」指的是一個想法的「起源」對其發展過程至關重要；創作者應當是創新見解的主要來源，因此得設法創造出他人尚未想到的點子。經驗進一步加深了這種觀點，因為我們不斷看到某些具有遠見的創作者得到了絢麗耀眼的成果。

但事實上，世界上大多數有待解決的重大問題頗為複雜，基本上也有為數眾多的人士正共同或各自致力找出答案。問題越複雜，單一的個人經驗與知識就越不可能透過原創性來解決它。

創意必須要有原創性的這種認知，對潛在的問題解決者造成了錯誤的限制，導致他們主要或完全仰賴自身的觀點。在奉這種態度為必要的社會制度下，他人的既有想法會遭到不必要的貶損。如此一來，創作者會認為，有必要重新創造那些早已由其他專家發明或改進的解決方案。

因此，對於原創性的過度重視，雖然有我們及其他創意發想者的經驗為證，但事實上會反過來扼殺創意。研發人員與其他專家甚至替這種傾向取了各式各樣的名稱，其中包括「非我所創症候群」與「多此一舉症候群」。不論名稱為何，這種傾向都會讓人僅僅因為有人搶先自己一步，就忽略或排斥前景看好的創意。

在《論剽竊》（*The Little Book of Plagiarism*）一書中，身為法學家與作家的理查．波斯納（Richard Posner）探討長久以來人們如何向他人的想法借鏡。他提到，在莎士比亞時期，創造力如何在更大程度上涉及模仿和改良，而非原創性。[15]事實上，心理學家兼作家亞當．格蘭特（Adam Grant）在《反叛，改變世界的力量》（*Originals*）中提出自身觀察：「沒有一件事完全出於獨創，因為人們的想法會受周遭世界帶來的經驗所影響。人們會不斷借用他人的想法，不論有意或無意。」因此，他認為原創性是「引介與促進在特定領域中相對奇特的一個想法，而這項特性本身或許可以讓創意發揚光大」。[16]

同樣地，在一系列紀錄片《一切都是混搭》（Everything Is a Remix）中，導演柯比・弗格森（Kirby Ferguson）探索生活周遭有多少事物是重新塑造與重新設計而來的。他指出，假如沒有過往的洞察與見解，不計其數的各種開創性想法與解決方式不可能存在。[17]

這樣的例子不勝枚舉。的確，古騰堡（Gutenberg）發明的印刷術是時代的一大變革，但第一批機械印刷機的零件早已問世多年。

汽車與首度促成量產的生產線，其實並非由亨利・福特（Henry Ford）所發明。現代生產線的各種元素，早在過去數世紀的不同時期就由其他工程師與企業家構思而成。然而，福特成功以最有效的方式結合了這些元素，最終推出了T型車（Model T），並促成汽車從客製奢侈品，轉型為普羅大眾都買得起的標準化商品。

愛迪生（Edison）發明的燈泡也不是有史以來第一個燈泡，但那改良了先前問世的許多設計，而且是最可能商業化的版本。另一方面，愛迪生的確發明了留聲機，只是原創的版本並無太大用途。然而，亞歷山大・格拉漢姆・貝爾（Alexander Graham Bell）與埃米爾・貝林納（Emile Berliner）等其他發明家，進一步將其改良為第一部唱片機，之後披頭四樂團（Beatles）與碧昂絲（Beyoncé）的歌聲才得以永垂不朽。[18]

這些例子凸顯了開創性想法的常態：其中大部分的主要元素與機制不一定前所未見。偉大的開創者通常會謹慎採用他人的洞見，並加以整合或改造，進而產生新穎的方法來解決急迫的問題。

艾薩克・牛頓（**Isaac Newton**）——有史以來最具創意的思想家之一——曾在一封著名的信件中表達這個概念：「唯有站在巨人的肩膀上，才能看得更遠。」這個富有說服力的觀點，其實借用了五世紀前發表的一個文本，而且青出於藍。[19]

如同牛頓的智慧與弗格森的分析，身為企業家兼作家的大衛・莫瑞（**David Kord Murray**），在《借用創意，你最快出人頭地》（*Borrowing Brilliance*）一書中論述人們在創新的同時借助他山之石的過程。他主張，這種知識移轉的其中一個重要面向是距離。[20]

倘若從生活周遭借鏡（例如身邊的競爭者），會被視為抄襲。當**Windows**採用**Mac**的圖形使用者介面設計時，蘋果公司控告對方侵犯版權；有史以來最具影響力的搖滾樂團之一齊柏林飛船（**Led Zeppelin**）曾被控抄襲其他音樂人創作的旋律與歌詞，而且從未明確引述來源。[21]

但是，如果向八竿子打不著——譬如另一個知識領域——的創作者借鏡，就會被認為是創意天才。查爾斯・達爾文（Charles Darwin）提出的演化論，靈感其實來自身為地質學家的查爾斯・萊爾（Charles Lyell）與詹姆斯・赫頓（James Hutton）。Google最初以演算法分析網頁連結來評定相對重要性與排名，其運作實際上仿照的是學術界根據某著作被引用的數量來判斷其學術價值而來的。[22]

雖然原創性取決於我們有限的個人經驗，但創造力無需如此。因此，為了能合法且有效地借鏡他人的見解與經驗，我們需要將注意力從眼前的問題移開，檢視遙遠的彼端是否有嶄新的連結與潛在的機會。然而，探索創意的同時，個人經驗有可能成為阻礙，甚至影響我們的專注力。

發想創意時目光如豆

特定領域的豐富經驗與熟悉度，有沒有可能僵化我們的焦點與方法，因而錯過預期之外的機會？這個答案十分複雜。

人的注意力有限，可能會導致不注意視盲（inattentional blindness）——由於高度專注觀察某事物（經驗越豐富，越容易如此），結果遺漏了可見的細節，因為那不是我們關注的重點。心理學家丹尼爾・西蒙斯（Daniel J. Simons）與克里斯多佛・沙布里（Christopher F. Chabris）有個「隱形黑猩猩」實驗，讓這個概念聞名遐邇。[23]

實驗中，這兩位心理學家請受試者觀看一部影片，畫面上有兩群身穿不同顏色衣服的學生拿籃球進行傳球。他們的任務是計算其中一群學生傳了幾球。傳球過程中，有一個人扮成黑猩猩出現在畫面中，甚至對鏡頭比手勢。結果發現，多數受試者都正確算出了傳球次數，但許多人並未注意到那隻黑猩猩。他們的目光根本沒有落在牠身上。

反之亦然。我們在工作坊中請學員們注意不定時出現在畫面上的黑猩猩（同時計算傳球次數）。結果，他們的計算結果不如前述實驗的受試者來得正確。人一旦專注於一個細節，就會遺漏另一個細節。[24]

後續研究顯示，具有籃球經驗與專業知識的受試者，即使準確算出傳球次數，過程中還是比較容易注意到黑猩猩。與新手相比，他們似乎更能專注於特定任務之外的事情。因此，在某些情況下，經驗實際上可助我們調整焦點與注意預期之外的細節。這是個好消息。但一向如此嗎？當我們面臨真正的問題時，會發生什麼事？[25]

近期一項研究對比了放射線學者與非放射線學者之間的專注力。首先，兩組受試者觀看多張肺部掃描片，其中一些片子畫有一小隻黑白相間的黑猩猩圖案。謝天謝地，放射線學者遠比非專家更能發現癌症組織，此外他們也比較容易看到那隻黑猩猩，但人數並不多：在二十四名專家之中，高達二十人在檢視癌症掃描片時未注意到黑猩猩。眼球追蹤技術進一步顯示，許多人儘管目光曾停留在畫有圖案的區塊上，但依然沒有發現黑猩猩。[26]

從這些研究來看，注意力與創造力有何關聯？

從事創意活動時（不論是藝術發想、解決問題或克服困境），人的焦點範圍（breadth of focus）不斷受到「黑猩猩」所干擾。這裡的黑猩猩指的不是字面上的動物，而是意料之外的連結或未預見的機會，而這些事物或許有助於我們從全新的角度看待創意與挑戰。上述的實驗結果，意味著特定領域的豐富經驗能夠拓展我們的焦點，進而提高得到驚喜的機會，但這樣的結果幾乎沒有任何必然性。[27]

除此之外，經驗還會透過至少兩種方式僵化我們的焦點，進而妨礙創意的產生。一是所謂的功能固著（functional fixedness）傾向，意指心理上執著於特定物品或工具的主要用途。當中最著名的實驗，是要求受試者利用紙箱裡的各種物品（包含細繩、圖釘與火柴等）將蠟燭固定於牆上。一般人看到箱子裡的東西時，通常無法第一時間知道哪些物品可用來當作支撐蠟燭的平台。功能固著的傾向讓人容易忽略特定物品也能發揮各種功用。[28]

在瞬息萬變的領域中尤其如此，如果經驗使人全神貫注於事物的特定面向或功能，我們便無法有效調整認知。在這個世界上，各種想法可能造成意料之外的結果，而慣常的思考與行為方式，可能會讓我們忽略掉，突如其來的意外也可能是種契機。因此，一心專注在經驗上，有可能無法充分察覺創意的潛力。

於是，經驗會導致所謂的能力陷阱（competency trap），進而限制我們的創造力。在經驗學習的研究中，管理學者哈濟爾・拉赫曼達德（Hazhir Rahmandad）、尼爾森・雷佩寧（Nelson Repenning）與約翰・斯特爾曼（John Sterman）解釋：「反覆練習可以增進能力，但也會讓人因為養成習慣、變得懶惰而且弔詭地只追求『流程本身』的進步，而不去探索從未嘗試過或更好的選項。」

隨著能力的精進，展開實驗與嘗試其他解決方法的機會成本必然會提高。但如果環境的變遷快速而劇烈，我們便有可能受困於經驗養成的慣例與學識，危害長期表現。這種陷阱會「將核心能力變成核心剛度（core rigidity）」，使人更難因時制宜。[29]

在許多情況下，不注意視盲、功能固著與專業能力都可帶來強大的優勢。它們能促成高效與實際可行的決策，也會隨著經驗的增加而強化。

然而，這必須付出重大代價：這些傾向可能會限制創造力。如果經驗給的指示太過根深柢固，便可能使我們目光短淺，對創造性機會視而不見，只透過熟悉的方式運用物品或運作想法，更不願承擔高昂的探索成本，受困於自身有限的能力之中。

挖掘洞見：自主學習的時間與空間

對問題或任務有一定的熟悉度，無疑是創新與取得重大進展的必備條件。J・K・羅琳在《哈利波特》第一集歷經千辛萬苦終於出版之前，早已寫作多年。那段期間的磨練讓她功力大增，後來才能寫出這麼一部人物、主題與背景備受數百萬名粉絲喜愛的小說。同樣地，開發帕羅奧多研究中心那台配有圖形使用者介面的電腦、撰寫Google搜尋引擎演算法的工程師，也發揮了過去學習與實驗生涯中千錘百鍊所得到的技能。經驗可以增進創意，前提是我們得透過最佳方式加以運用、組織與思考。

那麼，人們該怎麼優化創意經驗呢？

若想針對核心的問題、向他人經驗借鏡以想出更好的解決辦法，並調整焦點以把握出乎意料的機會，我們需要擁有一些可自主管理的時間與空間。理想上，這也應該包含設定自我目標、探索不同想法與接收反饋的能力。如此一來，生活將會變得非常有趣。

你是否曾在投入喜愛的活動時，不知道時間過了多久、忘了自己身在何處、甚至根本忘了查看手機或訊息？一個人在投入運動、追求藝術美感或甚至寫信給摯愛時，都可能發生這種狀況。如果你曾經有這種感覺，就表示你經歷過「心流」——這個詞彙最早由心理學家米哈里．契克森米哈伊（**Mihály Csíkszentmihályi**）所創。[30]

所謂的心流，意指興致高昂地從事一項具有挑戰性的任務，而這項任務不斷提供精確的反饋。學界研究了各種情況下的心流，其中以運動最為顯著，運動員一旦進入這種狀態，就能達到極度專注與成就極致的表現。人們也普遍將心流視為創意發想過程的顛峰。心理學家認為心流與更高的生活滿意度有關，並稱之為**最佳經驗**（**optimal experience**）。心流可以培植創意，而這經常發生在人們忘我沉浸在自己熱愛的活動之時。

在《讓天賦自由》（*The Element*）中，教育學者肯．羅賓森（**Ken Robinson**）與作家盧．亞若尼卡（**Lou Aronica**）探討那些設法找到一生所愛之事（所謂的天賦）

的人們過著什麼樣的生活，他們又如何持續快樂地追求所愛。書中指出，來自不同背景的成功創意人士，譬如歌手保羅・麥卡尼（Paul McCartney）、喜劇作家與演員約翰・克里斯（John Cleese）、漫畫家馬特・格朗寧（Matt Groening）、舞者與編舞家吉莉安・琳恩（Gillian Lynne）及音樂家米克・弗利特伍德（Mick Fleetwood），未必是老師眼中的好學生或富有創意的人才。他們無疑才華洋溢，也幸運挖掘出自身的能力與熱情，並經常加以磨練。但過程中，他們也面臨來自體制的阻力。[31]

羅賓森與亞若尼卡引述諾貝爾經濟學獎得主保羅・薩繆爾森（Paul Samuelson）的名言，他表示，我們永遠都不應該「低估自己得盡早在人生中找到天職的重要性。這讓具有潛力的低成就者變成快樂的戰士」。你未必能找到天職，但在追求的過程中，你會更加了解自我、體會生命的樂趣與享受人生。

遺憾的是，許多人沒有多少時間與空間可以摸索、挖掘與追求自己在各方面的熱情，即使這有助於精進目前的職能，不論你是學生、藝術家、科學家、受僱員工或企業家。如此至關重要的探索，往往需要經歷屢次的嘗試、試煉、錯誤、拒絕與失敗，然而許多人從未有過這種經驗，這不只不利於發展創意潛力，也會危害人生的整體幸福。

若想克服這個問題，有個方法是空出一些個人的時間與空間，探索你希望發揮創造力的領域，包括社交生活、工作與學業。如此一來，你可以自由運用那些時間與空間，找出問題、嘗試新事物、洞悉連結與得到意料之外的發現。為了做到這一點，這些環境的管理者（教師、經理、公司負責人）得交出部分的控制權，鼓勵學生、員工或下屬把握偶然出現的機會，同時維持既有運作體制的完整。難度很高，但這是做得到的。[32]

多年前，我們兩位作者的其中一人有定期修習合氣道。在武術訓練課程中，學員等級各異，從大師到新手都有。除了黑帶高手以外，學員的等級差異並非一眼就能分辨。

課程中有一堂讓人意想不到的課。乍看之下，一切顯得平凡無奇。大家都在空間寬闊的道場內，目標是向合氣道大師學習並和其他學員互相切磋。然而在開始上課後，發生了一件不尋常的事：全班一片靜默，包括老師在內。

在合氣道領域中，一方得借力使力，利用攻擊方的侵略力道轉移對方的氣。這樣的邏輯非常完美。但若想有效反擊，動作的每一個部分都必須協調一致，否則氣的轉移就會失敗，力道也會喪失。學員必須了解這個道理，然後謹慎運用這些技巧，直到時間久了、習慣成自然。然而，練合氣道跟騎單車不同，因為你必須與另一個人互動，而對方也在一旁邊練邊學。

在如此互動的背景下，不靠任何口語指示教導如此複雜的一套技能，乍聽之下似乎有些古怪。老師不會描述攻擊與防守的方法，而是挑選一位學員、大聲喊出招式名稱，然後以那位學員為對象，透過各種速度與角度示範數次，過程中不多做解釋。其他學員則靜靜觀摩。[33]

示範結束後，每個人隨機找一位搭檔開始練習，過程中一樣沒有任何重要的對話。這種教學方式可幫助學員全神貫注於自己與搭檔如何出招，注意各種細微的非口語反饋。在沒有任何外在干擾的情況下，他們全心投入任務。老師則全程在旁觀看，偶爾找幾組人再次示範招式。課程結束後，學員們解散、繼續過各自的生活，彷彿什麼事都沒發生一樣。

並非所有合氣道課程都在沉默中進行，但每當如此，學員會有個人的時間與空間來運用並精進技巧。這種課程適度尊重每一位學員演繹武術的方式。老師不會企圖全權控制每個人的學習或表現。他確保學員能正確做出基本動作，但不會到處糾正每個細微動作的差異。學員可以透過持續的互動，經由獨一無二的方式磨練技巧。

若想在道場以外的世界中閃躲經驗的陷阱，擁有自主的個人時間與空間就顯得更加重要。

這種學習方法或許可以增加創意的數量與多樣性，讓創新者更有可能在對的時機處於對的位置。這有助於人們觀察與深入了解自己和他人的創造性過程；加速從他人經驗中學習與奠定基礎；讓人有機會將焦點重新導向看似無關的問題，進而得到意料之外的發現；也讓人得以挖掘自己熱愛的領域或方法，最後投入其中並發揮潛能。

現代的組織或機構都積極嘗試提供自主學習的空間，多家公司也正在實驗各式各樣的策略。例如，在3M與Google等企業中，經理階級普遍允許員工花一部分時間自行找出問題與解決方式。員工找出問題的解法之後，企業會參考並投資開發其中一些想法，以因應複雜且變幻莫測的商業世界。[34]

實際執行員工提出的點子，是至關重要的元素。帕羅奧多研究中心讓員工擁有大量的自主權，最終成就了搭載圖形使用者介面的個人電腦，還有其他開創性的專案。然而，之後管理階層未能留意與發展那些創新的點子。光有想法，未必就能實行或成功。

駭客馬拉松在許多產業無所不在，尤其是軟體業。這些活動通常為期一至兩天，開發人員組隊彼此激盪創意，並在活動的最後進行簡報。各大企業與組織經常贊助這些會議，為獲選的點子與計畫提供豐厚的獎品。

其他成就創意的結構化方法，譬如改善法（kaizen）與六標準差（Six Sigma）計畫，則讓企業能夠重新評估流程以改善產品與服務。企業可以重新設計這些方案，鼓勵多元意見、向外來想法借鏡並結合不同概念，在長時間上提高成果品質與員工福祉。

一些大型組織也在開發產品與服務的同時，採行敏捷開發（agile）與精益創業（Lean Startup）的創新方式。其中牽涉了透過原型製作、實驗與迭代法建立可靠的經驗，而不是嚴格控制一項計畫來執行最終的版本。[35]

以上這些方式都可降低經驗給創造力帶來的限制。遺憾的是，它們尚未成為常態。絕大多數的企業、學校與組織的成立宗旨並不是讓成員擁有大量的個人時間與空間。大部分的經理與行政人員沒有多少空間可建構新的想法或考量他人提出的新點子。相反地，這些既有體制不斷試圖定義「優化」的營運方式，並加以嚴格管控。這種方式從根本上假設「最佳的」員工經驗可以被定義與強制實行，之後便能產生有利的營運表現。然而，這種想法在詭譎的學習環境中是錯誤的。

因此，基於本章的主題，我們試圖從現存的創新實踐法出發，設想三個機制在三個不同的領域——社交生活、學業與工作——會如何運作。我們的主要目標是在現有體制內創造零星的自主時間與空間，以對抗經驗迷思對新想法的創造、選擇與發展造成的不利視角與扭曲。

興趣駭客：虛度光陰的生產價值

凱芮斯・克洛斯比（Caresse Crosby），又名瑪莉・菲爾普斯・雅各（Mary Phelps Jacob），是二十世紀初美國一位作者與出版商。身為社會名流的她經常出席或舉辦派對，並在會中盛裝打扮與盡情舞蹈。然而，這個興趣為她帶來了意料之外的挑戰。當時女性為了參加派對，必須穿著束腹，但在活動時並不舒服。克洛斯比的狀況更糟，因為束腹限制了她跳舞的動作。

某天，她突發奇想，拿了兩條手帕並用緞帶將它們縫在一起，這個新發明的玩意兒被當作內衣，取代緊身的束腹。據說，她穿了之後舞姿曼妙，引來派對上其他女性的爭相詢問。[36]

之後，克洛斯比繼續從事設計，並取得現代版內衣的專利。這有一部分是因為她希望能在穿著時髦的同時優雅起舞。她光靠數世紀前問世的基本縫紉方法與材料就解決了問題。興趣使她在天時地利之下想出合適的點子。

喬治・梅斯倬（George de Mestral）是一名熱愛到阿爾卑斯山長途跋涉與打獵的工程師。在幾趟的旅程中，忠心耿耿的愛犬如影隨形。他熱愛自己的興趣，卻面臨到意想不到的挑戰。遠足過後，梅斯倬經常得幫狗兒拔掉黏在肚子上的芒刺。他感到困惑，因為愛犬的毛髮與肚子上的芒刺都不具黏性，也沒有磁性，那麼這些芒刺是怎麼附著在狗毛上的？

梅斯倬利用顯微鏡檢視芒刺組織，看見兩種物質彼此形成細鉤與線圈相互黏著。最終，這項發現使他發明了現代常見的魔鬼氈，並以維克羅（Velcro）作為商標名稱上市販售。這項產品適用於許多領域，包含時尚、醫療、軍事與太空探索等產業。

梅斯倬之所以能發明魔鬼氈，是因為他喜歡帶愛犬到荒野散步。他運用了作為工程師的技能與現有的材料，解決另一個領域的問題——固定扣件的設計。興趣使他能在天時地利的條件下想出合適的點子。今日，人們將梅斯倬採用的方法稱為仿生（biomimicry），意即從自然界的各種形式與過程中汲取靈感。

九〇年代日本的新幹線發生問題時，仿生學也扮演了重要角色。據傳，是新幹線技術開發經理中津英治（Eiji Nakatsu）憑藉個人對鳥類的愛好而想出了解決方法。新幹線高速行經隧道時會發出刺耳的音爆，對民眾造成極大的不便，尤其是附近住宅區的居民。中津基於對鳥類的長期觀察，進而發現翠鳥因為喙嘴尖如刀鋒，因此能在俯衝入水捕魚時幾乎不濺水花與漣漪。於是，他將自身興趣的觀察套用至列車設計，將車頭改成喙嘴的形狀，大幅減少行駛發出的噪音，並使列車運行變得更加高效。[38]

多數的創造性過程都被經驗的陰影所遮掩，導致我們未能充分欣賞這種跨領域方法的實用性。每種事物其實都揉雜了其他東西的元素。才華經常受到借用、結合與轉化。話雖如此，我們得先擁有一些個人的時間與空間，才能體會與發展這些關聯。

興趣為我們帶來了這樣的樂趣。它們不屬於主宰多數人生活的控制力量，譬如事業或家庭；它們驅使我們將焦點從舒適圈與例行公事上移至別處，引導我們認識正常情況下不會接觸到的人士與地點。此外，它們也帶來獨一無二的挑戰。如果主動分析這些問題，並嘗試將一個領域的解決方式活用於另一個領域，我們或許也能在天時地利下想出合適的點子。[39]

一頭栽進興趣的世界裡：讓學生自由發揮創造力

如果我們希望增加生活上的最佳經驗，進而提升創造力，就應該讓年輕人在求學時可以輕易探索個人興趣。可惜的是，這很難成真。標準化課程一般都是單方面的資訊傳遞，接著進行標準化測試以評估學生的程度，讓人幾乎無法在制式教學規則之外自由探索想法與經驗。

網際網路或許可以在極大程度上推動教育體制的轉型。可汗學院（Khan Academy）與Coursera等與日俱增的線上教育組織，無疑將在未來的教育趨勢中扮演更重要的角色。它們讓人得以更加掌握自身的學校教育、學習內容與學習步調。[40]

另外還有一些非主流的課堂教學模式。舉例來說，蒙特梭利等特定的教育體制讓學生有機會接觸不同情況，與同儕互動。這些教學法讓學生能以合適的方式與步調展開學習。同樣地，麻省理工學院的媒體實驗室「終身幼稚園」計畫團隊（MIT Media Lab Lifelong Kindergarten Group）致力向幼稚園借鏡，設計團隊的學習方法，強調課堂項目、同儕互動、學習熱情與玩樂。近期更有一些機構開始標榜翻轉教室（flipped classroom），也就是讓學生在上課之前先接觸教材，然後在課堂中透過互動學習。芬蘭的整體教育制度即以機會平等的理念與研究導向的設計聞名世界。41 多份報告與傳聞顯示，其他類似的教學方式實際上也有益於學生的學習能力。然而，基於政治、備援、經濟與官僚制度等因素，這些教學法不太可能大規模取代或迅速改善多數國家的正規教育體制。因此，若期待以知識為基礎的正規教育能快速展開變革，是不切實際的。42

因此，我們希望提出一種不涉及改革的機制。這種機制可讓那些接受正規教育的學生（一至十二年級）擁有時間與空間，全權掌握自己的學習經驗。

教育的終極目標是幫助學生趁早探索生命的精髓、興趣、熱情與才能，讓他們自行決定創造力的發展。其中的挑戰，在於如何鼓勵他們利用零碎的自主學習時間與空間創造想法、借用他人的見解，以現有的成果為基礎精進技能、從事各種創意發想，從心流狀態中獲益，並在不同活動中接觸其他志同道合的夥伴（不論課內或課外）。

為了促成那樣的動機、熱情與行動，我們首先可以請學生舉出他們**不喜歡**的一項課程。例如，你在學校的某個學期有沒有特別討厭哪一門課？地理？歷史？數學？物理？文學？不論原因是什麼，想必你從那門課沒有學到多少東西。也許是因為老師很無聊或講得讓人聽不懂，或者他／她的教法不適合你，抑或是你根本對課程主題沒興趣。那種感覺可能會隨時間改變，但可以假設的是，在任何特定的學期中，學生都得上一門他們最不喜歡的課。

因此，我們希望讓學生有權可以選擇在一個學期中退出這樣的課程，但前提是他們已經掌握了課程主題的基本資訊。在捨棄該門課的主要部分之前，他們必須學習基礎的內容，並透過期中考成績證明自己已掌握主要觀念。基本能力得到認可後，這些「逃課」的學生便可以到獨立的教室，以任何方式進行有興趣的各種學習方案。

方案取決於學生本身。他們可以選擇另一項課程主題，例如物理或文學。或是提升課外活動的技能，例如西洋棋、寫作、攝影、舞蹈、設計或合氣道。他們可以鑽研自己選擇的科目，在被允許的空間鍛鍊技能，或與同學討論想法。他們也會在學校以外的地方依照自身意願持續探索這些技能。

不論課內或課外，目前傳統的正規教育體制還不足以激勵這些額外的努力。但在這種機制下，學生將能因為捨棄課程部分內容而迅速得到反饋。

這些方案會如何發展？

一個可能是在每個學期末，學生向老師、學生與家長組成的小型評委會進行簡報，討論學習內容。但是，這項活動不會進行成績評比，不打分數，也與升學決定無關，更不會有報告。那些時間與空間專屬於學生，旁人只能提供建設性的回饋與有助於發展創意的途徑。

理想的情況是，許多學生將利用這個機會脫離痛苦的學習經驗，投入其中一項專長或興趣，因為這對他們而言是代價最小的活動。最終，這種機制可幫助他們自然而然探索與發現熱愛的各種學科。當然，他們有可能最後發現自己誤選了不喜歡的活動，但由於下個學期依然有這種機會，因此可以轉換到另一個領域。一旦他們喜愛這種經驗，便會持續精進特定領域的技能。

一些學生可能會利用這種機制投機取巧，最後一點收穫也沒有；他們會假裝努力學習，背後卻敷衍以對。無論如何，這也是他們的選擇。

這些選擇把握零碎的自由去探索熱情與努力精進的學生，將勝過那些虛耗時間的同儕。我們預料，如此一來，人們終究能找到熱情，盡情發揮創意與得到幸運之神的眷顧，而這僅僅是因為他們在年輕時擁有機會、選擇與責任，去創造專屬於自己的機會以提升自我。

這種遁入興趣的機制利用當前的教育體制，誘導學生透過可靠的經驗挖掘興趣，旨在釋放他們的潛力。一切的作為都不會干擾大部分傳統課堂的教學制度。（關於可能出現的運作問題，請見章節註釋。）[43]

若想為學生提供進一步的支援，扮演監督角色的委員會可以成立全國性、甚至國際性的方案資料庫，好讓世界各地的學生都能了解，其他人在遁入計畫期間從事哪些類型的活動與方案，先是獲得靈感，然後尋求聯繫，從他人經驗中獲益。

這種學習環境將能在完全奠基於知識與評測的教育體制中，創造以群體為基礎的學習經驗。這是一個經由借用、連結與轉換其他數種實踐與替代方案所建立的概念。因此，它需要經過測試、調整、改造、修正與改進。難度很高，但這是做得到的。

主管評議會：企業領袖解決問題的論壇

許多人都將一大部分的成年生活投入工作之中。自營工作者則相對較能掌握自己的工作時間與空間。但是，哪一種機制可為自營工作者以外的其他人帶來零星的自主經驗呢？

一間中大型公司或大型企業的部門，會有數名中高階主管處理許多不同的職務，而他們全都向總經理或部門經理負責。這些人士通常教育水準較高，而且具有不同企業、部門或流程訓練下的豐富經驗。其中也許有些人將被拔擢至部門或整間公司的領導階層。

這些主管工作繁忙。他們在嚴謹設計的營運制度中扮演重要角色，一般不會有太多時間或空間創造、交流、試驗或實行創意。相反地，新點子通常意味著更多的工作與責任，因為如果成功了，他們往往不會得到多少讚賞，但若出了差錯，他們很可能會遭到指責。

當然，這些主管也可能擁有許多想法，不只關於自身的工作流程，也關於其他同事的問題。然而，由於他們經常缺乏理想的場所來運用創意討論或發展這些想法，因此無法在公司的營運中充分施展潛力。這些都是公司的潛在成本。

在這種情況下，一個可行的辦法是成立評議會，持續為成員提供時間與空間以整合各種經驗，並公開討論不同的想法。這些年來，我們有機會在不同背景下推行各種形式的評議會。

以下簡略敘述基本的運作程序。

我們請總經理召集營運相關的中高階主管，在會議中向大家解釋改善問題與解決流程的必要性，另外提到主管們的豐富閱歷如何在受嚴格管控與充滿例行公事的制度下未能得到充分賞識。有鑑於他們十分了解公司內外的重要流程，我們認為，他們是找出各種問題與解方的最佳人選——即使他們的潛在創造力並不是被正式認可的「管理學經歷」。基本上，所有與會人士都同意我們說的。

接著，我們請總經理離席。這個動作非常重要。如果管理高層的代表在場，其他人就不會發言或甚至自由思考。更糟的是，老闆發言時，下屬就不再表達自身觀點。總經理甚至不必發言也能促成這種情形。旁人往往能從臉部表情與肢體動作猜測他們偏好或反對哪些意見。總經理一翻白眼，一切就完了。

管理高層離席後，我們徵詢大家的意見，找出有待解決的問題。每一位主管提出自己面臨與重視的幾個問題。我們確保每個人都有發言，最後簡短列出明確界定好的問題。接著，我們請主管們思考每一個問題（包含自己與他人的問題），並排定下一次開會的日期與時間。

下次開會時（一樣排除管理高層），討論的形式逐漸演變為評議會。我們經常注意到，與會者已針對先前會議中提出的多數問題擬定可行的解決方案。他們發現，借用與調整過往工作經歷或其他熟悉領域的解決方案是如此容易。評議會的集體經驗促成了以往會議中所沒有的創意流動。[44]

有次，我們目睹一位人資經理替一位業務經理解決了急迫的問題，主要是因為該人資經理在過去的工作中經歷了類似的情況。在會議之前，她對那位業務經理所遭遇的問題一無所知。他們從未有過這種讓彼此都能提出實用見解的交流。

在另一個案例中，評議會的成員對公司其中一個部門採用某個過時的工作程序感到訝異。那種做法既不恰當又成本高昂，卻毫無理由地留存下來。在那之前，沒有人討論或檢視過那種做法。另一位主管很快提出意見，根據所屬部門的經驗建議如何逐步更新工作程序。

當然，有些問題較為棘手，提議的解決方案顯得成本更高。經過幾次會議後，我們討論該如何安排解決方案的優先順序，接著將評議會通過的最終版本呈給管理高層。一般而言，總經理一看到某些點子就十分贊同，迫不及待地想在全公司上下推行。

這時，我們會出手阻止。提議的解決方案需要經過試驗與修正才能實行。有些方案聽起來很棒，但其實毫無用處，有些甚至具有潛在危險性，就好像數個世代前醫生所偏好的放血療法。

我們協助在公司裡小規模地試驗這些想法並回報結果。當評議會再次召開以討論全面實行的方式時，則會邀請總經理出席。最終，那些想法獲得實際執行。

經由這個過程，評議會可藉由主管們的多元經驗激發創造力。他們以自己的方式來定義與解決問題，同時得益於他人的見解。他們也能夠直接向管理高層展現自己努力的成果，並獲得適當的認同。他們的想法有人聽見，其中一些更得到實行；一些則否。總經理也能從健康的角度看待管理團隊的工作流程、問題與觀點。每個人在自己提出的問題上都能得到值得參考的反饋。

成立這樣的評議會，並不會危害現有的營運制度。每個月數小時不受管理階層監督的時間與空間，若持續進行下去，終究能凝聚一些相關的問題與寶貴的解決方案。一旦管理高層了解這個會議的程序如何運作，並學會賦予評議會討論問題的空間，作為外部仲裁者的我們便可功成身退。之後，主管們可以定期更新想要討論的問題與解決方案，評議會也可望持續運作下去。

本質上，這項協議旨在釋放那些潛藏於員工個人經驗裡的創意。透過暫時擺脫傳統的責任系統與組織孤島，這個方式讓主管們得以從嶄新角度來思考自身與他人面對的挑戰，並在工作或其他領域中意外發現與經驗相關的連結。這種論壇的價值，並非出自那些在每日工作中習得的被動技能；它以全新角度來檢視個人經驗，由組織上下所有員工提出的各種想法與問題延伸、激發。這樣做難度很高，但做得到。

我們遺漏了哪些重點？哪些事情毫不相干？

個人與組織若想有效率地克服未知與複雜性，就必須具備創造力。某些經驗更是不可或缺的要素。然而，我們必須知道，經驗也包含了不易察覺的扭曲，會導致我們誤判自己與他人的想法與創造性過程。

不相關的歷史。創新帶來了與過去的分界。因此，奠基於過往的經驗，會使人在判斷新創意的潛力時目光短淺。創新想法的價值在人們親身經歷後才會浮現。

創造性過程。我們看到成功的結果，但未必了解背後過程的細節。因此，經驗使我們無法欣賞創意實際上如何發揮作用。

他人的經驗。尋求原創性時，我們受到自身經驗所局限。然而，當我們汲取他人的經驗作基礎，應該抱持「站在巨人肩膀上」的態度，而不是挑釁他人，才能提高進步的可能。

不相關的焦點。經驗可幫助我們更堅定地聚焦於相關的事物，但如果相關的事物有了變動，這種經驗便會導致不注意視盲與能力陷阱，使我們未能把握意料之外的機會。

心流。心流有助於促成創造力。可惜的是，人們多數的日常經驗都缺乏心流。幸好，我們可以透過一些方法重整生活與組織，鼓勵自由思考與受熱情驅動的探索，進而促成心流。

自主性。人們需要一定的時間與空間自由探究問題與發展興趣。教育機構可設計具體的機制，在嚴謹的運作中適度鬆綁一些限制，鼓勵學生與員工充實個人的創意經驗。

創造力的重點是尋求與發展可成就正面結果的想法——也就是可為個人、公司、產業、社會與全體人類帶來助益的新觀念。若能超越直覺卻有限的經驗，我們便可挖掘潛在的創意力，進而善加利用。

第三章 無視風險

經驗為何不能準確預測災難的到來

想像一下自己是一隻恐龍。你可以是迅猛龍、雷龍、三角龍、劍龍或暴龍。請試著設身處地。

你過著正常的生活，閃避危險、覓食、交配繁殖。經驗清楚教導你如何才能生存。你本能地記得在哪裡可以輕鬆找到獵物。你建立起一種直覺，知道在某個時間到某個區域會危及自身性命。事實上，經驗是你多年來的盟友，它深植在你的基因裡。你的直覺有大部分是所有恐龍集體經驗下的產物。數百萬年來，你的祖先學會適應環境，這有利於你的生存。

但是有天醒來，你感覺不太對勁。周遭環境的變動快得你無法適應。經驗並未事前警告你這種改變有可能發生。面對眼前的局勢，祖先或你自己的經驗似乎都派不上用場。此刻需要的技能並不在你的基因裡。很快地，生活變得十分艱難，將你逼到了絕境。最終你死了，同類與許多其他物種也滅絕了。這種情況並非由你造成，而你也無法預知或避免。

願你安息。

這是六千六百萬年前發生的真實故事，科學家認為，當時有一顆巨大的小行星撞擊地球，毀滅了地球上的生態系統。許多物種在爆炸的當下便喪生，其他則飽受環境的劇變所折磨，最後才從地球上消失。對恐龍與其他許多生命體而言，人類正處於一個浩劫過後的世界。[1]

我們知道，各類規模的災難不斷發生，而且將持續挑戰我們，從個人、組織、國家到物種的每個層級都會被影響。為了更正確理解、預測與解決未來的災難，我們需要尋求所有可用的支援。人類跟恐龍一樣，也能從經驗中學習、記取教訓。我們記錄過去與觀察現在，這些作為應該有助於我們察覺即將到來的危險，並盡可能有效地解決它們。

這樣很好啊！有什麼不妥嗎？

不幸的是，關於如何度過災難，經驗並不是一位可靠的良師。一味依賴經驗，可能會使我們無法察覺重要的資訊，吸收了不相關的細節，因而容易被某些災難性事件所害。如此一來，我們可能會跟恐龍一樣，在危機面前束手無策。更糟的是，人類還得面臨自找的災難。唯有意識到經驗中各種被扭曲的事態，我們才能適當且及時地決定如何應對。

一個主要問題在於，我們的經驗遺漏了許多前所未見、會造成毀滅性後果的重大事件。然而這種步步逼近的災難，往往來得無聲無息，毫無預警。

在《黑天鵝效應》（*The Black Swan*）一書中，納西姆・塔雷伯描述了如此罕見卻影響重大的事件。這類大事一般不會以簡單、線性的方式讓人們逐漸學會解決它們，而是暗中潛伏或極其緩慢地醞釀，直到突然「爆發」，造成意想不到的結果與無可挽回的局面。導致這種災難的滑坡效應（slippery slope），其發展曲線有可能相當平緩也容易讓人適應。在風平浪靜與看似熟悉的當下，讓人完全忽視了近在眼前的浩劫，使受害者毫無防備。

因此，過往只有白天鵝的事實，並不表示下次絕對不會出現黑天鵝。此外，礙於經驗，我們不只未能察覺罕見事件的存在，還對它們的影響一無所知。對經驗的依賴，會使我們在面臨前所未見的災難時仍在香甜的夢中酣睡。[2]

幸好，人類跟恐龍不同，我們還有科學家會發出警告。這些人不仰賴有限的個人經驗，而是根據冷門的數據分析提出專業的推測。說到防患未然，他們的見解或許是人類的一大優勢。

然而，專家提出的警告，經常牴觸大眾的舒適生活與日常觀察。人們明明收到了警訊，卻未能意識到問題。我們難以決定該相信哪些資訊。到最後，專家意見與個人經驗之間產生的衝突，會妨礙我們採取必要的預防措施。

有一件事會讓我們體認到從個人經驗認識災難，其代價過於龐大——那就是親身經歷災難。這種經驗讓人身心交瘁。我們哀痛萬分，飽受創傷。我們發誓謹記這次的教訓，竭盡所能地未雨綢繆或避免類似事件再度發生。然而，記憶會隨時間淡化，人們的憂愁也是如此。當我們逐漸適應事件的餘波與全新的局面，眼前的經驗無可避免地吞噬了我們的直覺。

想從他人遭遇的災難中習取教訓更是難上加難。除非我們盡力設身處地，否則個人經驗會告訴我們，受害者通常不是自己。這甚至會讓我們產生毫無來由的信心，以為自己比實際上更不容易受到傷害。

值得一提的是，在一些情況下，人們可以準確預測與避免災難。這是個好消息，但我們的經驗往往隱蔽了這些預防措施。本質上，預防措施不會產生任何可借鏡的結果，我們甚至可能從來都不知道預防措施是什麼，也無法驗證若成功避開災難後會發生什麼事。既然看不到毀滅性的後果，就會引起一種錯覺，讓人以為危險從不存在。

基於以上種種原因，雖然經驗提高了我們在日常生活中的生存機率，但其帶來的教訓，反而有可能損害我們預測與應付災難性事件的能力。這樣的學習環境充滿了陷阱。因此我們應該問的是，有沒有任何潛在的可怕意外一旦發生了，後果將不堪設想，有沒有什麼線索我們必須在日常觀察範圍以外的地方才能察覺？

遺憾的是，這種意外多不勝數。

讓人無法承受的重大災難

大自然可以是一個危險的地方，恐龍不是唯一的受害者。

流行病很容易釀成嚴重的災難，時機與後果都無法預料。今日社會的緊密連結與交流，有助於傳染病輕易且快速成為威脅人類存亡的全球性危機。僅僅一百年前，西班牙流感使全球三分之一的人口染疫，幾個月內就奪走了數千萬條人命。如今，這類事件的教訓似乎已隨時間淡去。假如有一種新病毒導致疫情全面失控，等人類意識到它的毀滅性時，通常已經太遲了。[3]

我們在二〇一九年寫完本章時，這種災難感覺只是一種假設，遙不可及。遺憾的是，二〇二〇年春天本書進入編輯流程後，一種新型冠狀病毒引發了大流行，全球各地陷入了生死存亡的危機。這場疫情殺得所有醫療照護與經濟體制措手不及，帶來令人難以想像的致命後果。

經驗不只未能預警這類災難的存在與影響，還在我們企圖減緩事態的嚴重性時不斷蒙蔽自己。在確診案例呈指數增長之際，人們難以理解為何在短短數週內就有好幾百萬人染疫。我們未能意識到關鍵干預措施的重要性，因為相關措施礙於病毒傳播與潛伏的特性，需要一段時間才能見效。因此，我們太晚採取預防行動，導致疾病快速傳播，防堵疫情的成本進而變得更加高昂。

二〇一九年新型冠狀病毒（COVID-19）疫情，或許不像小行星滅絕恐龍那樣將人類全體毀滅，但它除了直接危害人體健康之外，也將對全球經濟與社會福祉造成長期威脅。待人類熬過這場危機後，希望我們能明智地找出其他可能的流行病來源，以防止它們在未來造成破壞。此外，但願大家也能從嶄新的角度看待人類無法承受的其他潛在災難。

舉例來說，氣候變遷一直是許多環境、政治與經濟議題的核心。這個星球的暖化現象是否將導致毀滅性影響？多數人其實沒有明顯的感覺。

一味依賴個人經驗，將使我們難以意識到全球暖化的系統性現象，而且——如同流行病的例子——未能及時採取必要的干預措施。的確，近年來曾有一、兩年的夏天感覺異常炎熱。這幾年的颶風與林火似乎也比以往頻繁。然而，對所有人而言，寒冷的冬季照樣接在涼爽的秋季而來，颶風也只在一年當中的特定期間來襲。在多數人眼裡，一切就跟往常沒什麼兩樣，這也是為什麼各國政府始終將氣候變遷的議題擺在其他社會、政治與經濟問題之後。

儘管如此，美國太空總署（NASA）與美國全球變遷研究計畫（U.S. Global Change Research Program）等組織的分析顯示，地球的面貌**正在改變**。北極冰冠與喜馬拉雅山的冰河正急速融化，二氧化碳排放量創下有史以來新高，此外還有其他令人擔憂的變化。隨著全球平均氣溫持續攀升，多數氣候科學家認為，這種情況將越來越難以逆轉。可以想像的是，自然環境很快就會達到臨界點，而在那之後，海平面會上升、極端天氣頻繁出現、空氣品質惡劣與旱災不斷。等等負面後果將嚴重破壞大量人口的健康與經濟，並對人類的壽命造成永久性影響。[4]

另一個同樣容易引發災難的是抗生素抗藥性（antimicrobial resistance，AMR）病例的激增。在特定條件下，有害的微生物會演化出對藥物的抗性。這個進程會減損藥物的效用，或使藥物在某些病例中完全發揮不了作用。

抗生素抗藥性早有先例。這在人類發明抗生素之前便已存在，甚至比人類更早出現於地球上。許多微生物會隨時間演化出對抗生素的抗性，就跟人體會產生抗藥性一樣。然而，在人類發明抗生素後，抗生素抗藥性開始以前所未見的速度激增。個人與相關產業不當或過度使用抗生素的現象，可能導致某些微生物以創紀錄的速度演化，突破人類的生物性防禦。

根據世界衛生組織（ＷＨＯ）的報告，有證據顯示抗生素抗藥性正急遽增加且具有潛在危險。然而，如同全球暖化，這個問題並未對多數人的日常經驗造成實際的影響。相反地，目前人類正享受抗生素帶來的好處。即使過度（在不必要的時候使用）或不當使用（未使用完整劑量），對許多人來說也只造成有限的危害或完全無害。這樣的經驗，讓人以為抗生素抗藥性的問題並不嚴重。

然而，我們承受不起抗生素抗藥性真有一天廣泛傳播的代價。對於那些容易受抗藥性微生物所害，或需要密集接受相關療法的病患（譬如需要大量施打抗生素的重大手術或特定癌症療程），抗生素抗藥性的現象尤其危險。

由人類的發展可知，戰爭爆發的可能性始終存在。緊張的情勢與看法的歧異通常會逐漸加劇，直到最終爆發軍事衝突。這種災難的終極全球版將是核子戰爭。然而，日常經驗未必能敦促我們做好必要的預防措施。兩個世代的核武競賽與緩慢進展的核武擴散，反而可能導致一種安全感的假象。

經濟危機的演變也大多不在人們的經驗範圍內。二〇〇八年的全球金融危機在爆發之前幾乎沒有徵兆，在普羅大眾的眼裡尤其如此，結果大眾最終落得損失慘重的下場。截至二〇二〇年春天為止，我們仍然不知道COVID-19導致的經濟衰退將有多嚴重並持續多久。人們根本無法負擔這類事件的後果與教訓。如果我們完全只仰賴日常生活的觀察，就不會認真看待這些事，直到局面變得一發不可收拾後才會驚醒。[6]

隨著電腦科技與遺傳學等領域的先進發展，事情變得更複雜。我們無法明確探測這當中牽涉到哪些不可預料的風險。最終，人工智慧或基因工程有沒有可能造成全球性的經濟或社會動盪？是不是還會伴隨著堪比小行星毀滅恐龍般的重大後果？有太多因素仍待討論與思索，但我們必須了解，這些討論與思考不能建立在個人或集體經驗之上。

雖然還有其他事物也可能釀成全球性災情，但災難未必總是世界性規模。地方與區域性的劇烈變遷，也可能重創數千甚至數百萬人的生活。人都有一種傾向，容易輕視小規模事件引發的風險。由於大部分的日常經驗並未受到那些事件影響，因此風平浪靜的現狀會凌駕我們的直覺，使人怠忽有備無患的重要性。

如果逐一思索，許多災難似乎不可能發生。但綜觀歷史，未來不會發生任何災難的可能性顯得十分渺茫，尤其考慮到現代人比過去人類史上的任何時期壽命都長，生活進步得更快。COVID-19正好不幸地證明了這個推論正確無誤。

說到防患未然，我們得承認，無法靠經驗來準確預估災難發生的機率、重要性或潛在影響。為了妥善處理這種可怕的意外，我們必須設法超越經驗。

或然性的盲點及專家／經驗的差距

我們如何防範超出自身經驗範圍以外的潛在災難？第一步是試著評估它發生的機會與可能的影響。但遺憾的是，經驗會扭曲我們對或然性的看法。

畢竟，我們沒有機會觀察或然性，一起事件不是發生、就是不發生。這就如同擲硬幣一樣有正反面，雖然我們理智上明白這兩種結果的可能性各占一半，但在見證一種結果時，我們並未經歷另一種結果的或然性。

當某個事件頻繁發生，人們對或然性的直覺認知會更加清晰。如此一來，我們可以蒐集大量結果，從整體角度思考，並根據其中某種結果的頻率得出一個適當的或然性。擲一個硬幣一千次，約有半數結果會是正面，也多少會有一些取樣誤差。擲的次數越多，誤差越小。於是，我們很容易直觀理解，出現正面（或反面）的機率是百分之五十。

然而，災難並非是頻繁發生的事件，它們往往牽涉各種因素，而且史無前例，這正是它們殺傷力強大的部分原因。因此，人們沒有足夠的相關經驗可形成前述那種明確的整體觀點。

這時就輪到專家上場了。他們精通數據，鑽研的證據遠比任何個人的經驗都要廣泛。他們透過分析為民眾提供說明與建議。但研究顯示，人的感知建立在經驗之上，而專家的看法有可能大不相同。當兩種資訊來源呈現不同的結果時，衝突就產生了。例如，描述一個可能只有百分之一的機率與親身經歷過那百分之一，感受完全不同。[7]

假設有一項投資失敗的機率是百分之一。理財顧問告訴你：「損失全部資金的機率是百分之一。」這種說法聽來感覺如何？

的確，機率很小，但本錢仍有可能賠光。這種情況很容易想像。大多數的人會糾結於百分之一的機率，認為那有可能發生，並感到焦慮。

但是，如果你完全從經驗的角度來看待這種情況，會有什麼感覺？假使沒有人告訴你有百分之一的機率會失敗，你只能實際投資或長期觀察這幾次的投資結果，以感受失敗的可能性。結果，接連九次的投資都賺錢。

我們透過模擬實驗創造了這個包含九種結果的樣本，並將虧損的機率設為百分之一。由於樣本規模相對較小，所以災難幾乎不會發生。如果這是你真實的投資經驗，應該能讓你學到再明顯不過的一課：虧損是罕見事件。這讓許多人來分享你的經驗與看法。如果你與其他投資人交流，很可能會發現多數人一直以來也都沒有虧過錢。

在這種情況下，儘管根據分析而來的敘述令人憂心忡忡，但若完全依靠有限的個人經驗，則會讓人毫無危機意識。每獲利一次，投資人就更有信心，進而冒險挹注更多資源，將預防措施拋在腦後，沒能適當做好承受巨額虧損的準備。

災難也是如此。基於經驗加深，人們會低估災難的可能性，因而不採取負責任的行動。相比之下，專家描述的機率反而聽起來很不合理。如果問題牽涉許多因素，相關的資料與分析也會錯綜複雜，專家的解釋通常也晦澀難懂，其中還包含大量的不確定性。由於討論的議題是尚未發生的事件，我們因此無法確切知道某個災難將在何時何地發生，也不確定它會帶來什麼影響。這一切都讓人難以消化專家提出的看法……在此同時，經驗一如以往地簡單、清晰且強而有力。[8]

我們不妨從專家與經驗這兩個不同的觀點，來思考令人不敢置信的「同天生日」問題：在隨機挑選的二十五人當中，至少有兩人同一天生日的機率有多高？

從個人經驗判斷，這種機率並不高。我們在生命中遇到的人不計其數，但我們只知道少數幾個人跟自己同一天生日（如果有的話）。我們也很少看到許多人在同一天慶祝生日。因此，同天生日的例子感覺相當稀少，而隨機由二十五人組成的群體似乎也過小，以致不可能出現這麼多巧合。

換個情況，若有一位專家告訴你，從二十五個人之中找出至少兩人同天生日是有可能的；事實上，兩人同天生日的機率約為百分之五十六。而且，如果隨機找來更多人，機率會驟升至百分之七十！怎麼會這樣呢？專家可以仔細演算給你看，但方程式會寫滿整整一頁。其中牽涉的計算過程十分複雜。[9]

你得記住，問題問的是「在二十五個人之中找出同天生日的兩個人」，而不是「二十五個人之中是否有任何人跟你同一天生日」，這兩個問題截然不同，而且後者要問的也簡單明瞭。總之，這個問題的機率牽涉到組合數學（combinatorics，即離散數學）——數學學科中一個相當複雜的領域。由於在二十五個人的群體中兩兩一組有三百種可能，因此其中兩人同天生日的機率，遠比一般預期的還要高。如果再加入更多人，可能性會大幅增加。

同樣地，高傳染性病毒在初期有可能讓人感覺就像普通的季節性流感，因為它引發的病例與死亡人數跟流感差不多。專家會試圖說服大眾相信，指數性成長將導致最終的結果更加嚴峻，如果不進行任何干預，病例數很快就會暴增。我們也許不覺得專家的看法是對的，但並不代表那些看法不正確。系統性風險與罕見災難的機率就是這樣運作的。因此，我們在理解災難的可能性與潛在影響時，不應該依賴個人經驗。

從經驗中學到的慘痛教訓

災難發生時，我們的確有機會從中學習。我們吸收它帶來的衝擊，了解其問題與影響程度，進行深度的分析。因此，我們應該從災難性經驗中習取寶貴的教訓。但是，我們到底有沒有辦法做到？

在《鴕鳥弔詭》（*The Ostrich Paradox*）中，任職沃頓商學院風險管理與決策流程中心（Wharton Risk Management and Decision Processes Center）的羅伯特・梅爾（Robert Meyer）與霍華・昆路德（Howard Kunreuther）分析了這個問題。他們舉了

多起案例，描述先前遭受重創的地區未能防患未然，結果在類似的災難再度來襲時面臨致命的後果。[10]

其中一個例子是二〇〇八年重創德州加爾維斯頓島（Galveston Island）的艾克（Ike）颶風。然而，這種情況已有先例。一百年前，同一個地方也遭逢類似的天災，以雷同的方式被蹂躪。起初，當地領袖記取經驗，在重建家園時做了許多預防措施。但從證據來看，那些教訓已隨時間大多消失殆盡。

梅爾與昆路德發現，二〇〇八年災難發生時，用於保衛城市的防波堤未能發揮作用。它已年久失修，根本抵擋不了狂風巨浪。一些新建的社區甚至認為完全沒必要搭築防波堤。颶風步步逼近時，即使當局宣布天候情況有可能致命，許多民眾仍忽視預警。在遭逢損失的數千戶之中，只有百分之三十九的人事先購買足夠的保險——儘管他們住在容易受到天災襲擊的區域。種種錯誤無可避免地造成了不必要的生命與財產損失。[11]

根據這些悲劇，梅爾與昆路德整理出兩種機制。它們受到經驗驅動，並造成負面的結果。

第一，即使我們並未真的遺忘極端事件（人們經常建碑紀念與投資安全措施），但它們對群體造成的創傷會逐漸消散。雖然傷痛不會徹底消失，但是會減退到我們在心理上能夠承受的程度。

這項回歸機制對於微小與經常發生的錯誤十分管用，譬如騎單車跌倒了，或輸了網球比賽。假如我們面對每一次的失敗都哭得死去活來，就永遠無法重新嘗試任何事物，也就無法有所進步了。如果城市遭到颶風毀壞之後，人類就再也不建造城市，文明的發展便會停滯不前。然而，這項機制也可能使人不顧後果地魯莽行事，進而容易在未來面臨可怕的意外時付出慘痛的代價。

倘若我們不曾親身經歷過災難，過沒多久，那些回憶、死傷人數與警告便會讓人感覺無關痛癢。今日安穩的生活，很快就會抹滅過去遭受的衝擊，取而代之的是更明確即刻的煩惱。假使一段時間都沒有發生災難，人們甚至會開始將某些風險視為千載難逢的機會。例如隨著時間過去，災區中心地帶滿目瘡痍的房屋，在某些人眼裡顯得相當便宜。他們也許認為有好一陣子都沒發生天災了，因此現在購屋似乎是相當划算的交易。

梅爾與昆路德探討的第二項機制則與人們對預防措施的看法有關：某一種災難越不常發生，那麼預防措施就越不實用或甚至沒有必要。小心謹慎的市民耗費鉅資做好預防措施，例如安裝防風蓋以抵禦颶風的侵襲；輕視天災的市民則把錢拿來買新電視，只顧眼前的享樂。

除此之外，錯誤的警報也會使那些沒有未雨綢繆的人們對自己的選擇產生錯誤的信心。有時為了保險起見，政府會發出警告。然而，經過幾次錯誤的預警後，一些人會開始認為災難永遠不會來臨，取笑那些相信災難總有一天找上門而採取防護措施的蠢蛋，認為他們只是平白浪費金錢而已。至於那些收到暴風雨預報後便努力搭建防風蓋的謹慎市民，若發現錯誤警報一再發生，也會感到挫折，逐漸傾向跟其他不將警告當回事的鄰居們一樣，在下次警報響起時好整以暇地繼續坐在電視機前。

久而久之，整個社區便有可能放棄至關重要的政策，譬如訂立防災規章與制定特別的保險計畫，使居民容易遭受災難重創。[12]

最終，如果我們未經思索、完全依賴經驗，會增加因災難蒙受多次損失的可能性，即便之前已經歷許多悲劇。這種問題並不限於環境災難。

例如，金融研究顯示，人們評估投資決策時往往過度重視不久前發生的事。由於那些經驗還歷歷在目，在一般人眼裡更能反映現實。但這種傾向只在事態逐漸好轉的情況下能帶來好處，幫助我們掌握最新發展與提升表現。矛盾的是，這種傾向也可能導致我們對意料之外的危險過於鬆懈。[13]

舉例來說，過去人們飽受全球經濟衰退所害，但這不代表大家之後不會再犯類似的錯誤。然而，如果一段時間都未出現經濟衰退，人們就會比較容易捨棄之前設立的預防性規定或警告系統。

關於維護世界和平，上個世紀各國組成了策略性聯盟，主要是為了防止成員國之間的暴力衝突與戰爭。然而，世人逐漸遺忘了全球衝突所造成的破壞，以及這些防衛措施的重要性。因此，如果這些同盟關係逐漸消蝕或瓦解，而成員國並未努力尋求替代關係或重新結盟，未來發生衝突的風險可能會不必要地增加。

同樣地，由於疫苗接種根除了某些疾病，人們似乎忘了那些疾病曾經造成的傷害。今日，反疫苗接種運動持續展開，透過社交媒體與名人背書被廣受支持。但如果有太多人都放棄必要的疫苗接種措施，一些絕跡的疾病將捲土重來。[14]

因此，有鑑於過往的悲慘經驗與未來災難降臨的可能性，所有領域都必須抱持一種態度，那就是了解及時與有效採取預防措施的價值。遺憾的是，經驗也會削弱這些重要的防範行動。

解決方法vs.預防措施：當人們成功避開了災難

想像有一種流行病正失控蔓延全球各地。起初從世界某個角落的一座小鎮發生，再經由染病者到外地旅行時向外傳播。這項疾病是一種已知病毒的變種，極度致命，致死率為百分之五十。

在數萬人病死及不計其數的民眾染疫後，馬克．吉爾森博士與他的團隊設法透過廣泛研究開發了一種療法。這種神奇療法對大部分病例都管用。人們都讚揚吉爾森博士是英雄。他是英雄嗎？是的，他當然是。

現在想像另一種情境。

在世界某個角落的一座小鎮，一種已知的變種病毒開始擴散，它具有致死性且傳播力驚人。短短幾週內，病毒已在社區內奪走多條人命，由於鎮上每天都人來人往，根本不可能抑制病毒的傳播。

幸好，吉爾．馬克森與他的研究團隊常駐當地。他們面對疫情可能爆發的危險挺身而出，透過策略性檢疫、嚴格的隔離規定與必要的預防措施，成功控制了病毒的傳播。疫情並未向外擴散，病毒也很快被消滅。馬克森博士與團隊成功防堵了一場萬一失控就會奪走全球成千上萬條人命的流行病。他是英雄嗎？是的，他當然是。他會受到大眾的讚揚嗎？不太可能。

這兩起事件帶給人們的經驗與隨後的評價並不對等。吉爾森與馬克森博士都採取了必要的行動，以拯救許多人的生命。他們的貢獻難分軒輊。但是，人們根據經驗只給了其中一人應得的尊敬。

第一個例子牽涉了在致命災難爆發後所採取的**解決方法**。疫情蔓延各地，新開發的療法擁有顯而易見的效果。吉爾森博士因此獲得讚賞。由於人們直接經歷了災難，因而能充分認知解決方法的重要性。

第二個例子則牽涉了致命災難的**預防措施**。這並未導致明顯可見的事件，這個世界也並未實際遭受到打擊——這當然是件好事。然而，基於這個原因，馬克森博士所付出的努力不為人知，也不像前一個例子那樣備受讚揚。

更重要的是，由於災難已經免除，民眾大多不知道真正的破壞力有多大。然而，災難的毀滅性越強大，我們就越無法承受實際過程中得付出的代價，因此預防措施更不可或缺。幸好，現實世界中有許多人正在做跟馬克森博士一樣的事情。

舉例來說，數十年來，科學家與醫療照護人員一直試圖避免致死率高的伊波拉病毒（Ebola）大爆發（世衛報告指出致死率平均達百分之五十）。他們的作為實在偉大，包括醫療組織費盡千辛萬苦在缺乏電力的區域透過低溫運送以保存藥物，接著在地方成立多所醫療中心，為伊波拉病患與其密切接觸者施打疫苗；除此之外，他們向社區進行衛教，揭露這項疾病的真相與迷思。這些努力有時還是在安全風險堪憂的情況下進行的。[15]

幸運的是，多份報告顯示，針對伊波拉病毒的可靠療法可望在不久後問世。這是很棒的消息，但我們不該因為這項突破而輕忽它需要長期耕耘與治本的預防措施。COVID-19讓我們見識到，在災難的侵襲下制定預防措施是多麼困難與耗時。因此，在災難發生之前，防患未然非常重要。[16]

回應這項挑戰的其中一個組織是流行病防範創新聯盟（Coalition for Epidemic Preparedness Innovations），該組織於二〇一七年成立，宗旨是在這些疾病**成為全球性威脅之前**，籌辦預防措施與資助開發各種流行病疫苗。我們只能盼望，經過COVID-19的教訓後，最終能助長大眾對於這類行動的支持。[17]

不過，預防措施卻受到經驗所詛咒。

首先，若想避免問題發生，就需要承認它的存在與隨後可能造成的影響。但是，經驗未必能警示災難的爆發與潛在的威力。想想那些遭到滅絕的恐龍吧。經驗並未警告牠們會有一顆巨大的行星從外太空飛來，也沒說它會引起多大的浩劫。

第二，如果我們**避開了**一場災難，當然就不會**經歷**它。因此，我們無法實際了解它的存在或可能導致的影響，結果更難避免未來有類似的災難發生。於是，預防措施有可能反過頭來妨礙本身的存續。

然而，另一個阻礙人們支持與重視預防措施的因素，是我們到底會不會懲罰罪魁禍首。畢竟，若某件事情需要被「預防」，得有人先犯了錯。儘管如此，各個組織與群體可能會不敢承認自己的缺失，結果導致人們無法從經驗中得知真正的阻礙因素。

基於以上理由，經驗無法正確教導我們預防措施的重要性，導致我們無法正確認識或重視預防措施。因此，我們採取的防範措施會比實際需要的還少，或者時機太晚。也許數年前多虧了某些人的努力，世界才得以避免一場嚴重的金融危機。我們不會知道，外交努力與貿易結盟阻止了多少衝突與戰爭。有許多書籍與電影以人們在危機與災難中獲益或受苦的故事為主題，但沒有多少作品描寫一些人成功阻止了災難，或講述一個即便失敗、但至少努力過的故事。

這種困境可稱作阿爾希波夫—彼得羅夫難題（Arkhipov-Petrov puzzle）。

瓦西里・阿爾希波夫（Vasili Arkhipov）是六〇年代蘇聯軍隊一名潛艇艦隊指揮官。在古巴飛彈危機（Cuban Missile Crisis）期間，他拒絕下令發動核彈攻擊，儘管當時船上的官兵都感受到水雷在附近爆炸，以為美蘇兩國爆發了戰爭，但阿爾希波夫察覺事有蹊蹺，勸服兩名有意發射核彈的高階軍官按兵不動。因此，他可能藉此挽救了世界各地數百萬人的性命。阿爾希波夫的舉動，避免了一場人類無法承受其代價的災難。[18]

斯坦尼斯拉夫・彼得羅夫（Stanislav Petrov）是一九八三年蘇聯防空部隊（Soviet Air Defense Forces）的一位中校，他在冷戰的高壓時期也同樣阻止了一場核武浩劫。據傳，當時負責監測美國攻擊的蘇聯早期警報系統，將某種罕見的天氣現象誤認成了洲際彈道導彈。警報響起後，彼得羅夫並未向總部通報美國已發動「攻擊」，而是回報系統故障。假使那時他未能察覺到這個失誤，肯定會有數百萬人因此喪命。他阻止了一場人類承受不起的災難。[19]

這些防止災難發生的人比其他人幸運。阿爾希波夫與彼得羅夫的作為最終得到了認可。或許遲來的認可總比永遠得不到賞識好。至於保羅・克魯岑（Paul J. Crutzen）、馬里歐・莫利納（Mario Molina）與弗蘭克・舍伍德・羅蘭（Frank Sherwood Rowland）的遭遇要好得多。這些科學家揭露了某種人造化學物質會消耗臭氧，倡議全球立即採取防範措施。他們的努力在一九九五年得到了諾貝爾獎肯定。[20]

然而，理查・瓦勒里・穆佐科・金伯恩（Richard Valery Mouzoko Kiboung）的故事截然不同。身為流行病學家的他，加入世衛以抑制伊波拉病毒的散播。二〇一九年春天，據報他在協助控制伊波拉疫情時遇襲身亡。那時他可能已拯救了許多病患的生命，本來可以再幫助更多人。他的遇害造成其他醫療專業人士及所屬機構面臨恐懼，很可能讓之後的有志之士卻步。[21]沒有多少人聽過金伯恩這號人物，實在遺憾。

對於那些盡力阻止壞事發生的人，我們可以給予特別的獎勵、榮譽及認同。社會並未給予他們充分的賞識。我們可以獎勵有效的作為，尤其是那些旨在避免大規模或不可逆潛在災難的努力。我們可以設立國際獎項來表揚相關領域中可行的預防措施，如交通運輸、科技、健康、經濟與環境等。我們可以將這個獎項命名為阿爾希波夫—彼得羅夫獎。

避開的子彈：當災難險些發生時

跡近錯失（near miss）跟預防措施很像——也就是偽裝為成功的失敗——意指有

壞事差點發生了，然而人們提早明辨可能成真的災難，最後免於承受不利的後果。

跡近錯失是潛在的資訊寶藏。不幸的是，從中學習並非我們與生俱來的本能。你上一次為自己捏把冷汗是什麼時候？可能你當時邊開車邊看手機，剛好抬頭瞥了一眼，及時免去一場碰撞。多數人都有過一、兩次這種經驗，但我們從那些千鈞一髮的時刻學到的教訓，遠不如從代價高昂的錯誤中學到的多。畢竟，這些事件雖然發生了，但並未造成創傷。

在組織中，跡近錯失的經驗往往被「肇事者」掩飾或低估。人們通常不會坦承自己「差點」就犯了可怕的錯誤。這不是人的本性。因此，我們最後也無法從他人的事件中汲取教訓，以防將來有天自己遭遇同樣的事情。

更慘的是，這種避重就輕的傾向，甚至會增加未來災難發生的可能性。如果不為人知的紕漏並未造成問題（或更糟地……意外導致了成功），災難仍會在未來某個時間點爆發。不管怎麼說，跡近錯失的結果令人滿意，因此有許多人會繼續採用相同的程序或方法行事，但風險依然存在。

基於這些原因，忽視重要的跡近錯失經驗，在製造業、航空與醫療照護等安全為主要考量的產業中是不能被接受的。屬於這些領域的許多企業均設置健全的回報系統，鼓勵知情者向管理階層通報問題，某些情況下也實行匿名機制。因此，他們可以採取必要的預防措施，避免未來可能發生的災難。以飛航為例，有時機艙內發生意外，但飛機仍設法安全降落。若將這種事件視為之後可能發生的危機，我們便能記取寶貴的教訓，避免噩夢成真。[22]

然而，即使災難很有可能發生、造成的影響將很深遠，但人們從跡近錯失的經驗中不太能學習到適當的作為。學到教訓是例外，而不是一貫的常規。

二〇〇四年，伊凡颶風（Hurricane Ivan）重創墨西哥灣、加勒比海與美國東南部，使當地滿目瘡痍。但它也讓人虛驚一場。[23]

氣象預報原本預估颶風將重創紐奧良（New Orleans）。因此，市政府強制撤離三分之一的人口。結果，這項行動造成了高昂的成本與可怕的後果。民眾困在設計不良的逃生路線數小時之久，有些人更是未能離開家園。

然而幸運的是，伊凡颶風繞過了紐奧良。

當時，社會學家雪莉．拉斯卡（Shirley Laska）正在研究自然災害對該地區的潛在影響。她的住家與辦公室都位於紐奧良，而她很清楚這座城市承受不了颶風的重創。那次的虛驚一場，讓她有機會完整分析自己的擔憂。颶風過境後，她便在《國家災難觀察者》（*Natural Hazards Observer*）發表了一篇題為〈假如伊凡颶風沒有繞過紐奧良，會發生什麼事？〉（What if Hurricane Ivan Had Not Missed New Orleans?）的文章，詳細敘述自己基於既有證據與預測資料推估的可能災情。當研究獲得國會關注後，她也在議員們面前證實，若有一個相似的颶風來襲，將造成數百人死亡與數萬人流離失所，而這些人大多是當地的弱勢族群。

之後的事件證明了這種事態不只是推測而已。拉斯卡提出警告不到一年，卡翠娜颶風（Hurricane Katrina）便在紐奧良地區造成重大災害。在此三天前，據報美國國家氣象局（National Weather Service）曾聯絡拉斯卡，希望得到她的建議。但是，一切為時已晚。數百人喪生，成千上萬的民眾陷入悲慘的困境，而其中大多數果真是地方的弱勢族群。

在這個案例中，經驗並不可靠。紐奧良地區有過颶風侵襲的歷史。一份可信的專家報告曾根據某次千鈞一髮的經驗發出嚴正警告。但是，這些作為都遠不如經驗的教訓來得有力，而在親身經歷過後，人們變得更加脆弱了。同樣地，有鑑於嚴重急性呼吸症候群（Severe Acute Respiratory Syndrome，SARS）與中東呼吸症候群（Middle East Respiratory Syndrome，MERS）等疾病對世界上多數人口的生活造成相對輕微的影響，因此我們也可以將這些疾病視為COVID-19引發重大浩劫之前的跡近錯失。如今我們知道，人類並未從這些疫情中充分習取教訓。

二〇〇八年，拉斯卡藉由自己曾在卡翠娜颶風來襲之前、過境期間與之後的研究貢獻，獲美國社會學會（American Sociological Association）頒發社會學公眾理解獎（Public Understanding of Sociology Award）。這是好消息。然而，假使當初政府有重視她的警告，降低颶風造成的破壞，我們還會知道這號人物、頒獎肯定她的遠見嗎？誰也說不準。儘管如此，應該要有更多人認同拉斯卡這樣的人並向她看齊；沒有多少人聽過雪莉．拉斯卡這號人物實在令人遺憾。[24]

了解實際的風險：懂得解讀數據的好處

如之前所見，許多相互關聯的問題讓人很難從經驗中習取實用的教訓，以利人們預測、預防與避免災難。有些工具與做法或許有幫助，但執行上受到許多因素阻礙，包括個人由於自身經驗而無法認同數據分析師的看法（即所謂專家與經驗間的隔閡），以及基於經驗的直覺與或然性數據所揭露的現實之間出現了落差。

更麻煩的是，專家的動機與工作事項也會受到質疑。那些自稱專家的人真的有資格嗎？其中一些人是否因為既得利益而做出偏頗的判斷、分析與建議？有沒有可能在特定領域，由於未知性極高，以致沒有真正的專家？畢竟，過去專家誤判的例子不在少數：為什麼我們不應該忽略今日許多專家所說的話？

這都是合理的考量。然而，這種態度很容易變得過火。在《專業之死》（*The Death of Expertise*）一書中，政治科學家湯姆・尼可斯（Tom Nichols）警告，大眾不應該從執著、甚至帶有敵意的角度來看待專家的意見，尤其當專家發出的訊息牴觸了自己的直覺時。質疑的精神是一項寶貴的資產，但有時我們不妨也試著回過頭來反省自己的經驗與隨之而生的直覺。[25]

如果將這套哲學應用於災難上，或許就能巧妙地縮減專家與經驗之間的隔閡。各國於一九八七年九月十六日簽署的《蒙特婁議定書》（Montreal Protocol on Substances that Deplete the Ozone Layer）即為一例。數十年前，某些人造化學物質急遽破壞臭氧層。雖然過往經驗裡並未可靠地警告人們注意這個前所未見的問題，但科學研究顯示，臭氧層破洞會對環境與人體健康造成不可逆的負面影響。最後，人們決定透過創新的方式解決這個問題。因此，臭氧層可望在二〇五〇到二〇七〇年間恢復至一九八

○年時的濃度。[26]

我們可以從這些例子中學到什麼教訓？如何讓自己更有機會發現並即時有效地解決潛在災難？一個重要步驟，是增進統計素養。

若想達到這一點，你要做的不只是選修機率統計學課程而已。身為一九九二至二○一七年美國首席統計學家的凱瑟琳．沃爾曼（Katherine Wallman），將統計素養定義為「有能力理解與嚴謹評估日常生活中無所不在的統計結果，並體認到統計思考將為公眾與私人、專業與個人做出有貢獻的決定。」[27]

如果你想培養統計學素養，有一個方法是持續追蹤與省思某些科學家的研究與論點──他們在職業生涯中，致力探討如何清楚明瞭地將統計學見解呈現給普羅大眾。基本上，這些專家一直都在幫助我們更加認識專家。

其中最著名的人士之一是已故的漢斯．羅斯林（Hans Rosling），他提出了一長串的分析與方法，說明如何以簡單易懂的方式呈現複雜的社會與經濟數據。此外，他也是《真確》（*Factfulness*）的共同作者與蓋普曼德（Gapminder）的共同創辦人。蓋普曼德基金會致力於「提供免費的教學資源，幫助大家根據可靠數據了解這個世界」。[28]這些年來，我們（兩位作者）也從捷爾德．蓋格瑞澤（Gerd Gigerenzer）、霍華德・維納（Howard Wainer）、納辛姆・塔雷伯、大衛・史匹格哈特（David Spiegelhalter）、班・高達可（Ben Goldacre）、菲利浦・泰特洛克（Philip Tetlock）、安德魯・格爾曼（Andrew Gelman）、約翰・阿倫・保羅斯（John Allen Paulos）、山姆・薩維奇（Sam Savage）、愛德華・塔夫特（Edward Tufte）與史派洛斯・馬克里達基斯（Spyros Makridakis）等人的研究與討論中獲益良多。他們各有專長，而我們在本書各章節也引述了他們的觀點（欲知更多細節與參考書目，請見註釋）。[29]

以上幾位專家往往有強烈的信念，而且未必對每件事都抱持相同的態度。然而，他們討論統計學的方式，讓此領域專家提供的資訊更淺顯易懂，以便一般民眾在做出重大決定時能理智判斷現實。

在災難發生的情況下，解讀數據的能力不只能讓我們的直覺變得成熟、足以探索並超越一般的經驗，也有助於分辨專家們的建議到底是好或壞。這將有利於我們認清專家與經驗之間的差距，避免單純因為自身觀察與他人看法不同，而輕視（或誇大）末日般的災難成真的可能性。如此一來，人們將能更客觀、更長期關注為何某些程序更易遭逢巨變，及早質疑低劣或有問題的分析，傾聽較為完善的觀點，從過往的創傷中習取正確的教訓，最後更明智地決定後續的行動。

此外，從數據的思考角度出發，我們不但能了解經驗與分析帶來的啟發，還可充分體認它們的不足。因此，科學家與決策者思考潛在的災難時，經常參考**預防原則**（**precautionary principle**）。這解決了一個問題，那就是當經驗不可靠、而科學知識不可得或不足時，人們應該如何做出重大決定。根據這項原則，我們應該問的是：我們努力避免的傷害是否破壞力驚人，以致雖然它們看似不太可能發生，但我們仍應謹慎預防？當處在一個全新的領域中，有許多方式可以取得進展，那麼哪一條途徑比較能預防一旦爆發就將損失慘重的災難？[30]

基因編輯（genome editing）技術即為具有預防意義的一個例子。這是一個正在快速發展的高科技領域，有可能帶來大規模的長期後果。例如某些基因的些微變化，會以我們無法準確預測的方式影響世世代代的人類。至於體細胞，譬如組成器官與血液的細胞，在此領域一般只會影響接受治療的對象；但構成精子與卵子的生殖細胞會將父母的基因傳遞給後代，干擾了自然演化的過程且無法挽回。目前，多數科學家強烈反對基因編輯技術，而這意味著即使科技允許，某些程序仍會遭到反對或禁止。這種情況正體現了預防原則。[31]

然而，預防原則的運用未必簡單。近幾十年來出現了數個改造人類生殖基因的小型實驗。例如，我們知道在一些情況下，基因改造的實行是為了增強生育力或抵抗某些疾病，其他也許還有一些不為人知的相關案例。這類計畫在科學界引發了道德與實踐方面的諸多爭議。既然我們不確定這種基因變異會導致哪些長期影響，又該將基因工程的界線劃在哪裡？如何劃定界線？而我們又該何去何從？[32]

這是一個複雜的問題，無法光靠經驗來解決。一些做法必然會打開潘朵拉的盒子，引發短期內無法預見的嚴重後果。因此，儘管立意良善、預防措施周全，長期而言我們仍將不可避免地面臨一些災難。但是，如果我們希望盡可能減緩災難的殺傷力，就必須抵抗經驗造成的各種錯覺，思考哪些方式有助於汲取正確的教訓，以維護下一代的福祉。

我們遺漏了哪些重點？哪些事情毫不相干？

經驗日復一日地保護我們免受許多常見的危險所傷害，教導我們如何處理與避免危機，這點無庸置疑。然而，面臨罕見的重大事件時，個人的日常經驗會提供不當的指引，使我們無法認清過去的災難與防患未然。

毫無助益的平靜生活。經驗根植於過去與現在，而安逸穩定的生活無法清楚預示前所未見的災難，反而會帶來不切實際的安全感。

災難性影響。經驗不只未能及時警告我們防範罕見災難，更無法準確預示潛在的影響。

預防措施。人們通常都知道且重視災難應變措施，但一般都不會採取行動來預防災難。預防措施也讓人沒有機會經歷災難，導致我們更加低估未雨綢繆的重要性。

跡近錯失的經驗。跡近錯失的經驗是寶貴的資訊來源，讓我們得以了解有可能成真但並未發生的災難。找出這些經驗並記取教訓，更能避免之後的災害。

數據解讀的能力。專家發出的警告往往與人們基於經驗的認知相牴觸。如果我們知道如何解讀數據，就能掌握與聽信有科學佐證的警告，進而預防危險的趨勢與未來的風險。

最後，面對潛在的災難，有所為——及有所不為——的決定依然操之在我們。若想明智以對，我們必須超越經驗的教訓，看得更廣、更遠。

第四章

不自由的選擇

設計過的客戶體驗讓我們喪失主導權

請根據下列資訊做決定。

01000001 00111010 00100000 01001100 01101111 01110111 00100000
01110010 01101001 01110011 01101011 00100000 01100001 01101110
01100100 00100000 01101100 01101111 01110111 00100000 01110010
01100101 01110100 01110101 01110010 01101110 00001101 00001010
01000010 00111010 00100000 01001000 01101001 01100111 01101000
00100000 01110010 01101001 01110011 01101011 00100000 01100001
01101110 01100100 00100000 01101000 01101001 01100111 01101000
00100000 01110010 01100101 01110100 01110101 01110010 01101110

你應該做不到。除非你精於判讀二元符碼，否則你根本不知道要做什麼決定。必須有人設計界面以供理解這些符碼代表的意義，你才能做出明智的判斷。

以下是相同的資訊，但呈現的方式不同：

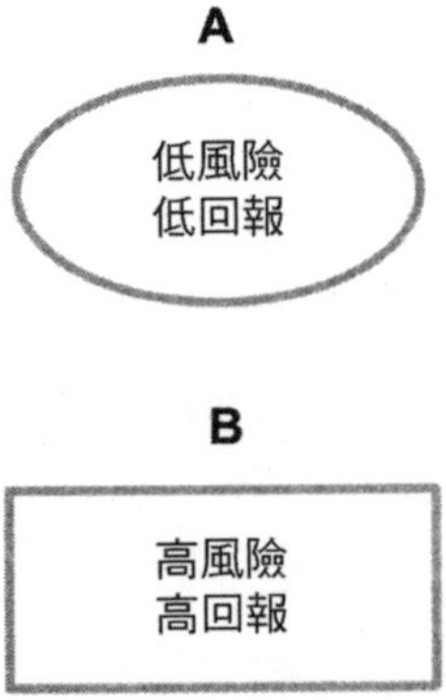

現在，你比剛才更清楚了解眼前的情況了。

首先，你知道自己有兩種投資選項，也知道這兩個選項有何差異。當然，你仍然需要更多資訊才能做出決定。你肯定會先考量整體情況，再根據具體的風險、報酬、利益與成本選擇其一。基於這些細節，你甚至有可能兩個都不選。

然而，面對密密麻麻的1和0所表示的數列資訊，你甚至看不出問題是什麼。第二個介面帶來的經驗，大大地幫助你做出了明智的選擇。這個介面的設計，將摸不著頭緒的情況轉譯為讓你能輕易理解與判讀的資訊。

現代生活有許多面向雖然不像二元符碼那樣隱晦難解，但也可能讓人難以正確解讀與輕鬆應付。

近年來，科技、全球化與社會的快速變遷，帶來了前所未有的便利性，讓人們可以獲取各式各樣的商品、服務、資訊、連結與機會。有更多的企業、政治人物、組織、事件發展及周遭旁人占據了我們的時間與注意力。我們經常在同一時間專注於多個目標、興趣、想法、義務、責任與選擇。然而，人的注意力、時間、精力、資金與能力都很有限。在這樣的世界裡，我們該如何做出各種決定？這是一個至關重要的問題，而它深刻影響我們在日益複雜的社會中扮演的諸多角色。

因此，各種研究在短時間內激增，探討哪些因素會影響人們在不同的情況下做出什麼判斷與決定。有越來越多調查從嶄新的角度剖析各行各業的決策，包括醫生如何診斷疾病、法官如何做出判決、經理如何管理下屬、勞工如何完成工作、老師如何教導學生、學生如何學習知識技能、選民如何投下手中的一票、投資人如何選定標的及消費者如何挑選商品等。這些研究發現逐漸成為主流。心理學家丹尼爾・康納曼與行為經濟學家理查・塞勒（Richard Thaler）分別於二〇〇二年與二〇一七年以心理學如何影響經濟與社會決策的傑出研究，獲得諾貝爾獎肯定。

這個新興領域的核心發現之一，就是人們非常難用對的原因在對的時機做出對的選擇。一方面，我們重視個人自由，小心翼翼地保護做決定的自主權。另一方面，我們需要借助外力，才能迅速取得可靠的資訊與理解當前的情況。這就是體驗設計（experience design，XD）的效用。

體驗設計是一門後設學科，汲取來自心理學、設計、科技、建築、行銷、管理與通訊等領域的見解。它的設計原理，重於理解與影響人們體驗各種商品、服務、地點、過程與情況的方式。體驗設計的從業人員注重使用者與特定物品或環境之間的即時互動，以及這些互動對人們造成的長期影響。

體驗設計催生了許多新職業，例如顧客體驗（customer experience，CX）與使用者體驗（user experience，UX）人員、體驗架構師（experience architect，XA）、設計思考家與選擇架構師。這些專業人士以個人或團隊的形式，設計能讓體驗變得易於理解且決策變得容易控制的介面。在今日的數位世界，他們經常負責將二元符碼轉譯成大眾可輕易理解與回應的視覺、口語和聽覺線索。舉例來說，如果少了可供流暢上網與搜尋相關資訊的必要工具，我們便無法享受網際網路帶來的好處。正因如此，體驗設計是現代許多強大創新發揮作用時，不可或缺的元素。[1]

在一九七一年出版的著作《未來的衝擊》中，未來學家阿爾文・托佛勒預示了體驗設計的崛起。在該書第十章〈經驗創造者〉（The Experience Makers），托佛勒預見「經濟的心理化（psychologization）」，也就是生產者與供應者除了商品與服務的效用之外，也需要日益注重消費者體驗。以汽車為例，原本車子只是交通工具，但隨著競爭者與產品複雜度的增加，細部設計及其對駕駛、乘客的體驗，也越來越深刻影響人們的偏好與選擇。[2]

衝擊逐漸不再是未來。在一九九九年出版的《體驗經濟時代》（*The Experience Economy*）中，作者約瑟夫・派恩（Joseph Pine II）與詹姆斯・吉爾莫（James Gilmore）認為，現代經濟以人們的體驗為主。這個體制內的所有供應者都不斷嘗試創造可提升消費者與使用者體驗的設計。[3]

在體驗設計的時代，世界上不計其數的組織努力透過精心開發的體驗設計迎合大眾需求。因此，我們可以取得無數的資訊與新科技，並拿來幫助我們更加了解眼前的情況與更有能力做出明智的決定——不論是購買哪些商品、信任出自何處的新聞、投資哪些標的、支持哪些慈善團體或投票給哪些候選人。

我們未必一直都能控制或預測最終的結果，但多虧了日新月異的體驗設計，我們才能在更大程度上自由選擇。

這樣很好啊！有什麼不妥嗎？

當不同目標相互抵觸時，問題就出現了。當體驗設計師的目標與我們的願望或欲望不一致時，會發生什麼事？畢竟，引導人們做出特定選擇的體驗設計業，可以賺進大把鈔票、又可累積龐大的權勢與影響力。而精心打造的體驗設計若想發揮效用，就必須讓人們以為實際上控制一切的是自己，而不是體驗設計師。因此，我們在做決定這件事上，該擁有的自由與實際在手的自由之間也許認知差距甚大。

雪上加霜的是，如今領導階層、企業家、政策制定者與政治人物可以蒐集與分析海量且與日俱增的資料，洞悉人們的個性、選擇、關係與喜好。再加上持續針對決策動態的研究，這種大數據讓他們得以推估，哪些類型的經驗會導致特定的判斷、意見、信念、傾向與行為。有了這些知識，他們可以設計民眾的經驗，以助長對自己有利的目標。那種決策如果越重要，他們左右大眾的意志、同時讓人們以為自己握有控制權的誘因就越強烈。因此，如果我們盲目依賴個人經驗，就有可能做出讓外部勢力稱心如意的決定。

體驗設計師對人們造成不當影響已不是新鮮事了。在一九七六年出版的《占有還是存在》（*To Have or To Be?*），精神分析學家埃里希・弗羅姆（Erich Fromm）對於工業時代人們的選擇自由抱持悲觀的角度。他觀察到，許多人開始意識到自己的期望並自由地發揮潛力。隨著工業化開展，每個人都相信，所有社會階層最終都能獲得這種自由。不過，弗羅姆發現，一切都是幻覺，「大家都成為官僚機器的齒輪，我們的思想、感受與喜好都受政府、產業及它們控制的大眾傳播所操弄。」[4]

身為公民、消費者與決策者，我們的體驗因為各式各樣的工具、資源與科技而一天比一天更多采多姿。這有部分得歸功於體驗設計，是這個領域讓我們能夠輕輕鬆鬆就擁有這些經驗。然而，我們也可能誤以為自己仍在相當程度上能控制自身的判斷與決定。

有數不清的因素會影響人們的選擇，並依個人與各種情況導致不同結果。例如，就醫療方面，我們通常會聽從醫生的意見，但在決定度假地點時，我們不會受他人的建議所左右。這很合理，考量其中牽涉的意涵與風險，這樣的行為讓我們在各種情況下都更有機會達到渴望的目標。

然而，這些與其他可預測的決策過程也可套用於體驗設計上，促使人們做出違反自身利益的決定。若想了解個中巧妙，就必須探討會影響我們做決定的三個主要因素：**情感、選項與遊戲化**。

一旦我們了解各種形式的體驗設計會透過哪些方式影響我們的直覺與偏好，就能思考如何在必要時，利用特定的機制再三斟酌或拒絕這些設計。如此一來，我們可以劃下明確的界線，決定自己擁有多少選擇的自由與影響力。

你的情感被喚起了嗎？設計情感經驗

愛德華・克拉帕雷德（Édouard Claparède）是二十世紀初一位影響力強大的神經學家。他曾遇過一名病患得了某種健忘症，病徵是無法形成新的記憶。據說那名病患不認得經常見到的醫生或護士。有人讀故事給她聽，她不但很快就忘了聽到的內容，甚至連整件事都記不得。本質上，她的狀況就類似二〇〇〇年上映的電影《記憶拼圖》（Memento）中的主角，或是二〇〇三年《海底總動員》（Finding Nemo）裡的多莉（Dory）。[5]

這是一種悲慘的處境，但這種異常表現往往有利於科學家一探人類大腦的功能與界限。克拉帕雷德深入分析這個病症，希望能進一步釐清創傷經驗對人的理智與行為所造成的影響。因此，他設計了一項小小的測試。

某一天，他再次遇見那名病患時，一如往常地與她握手並自我介紹。但這次，他在手心藏了一根細針，以刺痛這位脆弱女子的手掌，並讓她感到驚訝。就她的認知而言，這是自己第一次與醫生見面。她相信對方是來幫助她、而不是來傷害她的。這個動作造成的創傷清晰真實，而她也感到害怕。但過沒多久，她仍然忘了這件事。這是她的詛咒。

之後，克拉帕雷德又約她見面。他自我介紹並伸出手，這次手心沒有藏針——他真的是去幫助她的。就她的認知而言，她從來沒有見過他，但她不願意與他握手。

克拉帕雷德發覺，儘管那名病患腦中沒有任何與這件事相關的明確想法或記憶，但先前的恐懼經驗對她造成了影響。在《腦中有情》（*The Emotional Brain*）中，神經科學家約瑟夫・勒杜（Joseph LeDoux）利用這件軼事將「情感記憶」定義為一種機制，它會使我們在無意識的情況下記憶周遭的威脅與機會。情感有利於我們生存，可幫助我們理解錯綜複雜的世界。此刻與過往的感受會透過可預測的方式指引我們。它會影響我們後續的信念與行為，即便我們對此毫無知覺。[6]

在《笛卡兒的錯誤》（*Descartes' Error*）中，神經科學家安東尼歐・達馬吉歐（Antonio Damasio）說明情感會透過另一種方式影響人的想法與行為。他在書中描述一個腦部遭受不同損傷的病患，這名病患的大腦無法將情感與論證結合在一起。事後發現，人在毫無情感反應的狀態下，幾乎無法正常做決定。

例如有次，達馬吉歐向病患提出兩個訪視日期，結果他發現對方花了好久的時間分析兩個選擇的利弊，遲遲無法做出決定。據說那名病患煩惱的是「來不及赴約、擔心訪視日期與其他約會隔得太近、天氣可能不好……」。對於區區一次約診，他把所有想到得的因素都考慮進去，因而無法得出結論。[7]

達馬吉歐認為，這個案例凸顯出人們有多麼需要借助情感，才能客觀衡量所有決定的成本與效益，進而做出最終的決擇。經歷一項決定時，我們不只記錄相關的事實，也會以感受到的情感來標記那項決定。**感覺很重要**。往後，我們才能利用這些情感標籤來喚醒經驗，重溫那些相似的問題與有關的決定。[8]

在《星艦迷航記》（Star Trek）描繪的宇宙裡，瓦肯人（Vulcan）是一個可以在做決定時完全抽離情感的物種。人類做不到這一點。考量情感在儲存與喚醒經驗方面扮演的重要角色，我們必須了解它們對決策造成的影響。其中，有些影響其實相當容易預測。

舉例來說，人在生氣時更容易冒險。這種傾向在一些情況下非常管用，但也可能使我們對自身能力與想法過於自信，而且比較不願意認錯。與人發生爭執時，我們通常會大聲說話，不聽對方的說詞，吐出一些言不由衷的話。[9]

傷心難過時，我們通常會悲觀看待世界；欣喜雀躍時，我們變得比較樂於助人，而且比平常隨和。[10]

恐懼會支配人的注意力。它迫使我們在察覺威脅時採取行動，是生存的必要之舉。對於潛在損失的恐懼，會影響我們冒險的方式。然而，過度的恐懼也會讓人失去行動能力。我們可能會為了擺脫可怕的情況而想盡辦法脫身。[11]

厭惡的情緒也可能會強烈影響我們的思維。在《好人總是自以為是》（*The Righteous Mind*）中，社會心理學家強納森．海德特（Jonathan Haidt）解釋了厭惡感如何影響人的社會觀、道德判斷與政治態度。[12]

認識到這類普遍的傾向，加上有關於人的個性及過往決策的隱私資料，體驗設計師得到了強大的資源。因此，體驗設計從業人員努力在人們的經驗中塑造強烈的情感，尤其一旦牽涉到重大利益時。如果這些設計能將「難以選擇」變得更具吸引力且更叫人愉悅，便可帶來助益。然而，這也可能一發不可收拾。

政治就是一個好例子——這是個經常充滿高漲情緒的領域。候選人、權威人士與顧問灌輸民眾各種帶有強烈情緒的訊息。研究顯示，這些訊息往往影響人們的看法與投票決定。

我們很難避免這種經驗，因為它引人注意，各類媒體也有可能火上加油。隨著焦慮感的加劇，事實與想像的界線會變得模糊。煽動性主張得到了過多的關注，而經過深思熟慮、基於事實的調查與細微複雜的資訊經常遭人忽視。經驗會從上一次的選舉延續到下一次。雖然議題與選民不同，但情感標籤依然存在，影響力也會隨著每次的循環而加深。久而久之，不同陣營的支持者越來越難和平共處。

這個不良副作用，導致的是能夠左右選舉的選民，不斷透過選票來避免自己不想看到的結果，而不是藉此促成滿心渴望的結局。事實上，政治科學家艾倫・阿布拉莫維茨（Alan Abramowitz）與史蒂芬・韋伯斯特（Steven Webster）認為：「一直以來，負面的黨派成見，深刻影響著選舉、民主表述與治理。」隨之產生的政治環境，進一步加深黨派之間的兩極對立與民眾的忿忿不平。[13]

這種情況也會暫時控制我們的直覺，驅使我們接受意見領袖不切實際的解決方案，以針對情緒所衍生的恐慌，包括捨棄長期建立的同盟關係、進行昂貴的投資，或草率施行影響層級廣泛而不可逆轉的政策。

歷史上，人們將圍繞情感而生的訊息與活動運用於各種脈絡與情況。它們清楚顯示，情感經驗的強大拉力如何戰勝認知能力（不論個人的教育程度如何都一樣），並且讓人犯下不必要的錯誤，重蹈覆轍。為了擴展選擇的自由，我們必須學習從不同角度重新評估情感經驗及其背後的設計。[14]

然而，情感不是唯一一個可經由設計以影響決策的經驗因素。

你喜歡哪一個？設計可供自由選擇的體驗

我們一路看著子女與孫子、孫女們從小長大、逐漸擁有自己的想法。看到他們意識到自己有能力獨立決定一些事時，著實令人興奮。

但是，兩歲的孩子是出了名的脾氣拗強，還會靠著尖叫和眼淚對大人予取予求。有時候，跟他們講道理像是不可能的任務：

「寶貝，把外套穿上。」

「不要！」

「寶貝，大家都得穿外套。外面冷死了。」

「不～～～～～～要！」

「寶貝！你必須穿外套。」

「才不～～～～～～要！」

還好，一些家長無意中發現了解決的方法。經驗告訴他們，卡在「聽我講道理」的無限循環只會讓情況變得更糟。因此，他們聰明地重新設計了情境，向孩子提供兩個選項。如此一來，問題不在於穿不穿外套，而是穿哪一件外套。

我們其中一人曾經試過，發現這個方法在一般情況下都管用。孩子無理取鬧的持續時間與程度都變少了，全家也通常能夠順利整裝後再出門。

這個方法簡單而實際地呈現了**選擇設計**（option design）的力量——重新塑造經驗，進而影響人們（在這個例子中是幼兒）回應的方式。當然，身為精於世故的大人，我們絕不會受這種把戲所影響。

或者，我們會嗎？

假設一間店裡有兩個盒子。（也許是雜貨店裡的兩盒餅乾，或藥房裡有兩盒衛生紙，是什麼東西並不重要。）其中一個盒子是灰色，另一個是黑色。顏色是它們唯一的差別。兩者都賣五塊錢。

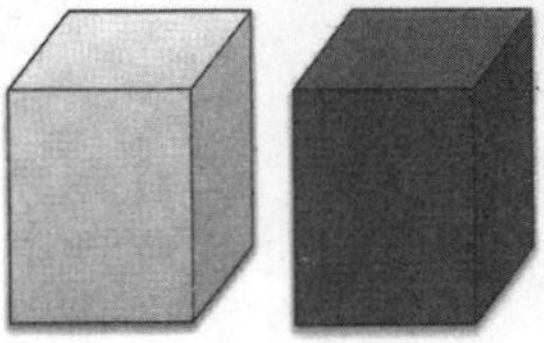

一些顧客買了其中一個，其他人則買了另一個。現在，假設製造商希望在不干擾顧客自由選擇或限制選項的條件下，說服更多人購買灰色或黑色其中一種盒子，可以怎麼做？

一個可能性是：加入第三個盒子，增加可用的選項。那個盒子的外觀跟製造商希望促銷的盒子長得一模一樣，只是體積小了點。如果第三個盒子也標價五塊錢，會發生什麼事？

這個盒子可能是灰色，如下所示。

或者是黑色，如下所示。

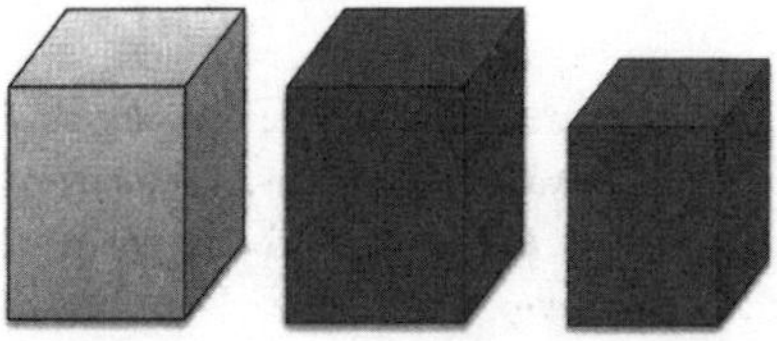

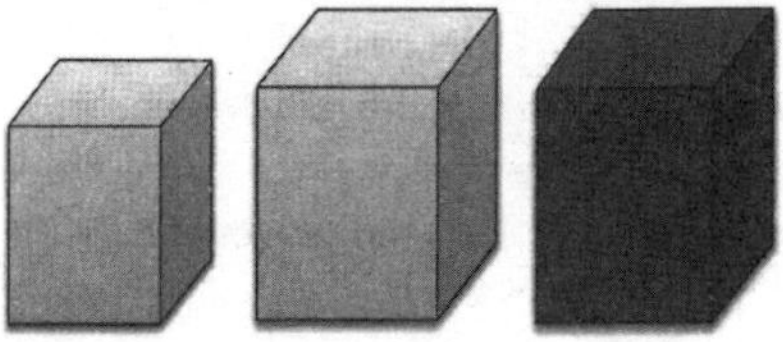

這聽來也許荒謬。想必沒有多少顧客會在這種情況下選擇體積較小的盒子。既然價錢都一樣，為何要買內容物比較少的商品？然而，假設這個選項會影響顧客的體驗，進而左右顧客的選擇。新選項的出現，是否讓你特別想選外觀相似、但體積較大的那個盒子——第一種情況下是灰色盒子，第二種情況下是黑色盒子。由於體積較大的那個盒子現在顯得相對便宜，因此它更有可能成為三個選項中賣得最好的那一個。此外，不論基於何種原因，如果有些人選擇購買體積較小的盒子，當然也很好。

在上述兩種情況中，體積較小的盒子稱為誘餌。它有標價，而且上架的主要目的是影響消費者在另外兩個選項之間做決定。當然，這個以簡單、無記號的盒子所示範的例子有些不切實際且抽象，而誘餌也並非一向有效。不過，有幾個原因吸引一些企業採用這種選擇設計。[15]

首先，選擇權依然在顧客手中。額外的選項只是增加顧客體驗的豐富性，而且不太可能讓大家什麼都不想買。有些人甚至更願意消費，因為原本賣五塊錢的盒子現在相比之下變得「更便宜」了。因此，新增的選項不會帶來什麼壞處，但可以促成一些真正有利的影響。

第二，作為誘餌的選項不必設計得讓人一看就討厭。企業可以決定是否增加這個選項、採用什麼類型、標定多少價格，以及生產多少誘餌。其中有些誘餌商品甚至一擺上架就會有消費者購買。

第三，如果有人買了誘餌，那也無妨。消費這件事是很主觀的。這是他們的選擇。

因此，各類型的選擇設計，如今成了各領域消費者經驗的一部分。其中一個著名的例子是《經濟學人》（*The Economist*）近年採行的策略，而行為經濟學家丹・艾瑞利（Dan Ariely）在著作《誰說人是理性的！》（*Predictably Irrational*）裡詳細分析了這種現象。[16]

當時，這本雜誌為潛在的訂閱者提供了三個選項：電子書五十九塊美金，紙本一百二十五塊美金，以及電子書加紙本的套裝組合一百二十五塊美金。聽來可笑，應該沒有多少人會在這種情況下購買純紙本。實際上，艾瑞利及同事蒐集到的實驗數據顯示，百分之八十四的受試者會選擇套裝組合，其他人則選擇電子書，真的沒有人選擇紙本版——這就是誘餌。

接著，研究人員拿掉誘餌選項，看看這個變化如何影響人們的選擇。同一批受試者面對兩個選項（電子書與套裝組合）時，有百分之六十八的人選擇電子書，其餘百分之三十二的人選擇套裝組合。因此，在這項研究中，誘餌的存在使百分之五十二的潛在訂閱者轉而投入另一個選項的懷抱——而這想必也是出版商希望看到的結果。

但是等等……也許這個例子是僥倖成功的，或是到了現在已不合時宜。我們不該根據數年前的實驗一概而論。時代不同，民眾對期刊的喜好可能也變了。實際上，一些研究的確在相似實驗中得出了同樣的結果，一些則否。這意味著，使用如此明顯的誘餌來設計選項，未必能有效控制人們的行為。[17]這是好消息。

然而，我們來看看現在的情況。二〇一九年撰寫本章與隔年初回頭校閱時，我們查看了《經濟學人》提供的訂閱選項。我們以非訂閱者的身分造訪官網，結果看到三個推薦方案。其中一個是「數位版」，另一個是「紙本版」，第三是「紙本加數位」的套裝組合，而這個選項被置於其他兩個選項的中間，還冠上了「超值選擇」的橫幅。令人意外的是，這些選項就跟剛才例舉的灰黑色盒子一樣，價格**一模一樣**：每一個方案對歐盟地區的訪客都是十二週二十歐元，美國地區為十二週十二美元。在這種情況下，誘餌似乎不只一個，而是**兩個**！

還有許多選擇設計比這更微妙。這些設計旨在讓不同商品的各種價格顯得合理，並誘使顧客選擇企業主打的那幾樣商品與服務。

舉個例子，一杯咖啡究竟賣多少錢才合理？如果店家只賣大杯，售價四塊錢，可能會讓人難以評估它的價值。但如果多了三點五塊的中杯與三塊的小杯選項，這三種價格瞬間就顯得合理。因此，幾乎所有連鎖咖啡廳的菜單都提供多種尺寸選擇。

一台筆記型電腦究竟賣多少錢才合理？很難說，但如果電腦公司將基本款的售價定為一千五百元、中階款定為一千八百元，旗艦款兩千元，則這些價格便會顯得合理許多。基本款的售價讓人比較能夠接受其他選項的價格，而中階款的選項會促使消費者傾向購買更好、更貴的機型。所有科技製造商都運用這種選擇設計，以豐富消費者的經驗，同時讓獲利達到最大化。

事實上，許多直接面對顧客的企業會鼓勵人們從他們提供的選項中來比較，讓人們選到特定的項目，藉此打造消費者體驗。否則，如同兩歲的子女與孫兒們，我們可能直接選擇「不穿外套」，或看中那些企業不希望你買的商品種類或數量。身為消費者的我們，在商人精心打造的選擇設計下更容易做決定。然而重點是，他們得以控制我們的評估基準與心理調適，而很多時候這都是靠著巧妙的誘餌辦到的。[18]

這種策略的特徵也可能隨著時間進行略調。想想快時尚產業，服飾品牌迅速將全新商品從設計桌上帶到商場，又迅速將架上的商品汰舊換新。這種模式在時尚潮流中扮演重要角色：潛在顧客在店裡逛的時候都知道，這次架上陳列的商品，也許之後再來就看不到了。因此，消費者的體驗多了一種因害怕買不到商品而產生的迫切感，進而引發更頻繁且衝動的購物行為。[19]如此說來，我們身上穿的衣服與使用期限，並非全權由自己決定。我們的決定都受這種瞬息萬變的選擇設計所影響。

同樣地，科技公司發表新產品與升級時，反映的不只是技術面的進展，還有他們審慎規劃的時程，目的是為了定義自家產品隨著消費者的體驗來發展。藉由不計其數的消費者數據，科技公司得以設計產品的上市時程與選項，以達商業目標。

這種微妙的選擇設計也可運用在談判上。

以本章開頭所述的A、B選項為例，它反映了許多組織考慮對商業策略進行成本高昂的改變時，會面臨到的現實問題。

假設一間公司存在一項既有的低風險「A策略」，其帶來的收益不高卻穩定。這是他們目前的做法及現狀。之後，一位經理提出一項大有可為的改變，有可能帶來更高的收益。儘管如此，「B策略」跟任何改變一樣，也牽涉某些風險。因此，這種情況就類似像我們稍早例舉的「在兩個選項間做選擇」：

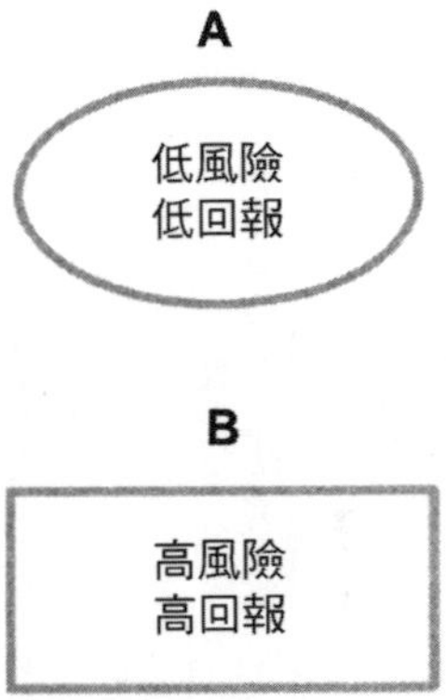

這個決定並不容易。這間公司應該改變策略嗎？它應該現在就改變做法，還是之後再做？需要考量的已知與未知變數有哪些？

在這種情況下，那位經理若想促使同事們選擇B策略，可能得再提供第三個選項，也就是C策略。這項策略可以經過刻意設計，讓B策略瞬間變得比較正當與吸引人。

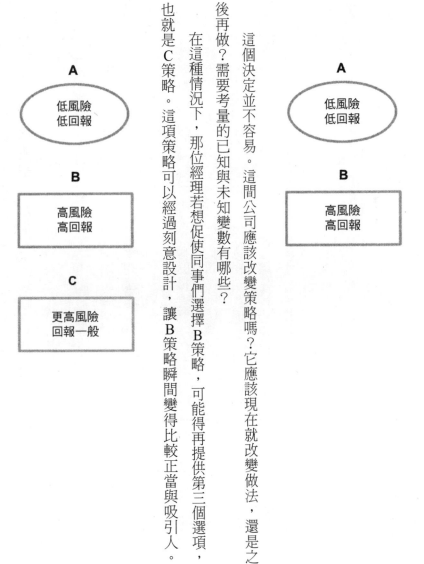

依據不同的情況與因素，員工們可能會認為B選項是「最超值的選擇」，因而容易做出決定。而且，一旦第三個選項加入，人們便會很難想像之前沒有這個選項的情況。這種經驗很難還原。C選項加入選單後，會變得讓人難以忽略。

毫無疑問地，這種選擇設計也可做為立意良善的用途，幫助我們克服令人沮喪的困境。然而，它也可能被用於引人疑竇的意圖——影響結果與達成個人目的，甚至是促成長期而言並非最有利的做法。

整體而言，選擇多元是現代經濟的正面特徵。五花八門的選擇，讓我們可以從中挑選最符合個人期望與需求的一種。我們比以往擁有更多的選擇自由。[20]然而，如同情感設計，選擇設計也在極大程度上影響我們的決定。它們的效應讓人難以抵抗，而由於人們一般不會參與選擇設計的過程，因此通常也不知道它造成哪些影響。於是，我們越來越難認清自己擁有多少自由，以及他人到底帶來多大的影響力。

你叫什麼名字？設計互動體驗

人類喜歡遊戲。我們喜歡玩遊戲、喜歡觀看遊戲的過程。遊戲牽涉了目標與成就、競爭與合作、獎勵與懲罰、學習與進步、未知與創意，這些體驗讓人全神貫注、陶醉入迷。

一些遊戲的架構相當簡單。例如，在接龍遊戲中，玩家互動的對象不是另一個玩家，而是遊戲本身。在孔明棋的遊戲中，玩家移動棋盤上的釘子或彈珠；在紙牌接龍中，玩家得依照特定順序排列紙牌。

西洋棋的玩法更複雜，對戰的兩個玩家必須根據相當複雜的規則互動。雙陸棋（又稱百家樂棋）則在這種玩法之外加入了一對骰子（以及在某些社交情況下讓雙方有互嗆的機會）。

七〇年代，數位化的浪潮引發遊戲界的革命。電腦遊戲從一九七二年問世的街機遊戲《乓》（Pong）進化成《當個創世神》（Minecraft）或《魔獸世界》（World of Warcraft）等多人互動遊戲。然而，遊戲設計的基礎原則大致不變。其中依然包含目標與成就、競爭與合作、獎勵與懲罰、學習與進步、未知與創意。

如同對遊戲產業造成的影響，數位化也引起人類互動的革命。

網際網路讓人們得以在前所未見的程度上與世界各地形成連結。今日，數百萬人可以隨時取得各式各樣的商品、服務、資訊與意見。緊接而來的互動環境複雜至極，以致我們需要易於使用的系統協助組織、追蹤、理解與儲存這些互動。在當中的每一步，體驗設計都扮演關鍵角色。

設計師開發電腦的圖形介面，為日新月異的全球資訊網加入了導航工具，實現了最佳化的使用者經驗。今日，他們更提供無遠弗屆的平台，讓人們可以建立個人檔案、購物及透過各種方式與他人互動。越來越多企業利用各種遊戲與民眾互動——這種現象通常稱為**遊戲化**（gamification）。這種客製化與遊戲化的發展細節深刻影響了選擇的自由，而人們並未充分意識到這點。[21]

以Booking.com為例，這個提供短期住宿選擇的線上銷售平台，利用各種行為洞察提供了遊戲般的使用者環境。值得一提的是，這個網站向使用者提供有關住宿選擇的各種即時資訊，使客戶不斷更新評估。旅館房間目前價格是多少？在這之前的價格又是多少？目前剩下多少空房？有多少人正在考慮同一個選項？房況與設備如何？這間旅館與其他條件類似的旅館相比，哪個比較好？根據先前的選擇，使用者會偏好哪些條件？Booking.com已設計好要向使用者提供某些特定的資訊，並以各種方式呈現這些資訊，而使用者得到了即時的回饋。這樣的體驗令人印象深刻。

Airbnb是短期租賃住房的網路平台，屬於共享經濟，即屋主可與他人共享住宿，同時收取一筆費用。其網站設計具有不同元素可供使用者透過多種方式與他人互動。屋主與房客可以互相評價、推薦及給予公開和私人的反饋。系統鼓勵這種互動，並以各種方式規範使用者的行為。

Uber是世界各地共享經濟的先驅之一。它讓搭車這件事變得更便利，這些年來也重新定義了互動特色。透過遊戲化，Uber吸引了終端客戶，更重要的是，他們也吸引到提供服務的駕駛。Uber讓駕駛偏好在特定時段、地點與時間拉長服務時數。根據報導，平台系統會向駕駛提供即時的回饋與誘因，讓他們更有可能依照公司的偏好與目標行事。[22]

許多體驗設計會確保使用者在界限內仍可「自由」行事，也帶來了先前所沒有的許多消費者福利與工作機會。但是，提供服務的駕駛不是Uber員工，出租房間的屋主也非受僱於Airbnb。因此，目前的遊戲化模式預期將持續存在（尤其是在私有且競爭激烈的商業環境下），讓這類型企業得以透過客戶不易察覺的方式管理各種使用者行為，又不會顯得獨裁專橫。

然而，一項設計在什麼時候會顯得干涉過多？該如何界定管理範圍？假如這些做法開始嚴重影響我們的個人與社交生活，會發生什麼事？[23]

你是誰？設計社交經驗

社交與建構生活的體驗設計，其實已存在多時。數世紀以來，眾多機構與組織刻意安排或限制一些活動，讓成員在經驗中產生某些偏好與信念。例如，教堂、大學、軍隊與企業，這些機構都提供組織設計，讓成員從觀察與參與中學習哪些行為「適當」、哪些「不適當」，而不是直接指導或訓誡。

如果這在網路以外的世界可行，那麼運用於網路上就更容易了，因為在這種環境下，資訊與反饋流通的速度更快，範圍也廣泛許多。某種程度的下行控制（top-down control）在網路社交平台無可避免。所有網路社交平台——供人們互動、分享與搜尋資訊——都必須實行特定的設計與過濾機制，以確保用戶的經驗全都可受管理、具有效率、豐富多元且令人愉悅。我們避不開這些設計，但仍應該多少了解這個體制的運作方式。

例如，網路社交平台就跟我們利用多層不同材質組成的濾網來過濾飲用水一樣，透過「數位濾網」來萃取與精鍊民眾接收的資訊，進而影響人們的經驗。使用者往往會自己設立第一道濾網。在網路平台上，我們通常可以根據可用的功能來決定搜尋什麼資訊、分享哪些內容、與誰建立連結及採取什麼行動。這些舉動將互動的空間限縮成範圍狹小、屬於個人的子集合。透過自身的行為與選擇，我們宣告了自己的興趣、恐懼、傾向、特徵、習慣、喜好與厭惡。然而，我們並未握有完整的控制權，因為在不同網站中，互動的策略必須遵守特定的規範與功能，但最終我們仍能在特定的平台上建立特定的角色。

接著，這類平台會建立第二道過濾機制。它們利用使用者的資料與互動，將人們的注意力導向系統認為使用者希望看到的內容。它們會推薦並顯示特定內容，而這些內容與我們公開、偏好的領域一致。這種過濾機制旨在促進使用者經驗，並誘使我們花更多的時間與精力在這些平台上。這促成了雙贏的局面，但有一點值得大家警惕。

身為作家與企業家的伊萊．帕瑞薩（**Eli Pariser**）在《搜尋引擎沒告訴你的事》（*The Filter Bubble*）中主張，這種讓人不易察覺的過濾機制往往將人們局限於同溫層——充滿個人化與系統性審查的詭譎學習環境。我們在這種泡泡裡待得越久，被濾掉的真實經驗就越多，養成的直覺也就越扭曲、越根深柢固。[24]

更糟的是，這些經驗不只被過濾了，還可能是錯誤或偽造的。二〇一八年，麻省理工學院研究人員調查從二〇〇六到二〇一七年在推特上發布的所有新聞，涵蓋大約十二萬六千則報導，再經過三百萬人轉推了四百五十多萬次。其中一些故事經查證屬實，其他則為假消息。研究人員發現，「在所有類別的資訊中，不實訊息散播得遠比真相還要快速、深刻且廣泛。」[25]

因此，假新聞不只常見於網路社交平台，似乎也深刻影響民眾的看法。這種內容大多稀奇古怪，因而引人注意，其中更有許多充滿強烈情緒。此外，消息的真假也有程度之分；一些內容有部分遭到捏造或誇大，進而混淆個人經驗。

你是否曾對國內或其他種族社會中的某些選舉或公投結果感到驚訝？或許你跟其他數百萬人一樣，看到這些新聞時心想：「怎麼會這樣？我怎麼會這麼盲目？他們怎麼會這麼無知？這些人在哪裡？他們是誰？他們怎麼會有那種想法？我生活的國家／城市怎麼會變成這樣？」

雖然如此，我們不該為那些驚訝的人感到驚訝。不論個人信仰、意見與理想為何，每個人所經歷的都只是事情的一部分而已。我們對自己生活圈中的家人、朋友、同事與熟人瞭若指掌。如今，那些主導我們在社交媒體上接收哪些訊息的過濾機制，進一步影響我們對事物的看法。近期傳出的多起醜聞也顯示，這種體驗設計帶來了短期好處，卻可能暗藏了一些嚴重的長期代價。

二〇一八年，一間小型資訊科技顧問公司劍橋分析（Cambridge Analytica）在取得Facebook大量的用戶個人資料之後惹上官司。據說該公司旨在藉由專為個人設計的貼文與廣告中操縱投票行為。多年來，政治宣傳一直在設計一些量身訂做的訊息，譬如以特定對象為目標的廣告信。然而，劍橋分析的運作範圍之廣，以及他們使用「個人」資訊的意圖之邪惡，令全世界震驚。隨著電腦運算法的影響力日益廣泛與強大，預期未來將出現許多類似的行為。我們對於自身網路經驗的控制權，可能比想像中還要低。[26]

我們應該如何處理這些問題，好讓社交經驗不那麼狹隘又更加可信，以及比較不易受到有心人士的操弄？許多科學家、技術人士與政治人物正致力解決這個問題。但是如果我們期待那些有經營網路社交平台的公司自行提出解決方案，就太天真了。

首先，他們或許在乎民眾，但更在乎如何透過網站吸引我們的目光，好讓我們停留得更久。我們選擇瀏覽那些網站的那一刻起，就不自覺地面臨一個專為影響個人經驗而打造的環境。[27]

第二，由於它們不斷推陳出新，這些在市場、虛擬世界背後的企業，未必能準確預測自家的設計最終造成的影響。再多的測試，都無法避免程式的錯誤與不可預期的副作用。利益團體將不斷鑽體制漏洞，操縱使用者的經驗。有鑑於這些網站受歡迎的程度，其中一些缺陷將讓數百萬人深受其害。Facebook或許未預料到劍橋分析的入侵，但這種錯綜複雜的系統，肯定容易遭其攻擊。

我們無法有效地控制他人如何支配我們的網路經驗。我們只能姑且相信他們在設計時，必然會以符合制度為主要考量。因此，我們必須設法在更大程度上控制自身的經驗——不論是作為消費者、員工、選民或科技使用者。

奪回經驗的控制權：在更大程度上自己做決定

首先我們來認清現實。情感、選項與遊戲般的互動介面，是決策與生活的一部分。如果沒有它們，我們就無法做決定。

但是，這些因素也會被拿來塑造我們的經驗，進而在不知不覺中影響我們的決定。當體驗設計者的目標與我們的目標截然不同時，就會釀成嚴重的問題。

某些情況下，政府與決策者會利用類似的方式保護人民福祉。行為經濟學家理查·塞勒與法律學者凱斯·桑思汀（Cass Sunstein）在《推出你的影響力》（*Nudge*）

中探討，規劃選擇的人如何提供「推力」，讓決策者更容易做決定與引導他們的選擇，同時尊重他們的權益，而不是限制可得的選項，並在過程中盡力守護全體社會的福祉。[28]

推力在人們的日常生活中越來越普遍。它們的形式各異，包含退休基金計畫中投資選項的違約金，以及學校餐廳將健康食物擺在顯眼處等做法。[29]一些推力也旨在透過即時與精準的行動反饋，來為使用者營造友善的學習環境。例如，有各式各樣的穿戴式裝置可計算我們在一天當中走了幾步，進而促使我們多運動。一些研究也發現，如果人們定期得知自己鄰居的電費多寡，便會更留意家裡的電力使用狀況。依照不同的情況，這種推力可鼓勵人們做出有利於社會的決定。[30]

然而，從經驗學習的角度看來，推力有一些缺點。其中之一，是每個決定或每個問題都需要善良的選擇規劃專家來設計專屬的推力。因此，雖然那些設計以我們的福祉為出發點，但我們同樣也只是在回應第三方設計的經驗罷了。由於許多推力並非旨在傳授一個長期受用的經驗，而只是為了引導我們在某個情況下採取特定的行為，因此一旦干涉的力量不再出現，我們便容易重拾舊習。[31]

既然如此，我們應該如何不靠立意良善的第三方或政府幫助，重新奪回經驗的主導權呢？

一個方法是培養內在的**設計雷達**——對設計體驗的敏感性，有助於認清自身的即時經驗在哪些時候遭到操縱，以及有意識地減少那些經驗造成的影響。[32]這麼做並不容易，需要一定程度的心理與情感自律。經驗讓人難以否定，就連在對人不利的情況下也是如此。幸好，雖然我們在體驗設計時沒有太多選擇餘地，但可以在更大程度上控制回應的方式。[33]

衡量那些牽涉到長期結果的決定時，譬如投票給誰、投資哪個標的、如何培養習慣，我們可以將眼前情況引發的即刻感受當作一種開關，從理智上分析當前的情況，而不被感受牽著走。與其屈服於情感、選擇設計或遊戲化互動，我們可以提醒自己，此刻面臨的經驗其實經過刻意設計，目的是誘使我們產生特定的感受與行為。

舉個例子，假設有一種情況或體制不斷灌輸強烈的情感訴求（不論是正面或負面的），我們應該思考，這可能是一項陰謀，企圖透過情感經驗影響人們的直覺與傾向。越是緊要關頭，這種情況就越有可能是有心人士為了誘發特定的感受與行為所營造的。

面對那些標榜體驗設計的組織或平台也是如此。在《影響力：讓人乖乖聽話的說服術》（*Influence*）中，社會心理學家羅伯特・席爾迪尼（Robert Cialdini）解釋，我們往往很快就對長相好看或與自己相似的人產生好感，而這種下意識的反應會使人們容易做出違背心意的選擇。他建議，我們應該試著在對某些人、事、物一見如故的時候謹慎反應。至少在第一步的時候，我們可以利用最初的反應來提醒自己，應該忽視或盡量減低第一印象的影響，而不是依其行事。[34]

面對多個選項時，我們同樣應該對選擇設計的影響有所警覺。為什麼商品要設定這個價格、以那種方式陳列？是否有某一項商品看起來特別吸引人？有沒有其他商品顯得相對低劣？撇開選擇設計所凸顯的對比，哪些選擇最符合自己的長期目標？

培養對選擇設計的敏銳度，是重拾並在更大程度上控制經驗自主權的第一步。接下來，必須以個人目標為焦點，當作是重大決定的主要依歸，而不是接觸特定設計時的即時經驗。

然而為了做到這一點，我們必須停下腳步，更仔細地思考目標。尤其是為了減輕體驗設計對我們的影響，我們可以定期問自己各種目標的相關問題，誠實地進行反省。這些問題來自記者、研究人員與偵探常使用的工具，稱為5W1H，包含何事（What）？為何（Why）？何人（Who）？何時（When）？何地（Where）？如何

（How）？[35]我們來依序看看這些是什麼。

就個人目標而言，應該思考的第一個問題是**何事**。

目標是什麼？當然，我們可能有好幾個目標，而且它們會隨時間而改變。沒關係，但我們需要先定義目標以制定計畫，然後按照計畫做決定。倘若起初沒有明確的定義，我們的注意力與決定便容易受他人設計的經驗所左右。一開始就思考「何事」，能使我們更容易調整看法、反應、信念與決定，以達成目標。

假設你的目標是創業，便可以思考要經營什麼事業？這將解決什麼需求？販售的商品或服務為何？以哪些類型的顧客為對象？這些問題有助於定義這個目標最初的範疇與界限。你的答案可能會在執行過程中產生變化，但仍可作為具體參考，引導你的行為並構成策略的基礎。

第二個問題是**為何**。

為何選定這個目標？理由越充分多元越好。如果我們沒有足夠的理由去完成某個目標，或更糟的是，基於某些人為或外在的原因而選定目標，便容易半途而廢。因此，第二個問題可作為前進的動力。假如沒有這些理由，我們便會輕易因為外在的設計與影響而搖擺不定。

回到創業的例子：為何要創業？為何選擇這項事業？為何不選擇其他類型的事業？為何選擇這個產品、服務與顧客族群？

第三個問題是**何人**。

往目標前進時，我們將成為什麼樣的人？我們可以針對不同目標選擇不同的行事方式。例如，我們可以選擇展現強烈的野心，為了達到一些目標而不擇手段。或者，我們可以選擇忽略某些不完美，只要基本的表現還算滿意即可。這個決定完全操之在己，而且在過程中可能有所改變。然而，除非我們有意識地調整自己達成目標的方式，否則便容易受到外在設計的影響，不計代價地追求更多、更好的事物。[36]

就創業的例子而言，問題包含：誰將經營這個事業？他們是否需要為了創業而辭去現職？他們對於這項事業的不同面向抱持多大野心？是否將僱用某些類型的勞工？

第四個問題是**何時**。

你預計何時達成目標？定下時限，將有助於避免不必要的干擾與延遲。我們可以反過來規劃時程，以更清楚知道下一步需要做什麼。如果達成目標的必要條件是先完成其他任務，則為那些任務擬定計畫與設定期限，這是首要之舉。

以創業而言，你應該思考：何時將展開這項事業？根據這個時間，你需要何時制定商業計畫？何時需要籌措資金？何時需要完成產品或服務細節的設計？何時需要備妥行銷與銷售方案？

第五個問題是**何地**。

要將目標的範圍設在哪裡？這個答案須視目標而定。一些目標的範圍涵蓋全球，其他則限於較小的地區。在執行過程中，特定的計畫可能會受到不同的法律或官僚制度限制，得依地點而定。某些地方可讓人們與志同道合者有更多互動，因而提供更多合作機會。

就創業的例子而言，你可以問自己：這項事業的總部將設在哪裡？是否需要專屬的空間以生產商品或提供服務？為了方便顧客前往，總部應該設於何處？

最後一個問題是**如何**。

如何達成目標？這通常是人們最先提出的問題之一。然而，倘若不先釐清前述五個問題，你就無法給出適當的答案，甚至可能受人影響而專注於「錯誤的」方向。若想了解達成目標的方法有哪些，一個理想的做法是，研究其他前輩如何嘗試與實現（或未能實現）類似的目標。如我們在第二章討論過的，摸索如何解決複雜或重要的問題時，人們往往過於重視原創性。

回到創業的例子，你可以思考：其他類似的事業是怎麼起步的？整個過程如何開展？如何與前輩牽上線？他們是怎麼失敗的？其他人又是怎麼成功的？

理想上，我們應該針對所有主要目標進行這種5W1H的分析。其中一些目標可能較為私人，其他則可能偏向集體需求，譬如家庭、群體或全人類。經由這種方式，我們將能安排目標的優先順序，讓自己更容易透過結構性且即時的方式往目標邁進。將這些計畫記錄下來後，我們會更清楚應該在何時做出哪些決定，也能在過程中隨時因應變化而調整，並持續追蹤自己的學習成效與進展。

如此一來，我們可以放心根據明確定義的目標做決定，而不是遭到各種設計所左右。5W1H的分析是幫助我們質疑與檢視目標的第一步。鎖定目標後，我們就不會輕易因為情感、選擇、遊戲化與有心人士設計的各種體驗而搖擺不定。我們將能重新找回一部分的選擇自由。

我們遺漏了哪些重點？哪些事情毫不相干？

在我們做出政治、社會與個人方面的選擇時，現代世界提供了許多自由。體驗設計讓人得以用直覺來獲取資訊與科技服務，確保我們能適當面對複雜且重要的情況。

然而，體驗設計師也可能在極大程度上控制我們的選擇，暗中限制了我們的自由。假如他們的目的與我們的個人目標相悖，我們的選擇就會受到影響，而未必能符合自身的興趣與喜好。

毫無幫助的情感。考量情感在人們的決定上扮演了重要角色，我們有必要了解它們會在什麼時候以怎樣的設計來影響選擇。如果我們發覺當下的情緒可能會危害目標，就應該冷靜下來，等到情緒穩定後再謹慎思考。

不相干的選項。選擇有各種不同的組合與呈現方式，供人比較優劣。但是，選擇設計也可能引導我們朝特定方向前進，偏往一些與個人長期目標無關的目的。

不相干的遊戲化互動。讓人容易上手的設計，是我們與複雜系統或平台進行互動時，不可或缺的要素，在數位環境下尤其如此。然而，有些遊戲、社群與其他互動形式旨在塑造人們的學習、決定與習慣，而這樣的影響未必與我們的個人目標一致。

不相關的設計。體驗設計主要反映了設計師所在意的事物，而這不一定與我們切身相關。當我們察覺體驗設計的影響時，可以試著了解它們對個人的決定與目標可能造成的危害，而不光看表面就信以為真。

目標。重要的政治、社會與個人選擇，應該以自身的長期目標為指引，而非特定的設計。5W1H的架構可幫助我們釐清個人目標、擬定合適的計畫，並將其作為學習與做決定時的參考依據。

重要的是，我們得認清選擇自由的限制與體驗設計在人們的決定中扮演的各種角色。有了這種意識，我們便能找回經驗的自主權，從中習取有用的教訓，同時不被那些牴觸個人目標的經驗所左右。

第五章

檢視外部成本

感覺對了不代表做的就是對的

你得到一個不可思議的待遇。

你可以享用任何美食，不論什麼時候想吃多少就吃多少，而且不會變胖！除此之外，你吃得越多，身體越健康。你可以享用所有想吃的食物，而且盡情沉浸在自我放縱的愉悅中。沒有任何食物受到禁止，包含牛排、比薩、義大利麵、起士、巧克力、冰淇淋，尤其是垃圾食物，像是洋芋片、薯條、熱狗、點心、汽水。你只需動動嘴巴，各式佳餚就會出現在面前。對那些努力抵抗美食誘惑的人而言，這簡直是美夢成真。

但，事情沒這麼簡單。

當你吃著任何想吃的東西，一天比一天開心、一天比一天健康時，某個地方就有某群人變得越來越胖、越來越不健康。你的日子過得越舒服，他們受的苦就越多。你不需要知道那些人是誰、在哪裡生活；畢竟你沉醉於自由放縱、毫無痛苦的暴食天堂裡，不會感覺到他們的不幸。

就是這麼一回事。你的生活美好愉快，某些人則過得苦不堪言。

假使獲得這種待遇，你會怎麼做？你會提出什麼問題？你能從其他經驗中學到什麼教訓，進而改變自己對這種情況的反應？

當然，這種情境純屬虛構。假如我們不斷過度攝取有害健康的飲食，便會搞壞身體，因此思考這些問題似乎一點意義也沒有。但是，如果我們真的有機會可以肆無忌憚地享受生活中的美好事物呢？

個人經驗非常重要。我們渴望增進生活經驗，經常追求讓自己感到開心的樂趣，同時避免痛苦與不幸。在先進世界，我們希望那些可以善加利用的美好事物（包含交通、科技、網路、衣物、資訊、基礎建設與健康照護等等）越來越實用、越來越平價且容易取得。因此，人們日益希望以更少的金錢獲得更多的東西。

這樣很好啊！有什麼不妥嗎？

當我們的正面經驗建立在別人的慘痛代價之上，自己卻絲毫不受影響，問題就產生了。如果我們對現代經濟略知一二，便會發現這種「不可思議」的情況其實經常發生。

每當我們購買商品或服務時，看到的都是繁複過程的最終結果。這個結果的許多重要面向很容易被觀察到，包括價格、消費者心得、實用性與品質。然而，其製作與運送過程的細節，基本上我們是看不到的。如果其中牽涉任何道德問題，我們在享受結果時也不必知道。

於是，我們輕輕鬆鬆「享受」更多事物，而未充分考量其他素昧平生的人們越來越「不健康」的事實——也就是說，他們正因為我們的行為而承受對應的痛苦。我們甚至沒意識到，為此承受代價的人很可能不是陌生人，而是我們的同胞、朋友，甚至是子女、孫子女或未來的後代。個人經驗掩蓋了我們所在乎的人背負的重擔，使我們不知不覺中變得越來越自私。

營利企業有可能使這個問題更加惡化。他們知道，消費者注重的是最終的產品與服務，以及隨後的使用經驗，並依此打造生產線與激勵員工。然而，在如此結果導向的競爭市場中，一些組織遊走在法律邊緣，甚至不惜違法以獲取渴求的結果。這些違法情事一般不為消費者所知，即便最後露了餡，也往往為時已晚——傷害已經造成。

久而久之，人們逐漸習慣「過度享受」，而無需承擔任何明顯的後果。這很容易就成為我們日常生活的一部分，最後難以改變。直到獲得更多資訊後，我們才開始察覺，自己經歷的一些結果與情況根本好得讓人難以置信。我們漸漸明白，那些不為我們所知的過程必須付出代價，而那些代價我們根本不希望加諸在他人、更別說是自己身上。這種意識對於公平性思考至關重要。但是，經驗也告訴我們，不太可能會發生自作自受的情況。

奧斯卡・王爾德（Oscar Wilde）曾說過一句名言，將憤世嫉俗者定義為「知道所有東西的價格，但不知道任何東西的價值」。[1]有鑑於此，經驗會讓人變得多憤世嫉俗呢？

唯有超越經驗，才能找出這個問題的答案。這麼一來，我們才知道該如何回應這種「不可思議」的處境，以及如何依照嶄新、睿智的見解調整自身的行為。

喬伊的經驗：輕易可得的外部性

喬伊（Joey）在一間公司上班。在同事、朋友與家人的幫助下，他得以解決日常生活中大大小小的掙扎與問題。當然，他的生活並不完美，但已經算不錯了。他期待未來升官後，日子會更好過。

喬伊享受這個科技社會以平實的價格提供了許多產品、服務與便利。他有一支手機與一台個人電腦，兩者無時無刻都連上網路。他利用這兩項工具處理日常事務、查看訊息、觀賞影片、安排行程、追蹤新聞、搜尋資訊，還有與同事、朋友及家人互動。近年來這些裝置的生產力大幅提升，售價逐步下降。每幾年他都會汰舊換新。

喬伊有定期治裝與整理衣櫃的習慣。平日上班時，他喜歡穿著舒適的灰色或深藍色西裝配白色襯衫，其他時候則是不同的T恤、褲子、球鞋與飾品互相搭配。他每年都會淘汰一部分衣物，因為有些已破舊不堪。這個習慣也讓他總能跟上瞬息萬變的時尚潮流。

喬伊每天開車上班。省油是他購車的必要考量。他樂見先進的引擎技術提高汽油的成本效益，同時減少對環境的傷害。

喬伊工作繁忙。他負責多項業務，還得達到一定的業績才符合年度分紅的資格，也才有希望升到夢寐以求的職位。過去幾個月來他像個拼命三郎一樣全力以赴，想不到其他部門的一些同級同事工作績效雖然沒有他突出，卻得到更好的待遇。最近，這種情況促使公司的管理階層開始審視他的部門，以了解哪裡出了問題。喬伊因此壓力倍增。

喬伊也從事各種投資。過去，他認為房市會持續飆漲，所以投入了大量資金，結果在二〇〇八年金融危機中蒙受嚴重虧損。如今，他試圖當個理智的投資者，但投資並非他的本業，因此他經常聽從財務分析師的建議。

喬伊的日常經歷起伏不定，但生活無虞。他知道明天睜開眼又是充滿挑戰的一天，到了晚上他總是睡得香甜安穩。大多時候，這就是喬伊的生活。

喬伊的財力遠高於全球平均值，其中有部分也是他應得的。他工作賣力、犧牲自我，而且為了財富與相對崇高的地位做了許多妥協。這點毋庸置疑。

然而，喬伊的境況有一部分得感謝運氣，例如在何時、何地、出生於何種家庭。他並不能選擇這一切，卻對他目前的幸福影響甚大。好運不一定夠用，卻是舒適生活的必要條件。

喬伊所擁有的一切，有部分牽涉到經濟學家所謂的**外部性**（externality）。當「商品與服務的製造或消費所產生的影響使他人付出代價或得到好處」，即產生外部性。換句話說，「這些代價或好處並未真實反映在」市場力量所設定的「價格」上。[2]

一些外部性可帶來正面影響。例如，喬伊與配偶提供良好的教育資源，造福了子女，長期而言也增進了整個家庭的生產力與福祉。同樣地，喬伊的公司透過研發活動改善了財務盈虧，得到的成果也鞏固了社會的知識基礎。因此，這些個人與群體的投資，經過長期累積後所得到的好處，可能遠多過短期創造的利益。

但是，喬伊的生活也包含了許多負面的外部性。全球性體制讓他得以擁有良好的經驗。然而為了成就這些事，其他人必須在好長一段時間內忍受負面的影響。此外，這些人往往也是運氣不太好的一群。

如果喬伊深入了解生命中正面與負面外部性的存在與程度，就會改變自己的行為與消費習慣。因此，這種理解是一個人做出明智決定的必要條件。遺憾的是，喬伊的經驗遺漏了生命中大部分的外部性。於是，喬得以享有一些「不可思議」的待遇。

舉個例子來說，根據聯合國（United Nations）與國際勞工組織（International Labor Organization）的報告，喬伊每天使用的科技裝置，其負責製造零組件的工人有大半年時間必須離開家鄉與家人，以賺取僅能糊口的薪水。他們與資方簽訂的合約通常是臨時性的，只享有最基本的人權保障。除了工時極長，工作與私人生活也受到嚴格管制。當然，他們會從事這種工作，是因為沒有選擇。如果這些工作不存在，他們會變得更窮。[3]

喬伊手邊絕大部分的電子裝置也需要從世界各地開採而來的礦物來製造。其中一種為鈳鉭鐵礦（Coltan），這種金屬礦是許多人每天使用的電子產品中電池與電容器的元件。但根據新聞報導，礦物的開採導致了環境災害、社會動盪、衝突與不同人口的苦難。

這不是個案。世界上有數百萬人飽受折磨，只因謀利者企圖以最低成本開採自然資源，再賣給大企業與終端使用者。有時，各種礦物、石油、黃金與其他寶貴資源會遭到有心人士剝削，以謀取明顯可見的經濟利益，同時造成地方的社會問題，而喬伊對此一無所知。[4]

喬伊每天使用的大量物品中含有塑膠物質，這對環境造成各種潛在的長期問題。若將海洋中的塑膠微粒聚集起來，面積將會跟一些國家一樣大。大量的垃圾侵擾野生動植物且毒害食物鏈。然而，除非這種塑膠物質最後汙染了自家桌上的食物，否則喬伊依然是「不可思議」處境的受益者。[5]

相似的外部性，還有為了以實惠價格提供各種商品，許多產業以無法永續經營的方式殘害環境與製造廢物。食品安全在許多國家備受重視，但不負責任的採礦、工業生產與灌溉方式卻一直在汙染農地的土壤。[6]

為了生產喬伊身上穿的衣物，全球時尚產業也努力壓低成本及最終商品的價格。因此，喬伊喜愛的許多服飾在製造過程中充滿了安全問題。有報導指出，一些紡織廠年久失修，最終倒塌，將當時在裡面工作的車衣工人活活壓死。另外還有一些不肖外包商僱用童工。[7]

喬伊的家裡有許多食物也暗藏負面的外部性。美國防止虐待動物協會（American

Society for the Prevention of Cruelty to Animals）指出，長久以來，工業化的農業生產只重視效率，並不關心動物的福祉。數百萬隻動物被關在狹小的隔欄或籠子裡，每天進食的目的只是為了快速發育或提高產量。牠們遭到虐待，終生受苦受難。人類對於動物製品的高需求也產生溫室氣體與消耗民生用水，進而對環境造成破壞。家庭農場經常難以跟上工業化生產的腳步，後者更善於利用這些負面的外部性。[8]

然而，喬伊看到的是商店內方便拿取的陳列架上擺滿了包裝好的商品。在許多產業中，購買與消費最終成品的經驗，正迅速從生產過程中消失。喬伊的個人經驗也看不見許多提供商品與服務的連鎖店、百貨公司與網路商店所採取的流程——它們在法律允許的範圍內對勞工與承包商施壓，藉此壓低成本。

這種程序與系統有很多未必是違法的。但為了減少勞工權益與環境保護規範所帶來的限制，公司組織可以利用賺取的部分收益，遊說政府制定更多對其有利的法規。這是喬伊通常察覺不到的另一個面向。

因此，消費多數商品與服務時，喬伊幾乎不會、或根本沒有意識到勞工備受壓迫、動物處境悲慘、林地遭到大肆砍伐與海洋堆積大量垃圾的事實——當前的做法會導致長期問題，而這些問題有可能使他的後代蒙害。相較之下，喬伊的日常生活大致上相當愉快。他得以用低價購買許多奢侈品，生活舒適度高且還在不斷提升。他也習慣將許多財物汰舊換新。

同樣地，喬伊也並未體驗到正面的外部性，因此無法由衷感謝特定產品與服務所帶來的種種好處，譬如數億人因為國家引進工業化生產而脫離貧窮。許多全球企業也創造就業機會，對世界各地人口伸出援手。許多公司更資助慈善基金會，為各式各樣的重大公益活動提供金援。

最終，喬伊的經驗濾除了這些過程中所牽涉的各種外部性，使他難以判斷自己消費的商品與服務真正的成本與價值。他未能看見現實情況的全貌，而這深刻影響了他自己、各家企業與各國政府最終的作為。

喬伊的例子：令人麻木不仁的安逸生活

喬伊的車子廢氣排放量低，卻無損性能。這台車價格合理、安全可靠、外觀也好看。一切看似美好得讓人難以置信。

的確如此。喬伊所不知道的是，這台車有一個「減效裝置」，經設定可在政府機關檢驗時展現環境友善的一面。由於檢測條件已知，因此這台車經過嚴格調控，以在接受查驗時符合排放標準。這家汽車製造商依規定必須在特定條件下達到特定結果，而它做到了。因此，它可以在廣告中主打這項產品的「潔淨」能效——儘管在正常駕駛的情況下，它的廢氣排放率超過法律允許的上限。[9]

喬伊從經驗中無法得知這個問題。車子的檢驗結果良好，因此他認為背後的製造過程一定也完善無虞。如果東西感覺還可以正常運作，何必檢查呢？然而這種態度，導致欺詐事件不可避免地跟外部性一樣長期發生在人們的認知範圍以外。同時，我們的日常經驗絲毫不受這種行為影響，或甚至有所改善。我們得以用實惠的價格享受著看似好得不可思議的結果。

這樣的結果偏見，無疑在二〇〇八年的金融危機中發揮重大作用。有很長一段時間，房價與股市持續飆漲，投資人也坐擁龐大收益。喬伊（及其他數百萬人）開心搭上景氣蓬勃的熱潮，直到市場無預警地突然崩盤。那時喬伊才意識到，在此之前的整個時期美好得不切實際。

喬伊投資的是由聲望崇高的銀行所開發、經知名評級機構認證、獲大型保險公司保障的多項金融產品。等到他察覺投資組合帶來的負面後果後，為時已晚。短短幾天內，他有一大部分的存款付諸流水。之後他責怪自己，當初到底在想什麼？他沒有在想。他大多聽從經驗與專家的指引，而那些專家依據的也是自身的經驗。這些經驗讓人絲毫感覺不出潛在的複雜騙局。

有時我們目睹一些國家、企業與個人有著令人印象深刻、看似不可思議的表現，經年累月後我們才發現，那些人為了達標，不惜作假帳、違法、行賄、吃禁藥或走後門，隱匿這些情事。經驗往往無法在對的時機提供對的線索，以利我們揭露與阻止種種欺詐行為。眼前的有利結果，再一次掩飾了難以解密的隱藏行為。

然而，等到我們察覺事有蹊蹺時，不可逆的傷害通常已經造成。安隆公司（Enron）的一位小股東在公司宣告破產、舞弊內幕爆發之後表示：「我虧的錢沒有幾十億那麼多……但我感覺身家在一夕之間都蒸發了。」10

如今，喬伊在工作上面臨到類似的處境。幾年來，公司有多個部門的績效好得不像話。當然，那些員工也許找到了遠比以往有效率的做事方法。但是，深知複雜內幕的喬伊懷疑他們做了一些骯髒勾當，他也在無意中發現了一些證據。

儘管如此，公司的管理階層選擇審視喬伊的工作流程，而不是監管其他員工，之所以會這樣，正是因為短期而言他的業績不如其他人好。這除了令喬伊備感挫折，他更想到自己在這家公司工作的同時，也助長了商業的陰謀。結果他更苦惱了。

喬伊自覺陷入了困境。他推想，如果換作是別人，應該也會跟他一樣這麼做。除此之外，在自己的努力、好運與外部性之下，他打造出的舒適生活萬一有什麼閃失，自己與家人都無法承受其代價。此刻愉快而穩定的經驗，限制了他的選擇。他深陷於安逸的道德陷阱中。

喬伊並不是一個冷酷、自私或邪惡的人。他注重公平、正直與他人的福祉。他並不天真。他曾經懷疑自己能夠安逸度日，有一部分得感謝某些外部性與潛在的騙局，讓他享受平穩的生活。然而，他個人的正面經驗即將受到現狀的挑戰。因此，喬伊的知識與經驗不斷在拉鋸。

他的言論大多以知識為依據。看到經濟與商業的世界裡猖獗的道德問題，他感到驚訝又憤怒。他知道這些問題不僅限於偏遠與未開發的經濟體。他仔細觀察許多受害者不應遭受的不公，也閱讀相關的資料與書籍。他有時會與親朋好友談論這些議題，偶而也會在網路論壇上與素未謀面的陌生人誇誇其談。

但是，實際身體力行時，他又以經驗為主要依歸。他感覺自己就像大型全球化體制中一個微不足道的小齒輪，不太需要為整體的情況負責。他只能做好自己的事，其個人影響力微乎其微。企業主、管理階層、監管機構與政治人物知道得更多，就應該「設法解決」體制的不公平。他只需要努力維持生計，讓自己與家人享受最好的生活。他也從經驗中學到，這種方式一向行得通。

管理學學者麥克斯・貝澤曼（Max Bazerman）與安・坦伯倫塞（Ann Tenbrunsel）致力研究喬伊這種人容易陷入的道德困境。在《盲點》（*Blind Spots*）中，他們說明了經驗如何使不道德與狡詐的行為成為常態。[11]

首先，許多道德問題都是日積月累而成的。相較於普遍的信念，在一鍋逐漸加溫的水裡，青蛙其實能察覺到溫度的上升而順利逃脫。但是，人類在面臨類似的道德困境時，就沒這麼機警了。貝澤曼與坦伯倫塞認為，以惡名昭彰的伯納・馬多夫（Bernard Madoff）主導的投資詐騙案為例，假使這個騙局發展得太快，他可能永遠也無法達到最終的龐大規模。由於其中牽涉的資金經過多年累積，因此投資人嘗到越來越多的甜頭，逐漸習慣這種表面上穩賺不賠的局勢。

第二，某些不當行為並不會導致災難。人們與組織機構也許會不負責任地行事，以無可挽回的傷害作為賭注，但最終並未釀成大禍。喬伊跟多數人一樣，總是根據結果來評斷經驗。直到一些決定與行為造成意料之外的不利後果時，他才開始產生疑問。但是，一切為時已晚。

到最後，喬伊的經驗創造了無視於外部性、騙局、不公與其他道德問題的盲點。不只有他，還有許多人都是如此。對實際情況只有片面理解所導致的影響，如雪球般越滾越大，很快就一發不可收拾。

超越結果，揭露不為人知的過程

喬伊盡可能遵守道德界線。如果他知道某個製造商或服務供應商的不當行為可能涉及負面的外部性或騙局，便會考慮拒絕購買他們的產品。這麼做能讓他問心無愧。

然而，這種情況也可能比表面上來得微妙與複雜。一起事件的道德議題，很少是清晰可見與容易解讀的。各家企業會隨時間不斷改變，與員工、外包商及合作夥伴之間發展出複雜的關係。他們有可能對一方造成傷害，卻為另一方帶來了好處，同時間還產生了各種負面與正面的影響。

既然如此，有什麼方法可以幫助喬伊（以及其他人）超越經驗，思考自身行為造成的影響呢？

一個相對直接了當的方法是所謂的**睡眠測試**。這個概念是，面對某種道德狀態時，人的直覺相當準確。如果一個人在生活中面臨一項道德挑戰，到了晚上依然能安穩入睡，就表示問心無愧。這個觀點沒有問題。但是，一個人能有這種福氣，也許是無知所致。平靜的直覺與安穩的睡眠也許讓人寬心，但未必代表經驗真的能凸顯出所有關鍵的問題。

身為企業家與作家的瑪格麗特・赫弗南（Margaret Heffernan）在著作《大難時代》（*Willful Blindness*）中探究，人們有多擅長刻意忽視那些令人不安的資訊與棘手的問題。我們很容易對道德問題視而不見，即使問題再明顯也一樣，尤其在生活安穩無虞的時候。例如，喬伊在城市裡漫步時，經常在路上看到無家可歸的流浪漢，他也不以為意。不過，至少他隱約知道，自己每天吃下肚的一些牲畜生前曾飽受虐待。他對這些實情置若罔聞，這樣比較容易像個老百姓一樣過著平凡普通的生活。[12]

因此，睡眠測試或許不足以客觀評判特定情況的道德標準。若想每天好好使用各種商品與服務，我們其實不必了解它們的來由、製作過程與後果。這些細節很容易被忽略。

為了更適當評估某些「美好」處境背後的道德現實，我們需要對幕後實情有一定程度的了解。因此，我們可以仔細檢視眼前的某些結果，更頻繁地質疑背後的過程，這是第一步。這些產品是如何產生的？如今又是如何製成？誰參與了它們的生產過程？在什麼情況下？其中使用了哪些材料？這些材料如何取得？有任何關係人士說謊嗎？整個過程對其他人與環境的福祉造成什麼影響？

整體而言，我們正處在哪些有可能是「好得不可思議」的情境裡？它們具有哪種外部性？其中是否涉及違法、不公或不道德的情事？我們在多大程度上因為眼前的安穩生活，而對美好事物背後令人不安的實情視若無睹？這些問題無關假設或理想，而是關乎事實，它們可能隱藏在日常生活的各種商品、服務與其他好處背後。今日，這些事實比以往任何時候都更常見。

假如我們是那些過程中的一部分，而且遭受不公待遇，一定會希望將事實公諸於世。如果消費者只在乎最終結果以及相對應的經驗，同時忽視了過程中牽涉的問題，只要自己開心就好，那肯定令人抓狂。因此，至少我們可以試著就平常享受的某些產品與服務來思考這些問題，設身處地為他人著想。

倘若我們願意誠實挖掘這樣的過程，便能超越價格，明智判斷許多事物的價值。之後，我們依然有責任評估這些細節，決定是否修正自己的看法與行為。但至少，這種揭露過程，可以讓我們更適當地了解自己擁有什麼與能承擔什麼。這有助於自我的成本效益分析。某些情況下，我們也許能在災難或醜聞爆發之前，改變自己做事與消費的方式，充分意識到生活中正面的外部性與正直的實踐。

在少數案例中，這甚至可以遏制不正當的行為，促成更具道德意識的長期商業策略。當企業因為某些原因而難以向大眾隱瞞負面的外部性與可疑的流程時，管理高層也許會在一開始就揚棄祕而不宣的做法。考量正面貢獻與公平實務可讓企業獲得更多認可，他們也許會傾向採取公開的作為。

因此，就喬伊的公司而言，管理階層應該好好檢視部分的關鍵流程，而不是只看結果。如果經理們願意持續了解可能導致長期問題的外部性與欺詐情事，就不應該光看表面結果。否則，那些僥倖成功、不道德的做法或甚至違法的行為就會得到獎勵，使所有員工接收到錯誤的訊息。

超越同理心，學會理性同情

二〇〇五年的科幻電影《星際大奇航》（The Hitchhiker's Guide to the Galaxy）裡

有一種非比尋常的武器，名為觀點槍。人一旦被槍擊中，就會從開槍者的角度看待事情。之所以會出現這種槍，是應銀河系憤怒主婦聯盟（Intergalactic Consortium of Angry Housewives）的要求，好讓先生們能夠拋開成見、理解她們的想法。[13]

這種武器假使真的存在，就能讓人自動產生同理心——在心中設身處地感受他人的經驗與行為。人們經常將同理心視為誘發公平與道德行為的力量。我們對另一個人的經歷感同身受時，會越來越不忍心看到他們受苦。同理心的確可以有效對抗經驗加深的道德問題，但並非無懈可擊。

不久前，我們接觸到一項專為青少年開設的訓練課程，旨在鼓勵學員發揮同理心，尤其是對身障人士遭遇的種種不便有所感。我們在一天中的某個時段隨機分派一種殘疾給學員；其中一些人被蒙住眼睛，另一些人的雙手跟身體被綁住而動彈不得。訓練員要求他們以這樣的狀態照常作息，譬如吃飯、喝水、上廁所與處理其他日常瑣事。不出所料，學員們都感到非常痛苦。這項練習無疑讓他們留下深刻的印象。

像這樣的經驗性活動，可以幫助人們找出日常環境中某些設計的瑕疵。舉例來說，人們可能會發現，特定環境設置的無障礙通道不夠多、現有的設施有所不足、或是某些設計應該在細節上改良，讓眼盲、耳聾、斷肢或患有其他殘疾的人可以過得更舒適。短時間體驗殘疾，能讓人注意到各種可以解決的障礙，並積極修正這些問題。藉由激發一定程度的同理心，這項練習或許能幫助沒有殘疾的人找到方法調整自己的態度與行為，以促進更公平的社會。

然而，這項練習也有不妥之處。參與活動的青少年在日常生活中並未患有殘疾，他們只是碰巧在人為的操作下體驗數個小時的不便而已。因此，他們可以承受一切，將以上的困難視為一項挑戰，而不是一種生活方式。他們不可能真正對大半輩子與殘疾共處的那些人感同身受。如果我們期待看到那般程度的同理心，對這些青少年或殘疾人士來說都不公平。

因此，在《失控的同理心》（*Against Empathy*）中，心理學家保羅．布倫（Paul Bloom）嘗試說服我們在評判他人時，不應過度倚賴同理心。遺憾的是，前面提到的觀點槍只是虛構。精確而客觀的同理心不可能真的存在，特別是天平兩端的人們在條件、情境與背景上歧異甚大時。互為手足的兩個人或生活來往密切的鄰居，可能得以將心比心。但是，若要身體健康、家財萬貫的一個人，發自內心對遠在世界另一端某個出身貧窮的人感同身受，深入了解對方健康、安全、生計與自由不斷被威脅的狀況，即使不無可能，也是難上加難。[14]

此外，當我們試圖發揮同理心，往往會不自覺地把焦點放在某些明顯易見的事件與個人悲劇上，低估了一般的事實與更廣泛的資訊。這個概念通常稱為**可識別受害者效應**（identifiable victim effect）。

二〇一五年，一張照片震驚全球，敘利亞男童艾蘭（Aylan）陳屍在離家數百公里遠的海灘上。這個畫面讓許多新聞觀眾難以承受，當然也立刻引起國際上的憤慨。然而，這起教訓的影響流於表面，且很快就消散了。在敘利亞衝突（及世界各地類似的戰爭）中喪生的其他數千條人命，對社會大眾的理解、看法或行動來說，並未造成太大的影響。

隨著災難範圍的擴大，我們越來越沒有能力面對與處理後果。經驗帶來的教訓未必能客觀反映問題的嚴重性。心理學家保羅・斯洛維奇（Paul Slovic）與同事們主張，當人們同情的對象從一個人變成多名受害者時，特別容易出現一種**同情淡出**（compassion fade）的現象。他們的研究呼應了一般認為出自史達林的一句名言：「一個人的死是悲劇，一百萬人的死只是個統計數字。」[15]

我們若想從這些事件中習取教訓，或許可以採取一種策略，那就是透過某個受害者所帶我們的即刻情緒作為動力，挖掘更多關於全局的事實與數據。

當某個頗受關注的受害者，其照片或故事讓我們產生了同理心，我們可以試著跳脫出來想想：還有多少受害者——孩子、親朋好友、動物與其他生物是我們在乎的？他們受到了什麼影響？事情的起因為何？對他們造成傷害的潛在過程是什麼？哪些非法或不道德的行為導致了這些傷害？我們可以做哪些事情來緩解他們或在未來避免更多苦難？還有誰了解與在乎這種情況？他們有哪些作為？

除了少數幾位高知名度受害者的慘痛故事，發覺那些我們原本無法真正感同身受的人事物，如此抽離的經驗有助於達到更有益的**理性同情**（informed compassion）。這能讓我們做出更合乎道德的決定，進而減少社會問題。[16]

幸好，在現代世界裡，越來越有可能蒐集到大眾經驗所遺漏的道德現實。身為個人，我們所做的每個決定日益透明且容易追蹤。隨著資料數位化、網路資源普及與資訊可透過社交網絡更快速傳播，道德瑕疵的行為越來越難以隱匿。透明度的提升可讓個人更有機會在某個時間點經歷自身行為所造成的結果，無論那是好或壞。因此，這有可能促使人們審視自己的決定，超脫眼前可見的直接結果。[17]

但如同之前提過的其他工具，透明度同樣具有弱點。第一，它未必能確保人們的判斷公正無私。社會所加諸的獎賞或懲罰，依據的可能不是行為帶來的好處與成本，而是當事人的身分、在社會上的權勢與地位，以及那些行為受到的關注程度。一個人也許就因為僅僅一次的言行失當而丟了工作，而另一個人有可能幹盡壞事但仍僥倖脫逃。

第二，真相的透明度因領域而異。一度風行全球社群媒體的「＃我也是」運動（#MeToo movement），揭露了許多好萊塢與主流媒體名人犯下的淫行。這是否意味著演藝界的其它待遇要好得多？那可不一定。

近期許多網路公司與社交網絡因為資料的使用與外洩而陷入困境。這是否表示其他業界巨擘在這方面做得比較好？未必如此。

由於某些私領域欠缺透明度，隨著新的醜聞不斷曝光、經常出自意想不到的地方，當我們面對公正與什麼是合乎道德的問題時，我們不應將「看不到證據」解讀成「沒有證據」。

最後，若人們期待透明度能夠對行為發揮正向的作用，就必須察覺並努力讓相關的各方得到公平的結果。如果一個人對外部性或欺詐情事不以為意，就不會有任何透明的作為以遏制不道德、激發同理心或確保正當性的行為。

我們遺漏了哪些重點？哪些事情毫不相干？

關注社會體制中存在已久、錯綜複雜的道德倫理問題時，很容易讓人陷入絕望。儘管如此，還是有好消息。近數十年來，世界各地的貧窮與健康情況大幅改善。資料顯示，在一九八一年，百分之四十二的世界人口生活水準低於世界銀行（World Bank）定義的貧窮線。到了二〇一五年，這個數據降至百分之十。根據世衛，全球各地人口的預期壽命逐年穩定上升。有不少正面發展的例子都反映了世界經濟、政治與社會結構的真實成就。[18]

但是，從經驗中習取教訓的方式，可能會嚴重妨礙事態好轉的速度。經驗會凸顯結果、隱藏背後的過程，因此掩蓋了道德難題。

外部性。雖然事物的結果顯而易見，但許多過程從經驗中難以察覺。因此，多數消費者繼續過著幸福的日子，全然不知那些在生活中舉足輕重的商品與服務背後，有著各種正面與負面的外部性。

不為人知的騙局。一些正面結果與「美好」的處境令人難以置信。它們因欺詐的行為而生，而這些事實我們通常無法從經驗中得知，因此長久以來，大家就這樣將錯就錯。

毫不相關的舒適生活。對於我們這些生活在富裕社會的人而言，享受正面結果的愉悅經驗，最終可能使我們變得麻木不仁，沒有能力做出符合道德價值觀的選擇。

同理心。要將心比心很難，尤其如果人們的生活條件天差地遠。此外，我們對於單一、明顯的悲劇受害者很是同情，但在受害人數增加時輕易消散同理心。在這些情況下，理智的同情可以更有效益地取代同理心。

透明度。讓真相更加公開透明，可以讓人們有更多機會體會自身行為造成的影響，不論是好或壞。然而，公開透明的做法，在許多領域中未必可行。倘若利用透明度來激勵道德行為，效果將取決於我們如何根據從中學到的東西來思考與行事。

如果你希望更加了解這個世界真正運作的方式，可以設法「超越經驗」。如此一來，我們便能以更高的立場來檢視物質的價格，以更正確的態度看待自己在乎的事物，問心無愧地劃下道德的界線。

第六章

真有致勝祕訣？

為何別人成敗的經驗不能用在自己身上

早早起床。
吃早餐前先喝水。
重要的事情擺在第一位。
向其他所有事情說不。
避免浪費時間的會議。
鍛鍊身體。
勇往直前。
知所進退。
經營人脈。
雙贏思維。
不害怕失敗。
忽視他人的意見。

你希望擁有成功的生活嗎？如果是，你最好遵從這些建議。這些原則出自對成功人士共通點的分析，經過菁英中的菁英屢次試驗與印證。從他們的經驗中學習，將使你獲益良多。[1]

這樣很好啊！有什麼不妥嗎？

努力達成目標的過程中，我們會嘗試向成功人士看齊。儘管特定案例也許只是碰巧，但了解不同成就的共通點是很有用的。聽來相當合理。

然而，只看成功的一面，會讓我們因為不相關的細節而分心，同時忽略重要的事實。如此學到的教訓可能毫無用處，有時甚至會阻礙達成目標。成功本身並不是一位可靠的良師。

那麼，我們應該堅持從失敗中學習嗎？或許我們可以深入檢視哪個地方出了問題，藉此避免未來重蹈覆轍。儘管特定案例有可能只是巧合，但了解不同災難的共通點是很有用的。聽起來也相當合理。

然而，一模一樣的話可以再說一遍。只看失敗的一面，會讓我們分心、忽略事實、學到毫無用處的教訓、阻礙達成目標。失敗本身也不是一位可靠的良師。

倘若我們試圖從單一面向學習，**不管是成功還失敗**，經驗便可能產生出乎意料的誤導作用。比較妥當的策略是，同時考量成功與失敗的例子，謹慎了解兩者產生差異的成因。然而，這麼做並不直覺、感覺比較彆扭，而且從中學到的教訓也許會讓人難以接受。

他人成功故事帶來的虛幻教訓

講述成功的研討會、書籍、文章、部落格與推特貼文不勝枚舉。許多人試圖整理成功人士的習慣與行為，經常透過撼動人心的軼聞趣事與第一人稱的角度來強調自己提出的建議。本章開頭列舉的成功祕訣，即出自其中一些知名的著作。這種以成功故事為基礎的建議，提供了一個實用的方法，可幫助我們參考成功的經驗，找出問題；也讓我們了解那些相關的失敗經驗，從中學習。

檢視成功人士與組織的實踐作為，確實有其重要性。例如，他們示範了什麼是有可能做到的事。他們可以帶來啟發，激勵我們採取行動。成功的故事振奮人心。此外，大多數衍生自成功經驗的建議，感覺很真實、很合理。它們吸引了我們的注意力，而且讓人難以否定。因此，它們賦予一種控制感，讓人感覺成功掌握在自己手中。

雖然如此，我們應該以懷疑的態度來看待這些故事。這邊不是要你試圖驗證成功帶來的經驗是否可靠，而是深入思考其中暗藏了什麼假象。

第一個問題是**準確性**。假設成功的故事中有些教訓從一開始就是虛假的呢？贏家通常有機會將成功的過程撰寫成書，或者向媒體記者透露自身的經驗。因此，某些故事更有可能在這過程中受到渲染與美化。

舉例來說，許多成功組織的背後，往往牽涉不同的利益關係人（包含企業的共同創辦人）對一些事件提出大相逕庭的解讀。即使《社群網戰》（The Social Network）等賣座強片深入探討了某些知名案例，但其中依然摻雜了改編的情節、主觀評判與刻意的剪輯。[2]

更糟的是，即使我們聽到的成功故事完全是真的，問題依然存在。將有關成功的著作翻過一遍，你很快就會發現，多不勝數的相關建議建立在成功人士或組織的「共同面向」上，譬如：成功人士的十四個共通點、稱職領袖的十個常見特質、成功企業家具備的八項特徵。思考這些經驗時，我們會以為這些人士都勤奮不懈地按照建議中的每一項策略行事。畢竟，「共同」一詞就意味著他們都如此。

但是，這些贏家真的實行了那些書籍所列**所有的**策略嗎？他們一向如此嗎？仔細檢視過後你會發現，在許多情況下，這些故事的主角其實只採取了共同策略中的一小部分。許多人甚至只實行其中一些策略、避開剩下的方式，但依然獲得了成功。這種落差，會減損成功經驗的類推性。[3]

第二個問題是**因果關係**。你有沒有想過，某些成功特質可能是成功帶來的結果，而不是原因？如第一章提過的，找出行動與結果之間的因果關係，比表面上要難得多。

諸如「忽視他人的意見」、「向其他所有事情說不」、「避免浪費時間的會議或重要的事情擺在第一位」等建議，聽起來很實用，但在現實生活中，大多數時候只有成功人士才做得到，或有辦法承受得起後續的代價。因此，一些成功的常見特質實際上是成功導致的結果，而不是成功的原因。於是我們會感到絕望，因為在達到一定程度的成就之前，我們會發現自己根本無法仿效其中一些成功的經驗。

另一個問題是**時間**。馬後炮總是百分之百準確，畢竟，事後才來定義成功還不簡單。但是，回顧自己學到的教訓，未必有助於將來的決定。「我早就知道」這種感受，事實上會使我們對自己預測未來的能力充滿毫無根據的信心。[4]

Uber共同創辦人、前任總裁崔維斯・卡蘭尼克（Travis Kalanick）於二〇一五年麻省理工學院史隆管理學院（Sloan School of Management）進行的簡報中，指出偉大的企業家必須具備幾個特質。據說其中一項是「神奇的力量」，意思是「你認定某件事物著實擁有與眾不同的感覺」。然而，這種感受一般要等到事情發生後才有辦法加以解讀與評估，而我們追求的機會只存在未知的將來。這正是為什麼挖掘機會及抓準進退場的時機，在人們眼中是如此「神奇」的能力。[5]

時間之所以讓我們難以從經驗中學習，是因為世界不停轉變。因此，過去有效的策略，最後可能變得陳舊過時。

僅僅數十年前，在世界上許多地方，只要你有大學學歷，就幾乎保證能找到薪資高的工作與建立前途無量的事業。今日，大學學歷或許依然是找工作不可或缺的工具，但對多數人而言，達到這種意料之中的結果根本不夠。同樣地，行銷、製造與創新等商業活動日新月異，幾年前管用的策略，很快就趕不上競爭、技術進展、新興社會與經濟趨勢等其他突如其來的變化。

在《再想一下：好決策的關鍵思考術》（*Think Twice*）一書中，投資分析師麥可．莫布辛（**Michael Mauboussin**）探討投資界那些曾經成功的祕訣總有一天會沒用。在金融領域，分析師難免根據歷史與過往趨勢提出建議，但「由於市場數據會隨時間變動，因此到了最後，投資人手上的資產組合可能會變得不恰當」。在詭譎的學習環境中，我們需要不斷更新昨日的經驗，因為時間往往會侵蝕它們與現狀的關聯性。[6]

另一個值得考量的細節，是如果我們只看成功，問題會變成**選擇偏誤**。萬一失敗的經驗不斷遭到系統性濾除，導致統計學家所謂的選樣不平衡，該怎麼辦？

請回想一下本書序言裡描述的放血例子。在過度放血後死亡的那些人，無法作為反對這項療法的有力案例。另一方面，在治療後存活下來的人們，有理由相信是放血救了自己一命，甚至還樂於分享這種看法。因此，存活者口口聲聲描述的集體經驗，會加深對放血療法的過度自信。[7]

經濟學家羅伯特・法蘭克（Robert H. Frank）在《成功與運氣》（*Success and Luck*）中提出觀察，表示各領域的高度成就者大多天賦異稟且工作勤奮。在旁人（包含他們本身）看來，「倖存者」總是散發出一種菁英政治在運作的感覺。然而遺憾的是，雖然才能與勤奮經常是成功的必要條件，但光有這兩項還不夠。畢竟，在不同情況下未能成功的那些人，可能也同樣天賦異稟與勤奮工作。[8]

被選擇偏誤過濾掉了之後，會導致所謂的倖存者偏見。這種偏見超乎人們能夠控制的範圍，並造成一種錯覺，讓人在追求成功時以為採取特定的行動必定有效。未能成功的人做了什麼事？或未能做到什麼事？是他們沒有早起？沒在對的時間喝水？沒有多運動？這些指標是否代表了潛在的無能？或許是吧……但更有可能是：許多人做了「對」的事結果還是失敗。[9]

特別是在失敗案例遠多於成功案例的領域中，失敗者不可能不知道應該善用哪些可得的解決方案。因此，如果我們越簡化成功案例帶來的經驗，就越容易認為失敗者不是太過天真、就是不夠聰明。對那些盡其所能、卻因為不可預見的因素或取決於當下各種情況而失敗的人來說，這種觀點有失公允。

接著要思考的問題是**複雜性**。以成功為基礎的經驗，不像我們所希望的那樣可以經由歸納而廣泛適用，尤其當它們建立在軼事或少數的情況之上。

真實世界充滿了無數的個體變異與差別。因此，若想深入了解在不同情況下同時對結果造成影響的各種因素，便需要根據更多的證據進行系統性分析。

正因如此，為了解決複雜性的問題與更妥善地歸納原因，一些顧問相當依賴調查與觀察而來的資料進行統計分析，並提出「某某策略可大幅提升有利結果的機會」這種主張。

然而不幸的是，即使作為理論基礎的觀察具有健全的數據，由其衍生的經驗只適用於資料中的職業與均值的現象。個體的差異與變數，會阻礙任何一體適用的解決方案與有效性。如同生活中所有複雜的問題，任何助人成功的策略能否發揮價值，都取決於事件的來龍去脈與當下的情況。[10]

我們在這裡舉一個極端的例子：考量抽菸對健康的不良影響，勸人戒菸是合理的建議。在多數情況下，杜絕菸害有助於壽命的延續。但是，如果這個對象是一名正在前線辛苦作戰的現役士兵呢？對於每天出生入死的他或她而言，抽菸造成的健康危害根本不是問題。[11]

在沒那麼極端的情況下，所有根據成功故事簡化而來的經驗，基本上也都導致了相同的問題。以毅力——懷抱強烈的熱情、不屈不撓的堅持——為例，我們可以將其視為成功的關鍵。針對這個主題的研究具有充分的科學根據，而且關聯重大。如果用對方法、時機合宜，毅力與堅持其實是成功不可或缺的元素。

但是，我們往往無法從經驗中得知人們展現毅力的方式有哪些。很多時候，我們看到的是最終的成果，而非個人一路走來的複雜歷程。因此，我們可能不知道，在不斷變動的環境中盲目地堅持朝錯誤的目標前進，其實只是虛耗生命罷了。

依照不同的情況，比較好的做法會是經常調整計畫、積極尋求機會，並在更廣泛的領域中發展技能；不能因時制宜不是個好做法。如此看來，毅力是個耐人尋味的概念，人們經常為了追求方便而過度簡化它。因此，心理學家安琪拉・達克沃斯（Angela Duckworth）在《恆毅力》（*Grit*）一書中通篇探討這個主題，試圖觸及所有相關的面向。面對其他遠比表現上來得複雜的建議，譬如「運動」、「失敗」與「雙贏思考」，我們也應該從嚴謹的角度審視，揭露其中暗藏的玄機。[12]

最後非常重要的一點是，企圖從成功人士的經歷中學習成功的祕訣，讓人低估了**妥協讓步**的代價。

成功除了關乎個人，還牽涉許多內部因素，而且瞬息萬變。相反地，人們經常認為成功取決於外部因素且固定不變。巴布・狄倫（Bob Dylan）有句名言巧妙凸顯了成功因個人而異：「一個人如果早晨起床、晚上睡覺，並在這段期間內做自己想做的事，就是成功。」[13]

《牛津英語辭典》（Oxford English Dictionary）更直接將成功定義為「目標或意圖的達成」。但是我們的目標或意圖是什麼？[14]

如果我們希望有效參考成功的經驗，那麼故事主角的起跑點、能力、喜好與渴望，應該與我們相似。但是，我們往往對這些細節一無所知。在事業、家庭、社交生活、在乎的人事物、能力與對未來的想像上，我們有可能與那些所謂的成功人士差異甚大。考量他們為了取得成就而捨棄的東西，我們不一定願意與他們交換生活。然而，看待他人的成功時，我們往往策略性地忽視他們個人做出的妥協。

在追求成功的過程中，通常得付出高昂的代價。假如我們決定早起與善用上午時光，也許到了晚上就不想或沒有體力可做自己想做的事；假如你決定持續努力工作以在短期內累積財富，也許就沒有時間與親朋好友好好相處。這些代價有可能令人難以承受，端視個人的欲望而定。因此，我們必須思考，為了達到不同程度的成功，需要放棄哪些事情。

更糟的是，正如第五章討論的，對一些人士與組織而言，通往成功的道路免不了不公、欺詐或其他不道德的行為。當人們經歷、分析、嚮往與讚美隨之而來的成就時，通常也會忽視這些代價。儘管如此，還是有一些人認為，成功不可作為邪惡手段的正當理由。

基於以上種種原因，即使全然建立在他人的成功之上，如此具有說服力的經驗終究不可信。它們可能會讓人們以為，成功比實際上更客觀、更容易預測。

自身成功經歷帶來的虛幻教訓

那麼，我們自己的成功經驗又是如何呢？不幸的是，它們也不是良師，其缺點跟從他人學習成功經驗是一模一樣的。

正如同他人可以美化個人的成功經歷，我們也能這麼做。我們很容易透過自利的角度解讀個人成果，這種方式主要是為了符合自己的日程與偏好，而不是為更複雜的現實所服務。例如，雖然運氣在正面結果中發揮了極大作用，但我們傾向將大部分的原因歸功於自身的才能。[15]

工作上，我們也傾向誇大自己對過往專案的貢獻程度。美好的結果讓我們得以輕忽過程中出過什麼差錯、或可能出錯的環節。[16]

除此之外，當我們嘗試從自身的成功中習取經驗時，經常會搞混因果關係。你以為成功的原因是自己的某些習慣與特質所導致，但那其實是成功造成的結果。舉例來說，一個人擅長與呼風喚雨的商務人士建立關係，有可能是事業成就所致，而非一直以來擁有的技能。

自身成就帶來的經驗，也可能受到漏洞百出但易於執行的類化行為所影響，過度簡化了成功的決定性因素。我們選擇的道路與決定當然對自己來說很清楚，但無法精確地設想另一個人在略微不同的情況下，若選擇了類似的路徑與決定，結果會不會相同。因此，那些歷歷在目的過往成就，會使我們低估他人失敗的真相，於是不管他人再怎麼努力嘗試，仍然會因為不可預知與無法控制的因素而得不到相同的結果。他人的失敗經驗甚至會使我們對自己的相關能力過於自信。對於經過複雜流程而生的結果，我們可能會認為，這都是拜自己所想出來絕妙且及時的策略所賜。[17]最後，在沉醉於自身能力之際，我們會無法認清自己為了成功而犧牲掉什麼。不論你如何定義自己的成功，探究個中原因時，如果純粹考量成功的經驗（包括自身經驗），就無法得到可靠的見解。

他人失敗經歷帶來的虛幻教訓

那麼，換個角度想，如果我們試著從失敗中學習呢？這個方法有一個缺點，那就是失敗比成功要無趣得多。沒有人喜歡失敗。因此，為了讓這種學習過程不那麼痛苦，我們應該盡可能從他人的不幸中汲取正確的教訓。如果之前已有人嘗試過，而且遭遇不利的後果，我們又何苦重蹈覆轍？然而要這麼做，說的比做的容易得多。

以創業為例（這是個失敗相對常見且容易為人所接受的一個領域），在新創產業的文化中，失敗通常被視為自然會有的結果，而且可為將來的成功奠定良好基礎。這類公司也特別支持員工向他人的失敗借鏡。

過去數十年，我們兩位作者曾在幾家新創公司的創辦、管理與觀察過程中擔任過不同角色。在創造、發展、生產與行銷新想法時，看似合理的第一步是避開他人失敗的嘗試、策略或決策，尤其是採取成本不菲的行動之前。但事實證明，這個方法往往難度頗高，而且有時令人意外地不可靠，因為它其實也受成功的經驗所害。

對新手而言，經驗的正確性令人存疑。失敗的故事通常因講述者而異，使人難以客觀判斷事情的真相。一般人沒有多少管道可得知一個失敗的決策或案子背後，究竟發生了什麼事。在人們得以一窺究竟的極少數情況下，企業或組織的創辦人、管理高層或決策者總是記得自己的功勞，並從自己有利的角度來描述事件。拿離婚來說，如果你分別聆聽雙方的心路歷程以了解這段婚姻為何失敗，會發現夫妻各自從經驗中衍生出不同見解，結論很可能是模糊不清且帶有偏見的。

因果關係也可能讓人霧裡看花。某個失敗也許是許多原因所導致的，在那之中，有些超出人們所能控制的範圍，有些又只在某時候才會造成失敗。有時，人們之所以做出某種行為，**正是因為他們失敗了**。例如，一家企業的其中一位創辦人改變了自己的領導風格，若過了一段時間，有案子失敗了，員工便會認為這是改變所造成的。但是，有可能是企業逐漸顯現了某些問題，而促使創辦人做出這項改變。人類總愛編造貌似可信的因果關係，但這不代表我們述說的故事一定正確。

時間也會讓人難以向失敗借鏡。許多失敗唯有在事情真正發生後，才能為人所理解與解釋。事後看來的結果不盡人意，未必就代表當初基於有限資訊所選擇的策略是錯誤的。此外，失敗的原因會隨時間改變。一個想法或案子會失敗，單純是因為時機太晚或太早。

據我們兩位作者所知，數十年前有一位企業家滿懷抱負到一個開發中國家發展滴灌技術。他失敗了。事後，人們將他的失敗歸咎於創業計畫與實踐中的特定瑕疵。然而，短短幾年後，幾乎完全相同的計畫與實踐在同一個市場大獲成功。原來，就那位企業家的失敗而言，時機比任何其他因素起了更關鍵的作用。如果要說他踏錯了哪一步，應該就是他比後來成功的商人早了一步。他搶先看到了需求並提出想法——只是時機過早了。

選擇也是一個重大問題。不同於經常被捧上天的成功故事，失敗的經驗往往不可得與不可見，也就是說，這不存在於人們的經驗中。即使曾經失敗的想法、計畫與企業最後成功了，多數旁觀者依然無視那些企業家在贏得勝利前輸掉的戰役。選擇過程導致不易察覺的限制，而這種限制很可能會蒙蔽失敗的真正原因。

複雜性與權衡取捨也會扭曲失敗的教訓。我們與先前失敗的人們或組織並不一樣，我們與他們的條件及目標也大不相同，失敗的定義與程度也因人而異。從相似的錯誤中可以學到不同經驗，然而判斷哪些經驗「正確無誤」，成了比表面上看起來更複雜的任務。

以上提到種種向失敗借鏡所導致的問題，不只在創業領域會如此，換句話說，聚焦於他人的失敗，並不是確保自己未來能夠成功的靈丹妙藥。

自身失敗經歷帶來的虛幻教訓

那麼，為了挖掘成功的祕訣，咬牙向自己的失敗經驗借鏡，有可能做到嗎？這項知識來源，可否避免被經驗迷思扭曲或誤解？遺憾的是，答案是否定的。

《失敗的力量》（*Black Box Thinking*）的作者馬修．席德（Matthew Syed）在書中提到，從自身的失敗中學習並不是我們的本能，得來的教訓也不一定準確。據他觀察，事情出錯時，人們大多會立刻將矛頭指向他人，而不願承認自己的錯誤。我們傾向掩飾自己的不幸，或甚至先發制人地含糊定義自己的目標，如此一來，萬一事情不如預期來得順利時，我們還能保住顏面。[18]

當我們試圖逃避自身失敗的殘酷真相時，還有其他遭到扭曲的事實需要面對。舉例來說，某些可用的資訊被拿來做決策，雖然在當下顯得合理可行，但事後才證明是個錯誤。相反地，也有可能一項行動就長期而言是有利的，但短期看來可能是個錯誤。這些複雜的因素使我們難以定義自身失敗帶來的教訓。

更棘手的是，即使我們正確且誠實地承認自己的失敗，也未必能從中習取正確的教訓。具體原因在於，我們依然無法確切認知失敗與成功之間的差異。

舉例來說，假設你最近檢視了過去的投資成果。你投資的全是自己鑽研許久的某個產業裡中等規模的公司。其中一些獲利甚豐、一些營運良好、一些低於平均水準，有幾家則業績慘澹。

你非常滿意自己的投資成效。但是，創造好的投資收益，其實是你應該做的事。反過來說，失敗並不在意料之內，而且會讓你備受挫折。你對這個產業與這些企業瞭若指掌，或是你自認如此。現在，你希望從經驗中學習，改善投資績效。

為了做到這一點，你必須檢討哪裡出了錯，以記取教訓，避免未來再犯類似的錯誤。你的失敗有何共通點？該如何消除它們？或至少盡量減少發生的機會？

仔細審視時，你赫然發現一個驚人的細節。你意識到，自己有七成的資金都投入那些將關鍵職能外包出去的企業，包括會計、安全性與資訊維護科技等部門。之前你並未注意到這項趨勢，但這個常見的失敗模式日益明顯。於是你得出結論，認為這些企業僱用的承包商與顧問一定有失職。在這個產業中，如此依賴外包似乎是不幸的消息。

你學到了教訓。因此，未來進行投資時，你會特別檢視企業花多少預算在外包上，並將這點視為重要的變數，如果外包的預算比例高，就代表企業體質不好。有了這點認知，應該就能提高投資的成功率吧？那可不一定。這個教訓不但可能毫無用處，甚至還會危害未來的投資績效。

至於那些成功的投資呢？如果那些營運狀況出色的企業也採用相同的策略，又該怎麼解釋？假使你知道，自己的投資組合裡有八成的企業也以相似比例的預算僱請外方的承包商與顧問，你又會怎麼想？倘若只看自己的失敗經驗，你只會發現一個簡單的因果關係，它貌似合理，但實際上並不存在。這個「教訓」可能會使你在未來損失慘重。

但是等等……事情還沒結束。試圖記取錯誤決定時，結果你也錯失了意義重大、實際存在的因果關係。那該怎麼辦？

深入檢視當初看走眼的投資標的，你發現當初自己也特別留意企業花在附帶福利的預算比例，譬如訓練、健康照護、旅遊補助與其他類型的特殊津貼。以前你認為，這些經費如果沒有善用，就白白浪費了。然而資料顯示，即便一些表現不佳的企業砸了大把預算在這些福利上，也有企業相對節儉。因此，經驗告訴你，這種預算的安排與營運不良之間毫無關聯。

你學到了教訓。於是，你重新調整自己的看法，不再將這項變數視為失敗的主要原因。有了這點認知，未來我們投資時應該就能節省一些時間與精力吧？那可不一定。其中仍可能暗藏實用的教訓，只是你在個人經驗中察覺不到而已。

至於成功的投資呢？如果那些經營得有聲有色的企業系統性採取不同的策略時，又該怎麼解釋？假如你發現，自己的投資組合中有九成的最佳標的將一大部分的預算撥給附帶福利，又會怎麼想？成功與失敗之間的重大歧異顯示，你應該開始從不同的角度思考，在這個產業中，這項變數對企業的營運有何影響。

由這些例子可知，如果只看失敗經驗（不管是自己與他人），我們可能會誤判失敗的原因、誤認不存在的模式，或者未能察覺實際上存在的法則。更糟的是，這種過程會讓我們以為自己上了寶貴的一課。

仙丹：替代療法的有害經驗

在商業、投資與職涯等領域尋求成功的祕訣時，如果基於經驗的建議虛幻不實，我們便會得到令人失望的結果。但在其他領域，類似的誤解可能會造成危害。經驗會使某些自立自助的行動與替代療法看似比實際上來得有效，更讓人難以分辨哪些療法有效、哪些無效。

例如，根據朗達·拜恩（Rhonda Byrne）所寫的《祕密》（*The Secret*），擁有富裕、健康與快樂生活的祕訣是所謂的吸引力法則。拜恩宣稱，我們有能力召喚事情的發生。如果我們相信自己會成功，最終就能如願。[19]

這種觀念之所以獲得盛讚與吸引追隨者，是有原因的。它們促成了一種短期見效與自我滿足的心態。舉例來說，它們帶來了短暫的快樂，讓人們相信生活的困境總有辦法解決，而且是輕而易舉的。它讓人們相信自己能夠掌控命運，而非全然無助。

然而，這種觀念也造成了長期的風險。例如，它暗示著人們對生活的看法為自己招來了問題與疾病。如果他們遇到了不幸，多半是自找的。因此，在這種處事態度的建議下，人們會盡量避開負面的想法與生活中的障礙，因而無法從逆境中學到實用的教訓。此外，如第一章提過的，回歸效應、自發緩解、安慰劑效應、自我應驗的預言與機緣巧合，或許偶然印證了這種「法則」，但生活的結果通常讓人難以掌控或預測。

為了進一步洞察替代性療法，我們兩位作者的其中一人參加了相關課程。其中一堂的學員不久前正在對抗嚴重疾病，也經歷了繁瑣的醫療程序，他們的生理與心理在這過程中付出了龐大的代價。在病情最不樂觀的時候，他們聽從建議接受替代療法，之後便將那些療法視為救命仙丹。這些病患以經驗為基礎，進一步加深治療者的信心，導致了更大規模的實踐，又再去吸引更多對此深信不疑的追隨者。據我們觀察，這種循環助長了類似邪教的運動。

我們在另一個案例中驚訝地發現，治療者誇大其辭宣稱自己擁有超自然力量，譬如心靈感應。更令人訝異的是，他的死忠信徒明確地證實了這套說法。事實上，那些病患多年來逐漸讓那位治療者相信，是他的神祕力量治癒了他們。

整體而言，從經驗學習的角度看來，這種自救行動與替代療法牽涉了許多複雜的因素。

我們兩位作者對一些非侵入性治療與輔助可帶來的幫助抱持開放的態度。可喜的是，科學界目前正進行實證分析，了解這些替代性治療方式是否真具有它們所宣稱的效果。這類的調查也許能可靠地指明哪些療法實際上發揮了不容小覷的效用。[20]

我們也觀察到，成為一個群體的一部分，似乎有助於人們走出困境。看到其他人也正經歷與試圖解決類似的問題，可以鼓舞當事人繼續堅持下去。其中一些聚會讓人有機會分享自身的經驗。因此，它們也功不可沒。

但是，我們有充分、正當的理由來質疑這些實踐所依循的經驗。

這當中涉及回歸效應。許多病患在狀況最糟的時候尋求替代的干預措施。隨著病況好轉，他們將大部分的功勞都歸給治療者。

時間延遲也是因素之一。對於任何嚴重的病症，治療是一段冗長的過程。替代療程有時會碰巧與身體經過正規療程後的復原期重疊，因而使人誤以為是替代療法的功勞。

一些施行替代療法的醫師主張，現代醫學會因為不良副作用與可能致命的醫療疏失對人體造成傷害。雖然這兩項指控有時成立，但許多替代性療法絕非完全無害。例如，放血在今日被視為一項替代療法，如果過度使用，可能會導致病情惡化，甚至危害生命。其他各式各樣的替代療法更不用說了，由於它們並未受到適當評估，我們甚至不知道可能會出現哪些副作用與問題。

另一個論點是，製藥產業會傷害環境與虐待動物。正規藥物的製造過程確實有改進的空間；但同樣地，替代性藥物絕非完全無害。據說許多替代藥物在製程中摻雜了一些萃取自珍奇異獸的成分，譬如磨碎的犀牛角、虎骨、龜甲或熊膽。一直以來，過度、殘酷的盜獵，使許多物種面臨著生存危機甚至絕種。[21]

最後一點，如果人們盲目相信個人經驗，聽取那些使用替代性藥物而痊癒的故事，便會對現代醫學逐漸失去信心，捨棄有科學根據的治療方式而改採替代性療法，誤信一些未經測試的醫療實踐。這麼一來，從個人經驗中尋求成功祕訣的做法，便會帶來害處。

清楚思考成功與失敗

倘若我們沒有意識到上述的盲點，那麼不管是從成功或失敗中學習，勢必會扭曲我們的直覺，而非釐清事情的真相。從經驗習取正確的教訓時，理想上應該**同時**將成功與失敗的經歷納入考量。[22]

關鍵的第一步是從個人角度定義這些經驗。若想成功，必須付出哪些努力？失敗代表了什麼？

如果沒有這種相互映照的**工作定義**，我們就不知道該從經驗中汲取什麼、該忽略什麼。我們也會無法把握成功或失敗發生的時刻，因而失去從中學習的機會。更糟的是，如果我們任由外部因素定義自己的成功或失敗，就會將時間虛耗在追求自己不關心的成就上，未能達成自己真正在乎的目標。我們會糾結於一點也不重要的風險上，進而忽視了真正可能發生的重大失敗。

確立工作定義後，我們便可據此選擇策略，思考可以從經歷的結果中衍生出什麼教訓。

假設我們決定申請某個職位或為專案請求資源。如果得到了正面的回應，我們該怎麼做？應該從這個經驗中學到什麼事情？假如得到負面的回應，又該怎麼做？應該從中學到什麼？

這些問題的答案取決於潛在的**成功率**。在相關與類似案例的人口中，某個正面結果有多普遍？成功的人與試圖達成目標的人，比例到底是多少？若成功率越低，我們就越不可能在成功與失敗之間找出明顯的差異。[23]

舉例來說，有數千人、甚至數百萬人希望成為遠近馳名的演員、運動明星、暢銷作家、總裁或百萬富豪，但只有少數人能實現夢想。這意味著，不太可能有一種神奇的方法可以達到那些結果。運氣，還有一些讓人難以察覺、看似隨機的因素，或許發揮了主要的作用。想要成功，我們不只必須認真工作與持續精進技能，也需要天時地利。

遺憾的是，關於成功率的資訊經常不為人知，需要我們努力挖掘。我們從自己的經驗中往往不知道有多少想法遭到拒絕、案子以失敗收場、決策造成不良後果及企業因營運不良而宣告破產。認知這樣的事實後，我們不該感到無助，而是應該重新思索經驗的教訓。

一方面，如果我們在成功率極低的情況下取得成功，可以暗自慶幸，因為這需要努力與勇氣才能在競爭激烈的領域中闖出一番成績。然而明智的做法是，不要將這個結果歸因於簡單的策略，也不要忽略機率的重要角色。

另一方面，如果我們在成功率極低的情況下遇到阻礙或失敗了，不應該因此歸結背後的策略一定是不當的。我們應該接受任何反饋，並特別注重許多挫折中常見的評論。然而，我們也應該要知道，成功率越低，通往成功的道路就越崎嶇。在這樣的環境中，失敗隨處可見，因此這不該是我們主要關心的問題。同樣地，特定與簡單的策略也不太可能保證有利的結果。[24]

事實上，在這種情況下，我們應該將遭拒絕這件事納入策略的一部分。這個意思並不是要你為了尋求拒絕而刻意提出有欠周全的想法，而是應該尋求各種機會，好在對的位置與對的時機提出對的想法。

可惜的是，我們所處的環境與體制，未必每次都能讓經過多次嘗試、錯誤與挫折而形成的策略順利進行。如第二章討論過的，學校與機構通常不會給予必要的時間與空間以從事這些探索——但這是解決成功率低落的必要之舉。相反地，他們選擇為所有成員制定一套標準化的成功方法。結合興趣、融入熱情與主管評議會等措施，是人們為了對抗這類限制而想出的做法。

認清成功率背後的現實，也讓我們知道哪些因素功不可沒。假設你正準備在選定的領域中創業，例如成立一家新創公司。有一位顧問跟你接洽，他自誇曾協助十件類似的案子並取得成功，希望你重金禮聘他來幫助你達到相同的目標。你慎重考慮這項提議，隨後仔細調查他的來歷：他確實曾參與那十件案子，而它們也大獲成功。

你考慮聘請那位顧問。但首先你必須思考幾個重要的問題。這些案子真的與你的創業計畫有相似之處嗎？如果是，這種案子在那位顧問參與過的案子中占了多少比例？假如他在過去十年裡參與過兩百件類似的案子，並有過十次的成功經驗，則他的成功率只有百分之五。當你判斷一位顧問的能力有多強、值得多少待遇時，這個細節非常重要。[25]

心理學家捷爾德．蓋格瑞澤在《把風險當一回事》（*Reckoning with Risk*）一書中警告，評估有關成功與失敗的建議時，應該特別注意**相對風險**，譬如方案A將能提高成功率！方案B將減少失敗率！這些說法也許正確，也都有可靠的資料為基礎，但如果不考量潛在的成功率，它們就一點用處也沒有。

我創業的機會有多高？如果可能性低，譬如千分之一，那麼採取能將機率提高一倍的策略——即可達到千分之二的成功率——沒什麼大不了的。另一方面，如果成功率是百分之四十，我們就可以認真考慮採納他的意見，因為若採取能讓機率翻倍的策略，便可將成功率提高到百分之八十。[26]

當然，了解特定領域中獲得成功的機率會如何隨時間而變化也很重要。如果之前成功率高，表示也許有某種可決定成敗的因素出現過。但是，如果成功率逐漸下降，便意味著那些因素的重要性變得越來越小。換句話說，那些因素有可能受到其他決策者認可並被廣泛運用，因此對未來想進入該領域的人而言越來越沒有參考價值。

成功vs.失敗：是什麼導致這種差異？

首先我們應該做的是，釐清成功與失敗的工作定義，然後根據這些定義來研究、揭露與追蹤成功率。接著，我們需要思考如何在更大程度上從科學觀點來看待成功與失敗，以了解兩者的關鍵差異。

在部落格〈任何人都會有的思考盲點〉（You Are Not So Smart）的一篇文章中，身為記者與作家的大衛．麥瑞尼（David McRaney）敘述了關於二戰中受損飛機的奇特故事。每天，美國空軍部隊的士兵看著一架又一架的戰機在飽受敵軍砲轟後，彈痕累累地降落在機場上。這些地勤人員應該如何利用這些觀察過後的衍生資訊呢？

顯而易見的答案是：在送這些飛機回戰場之前，修理好遭到毀損的部分。如果想更進一步，可向製造戰機的機廠回報哪些部分的機身總是遭到流彈攻擊，要求他們在生產過程中強化這些部分。依經驗看來，這麼做似乎是對的。

但是等等……子彈造成的機身損傷，就軍事目標而言其實無關緊要。軍方的終極目標是防止戰機在作戰時墜毀。地勤人員看到的戰機儘管遭到砲轟，仍安然返回基地。機身的損傷並未導致戰機墜毀。因此，那些彈孔並不如表面上看來那麼重要。

這個發現促使統計學家亞伯拉罕・沃爾德（Abraham Wald）向美國空軍發出警告，若修復與強化戰機嚴重受創的部分，只會造成反效果。他認為軍方不應該只顧著成功返回基地的戰機，而應該研判空戰真正的決定性戰略。雖然無法仔細檢查墜毀的戰機，但他提議深入研究返回戰機實際未遭到炮擊的部分。

沃爾德推論，如果有戰機部分受損但倖存了下來，就表示那些墜毀的戰機必定有其他部分受到重創。因此，倖存的戰機上毫髮無傷的部分肯定是關鍵，而那些正是需要特別強化的區域。沃爾德提出的方法，需要進行超越現有經驗的分析精神，才能洞察成功與失敗之間的差異。令人敬佩的是，在無法觀察多數失敗案例（戰機遭到擊落）的情況下，他設法做到了這一點。[27]

無論如何，從「成功人士必做之事」的清單廣為流傳的現象可知，人們通常不會探究這種系統性差異。我們傾向從倖存者及顯而易見的經驗中學習——經驗越明顯，學習效果越好。相反地，為了深入了解成敗的決定性因素，我們需要採取更多行動來挖掘經驗中遺漏的事實，以找出成功與失敗的差異並加以分析。

諸如「失敗研討會」（FailCon）、「失敗節」（Fail Festival）或其他類似的活動可以幫助我們這麼做。在這類型的會議中，決策者當著大家的面談論自己曾犯的錯誤，而這些事情就跟墜毀的飛機一樣，通常不為人知。多虧這些會議，與會者更能了解失敗與成功的比例，也釐清了更多錯誤決策過程中模糊的細節。如此一來，他們可以對比有效與徒勞無功的情況，找出成功與失敗之間的差異。[28]

不久前，普林斯頓大學的科學家約翰尼斯．豪斯霍費爾（Johannes Haushofer）提出了另一個獨特觀點，看待那些往往不為人知的經驗。他擁有令人稱羨的經歷：在世界知名機構裡任教、發表的論文登上聲望崇高的學術期刊、獲得無數的獎項與補助，目前正在參與的研究還有未來的計畫不勝枚舉。然而，從他的履歷看不出其他學者如何能達到類似的成就，這其中牽涉了哪些細節與妥協？成功率又是如何？

如今，拜豪斯霍費爾的「失敗經歷」所賜，我們可以知道更多內幕。在同事梅蘭妮．斯特凡（Melanie Stefan）的建議下，他決定發表一份文件，條列與總結自己的不幸遭遇。有了這份清單，讀者一眼就能看出，多年來豪斯霍費爾的研究遭到哪些機構、期刊與計畫的拒絕，進而更加了解他的成功率。我們也能一窺他在特定期間內提出了多少想法，以及這些論點如何隨時間發展。整體說來，檢視一般人與失敗者的經歷有何不同，有助於察覺冰山底下，到底有多少失敗與挫折被一片黑暗的汪洋所掩蓋。[29]

但要小心的是：研究成功與失敗有何差異時，必須格外留意一些隱藏的要點。

首先，採取這個方式，並不表示你一定能理解因果關係的走向。成功的確與失敗有別，但這個差異並非成功的原因，而是成功導致的結果。以二戰戰機的案例而言，因果關係很明確：彈孔導致戰機墜毀。但在商業與社交生活等更複雜的領域中，行動與結果之間的關係，要來得更複雜與更難解讀。對某些人而言，唯有在成功之後，才承受得起某些策略的代價，但外人很容易誤以為這些策略就是他們成功的原因。

第二，成功率低的時候，隨機性對結果影響甚大。如果研究的人口規模夠大，我們將觀察到形形色色的表現，並借助後見之明，在事實發生後加以剖析、雞蛋裡挑骨頭好得以「解釋」。但這並不保證這些差異都能受到有效的控制與管理，更別說是對結果發揮決定性的作用了。

第三，成功與失敗之間的差異會隨時間而改變。如果不持續追蹤其發展，便有可能產生誤解。隨著世界變遷，成功的祕訣會無可避免地跟著改變，而多數對於成功的建議也將變得過時。因此，針對成敗差異的分析，必須每隔一段時間就重新檢視、重複進行汰舊換新。

最後，從經驗中學習有關成功或失敗的教訓，比表面上看來更細緻與複雜。一不小心，關於正確性、因果關係、時機、選擇、複雜變因與妥協等問題，必定會引發不易察覺的錯誤評估。一旦我們認為已學到了教訓，從經驗中浮現的那些簡單又迷人的故事，會比實際上更顯得虛幻。

大家在內心深處也許都清楚，沒有神奇的方法可以解決生活中的許多難題，但經驗教導我們的可不是如此。我們會因為經驗而固守先前擬定的計畫，未能檢視它們是否適合自己。面臨危機時，人的直覺反應往往是依照慣例行事，而非質疑這些做法是否恰當。相比之下，以懷疑的態度看待任何經驗並及時驗證想法，會是比較好的策略。

企業家艾瑞克・萊斯（Eric Ries）在《精實創業：用小實驗玩出大事業》（*The Lean Startup*）中主張，所有的企業——尤其是新創公司——都應該採取科學性的學習法。經驗會賦予企業決策者不當的信心，讓他們自以為有能力預測哪些產品或服務將大獲成功。但是，除了從經驗中汲取教訓之外，他們也應該進行實驗以接收他人的即時反饋，「了解哪些產品或服務設計出眾，哪些又是愚蠢至極。」[30]

這正是「棉花糖挑戰」（marshmallow challenge）的原理，由彼得．斯基爾曼（Peter Skillman）發明，湯姆．伍耶茲（Tom Wujec）進一步提倡，他們兩位都是設計思考家。這項挑戰的內容是將一塊棉花糖放在一座由生義大利麵條、膠帶和繩子堆成的高塔頂端，並在有限的時間內想辦法造出最高的結構。

斯基爾曼與伍耶茲表示，許多成人在這項任務中的表現不如幼稚園兒童，而平均表現最差的正是商學院學生。原因在於：他們並未快速且有效地驗證自己的想法。斯基爾曼觀察到：「經過多次反覆嘗試，人們幾乎都會放棄以最初的想法堆建高塔。」相較於兒童大多一想到點子就立刻嘗試，成人會發明周詳縝密的計畫，不屈不撓地努力堆建，等待最後一刻將棉花糖放到頂端。因此，伍耶茲表示，許多案例人們原本預期看到「成功了！」的時刻，但最後卻以令人失望的「喔不！」收場。[31]

由此可知，在任何領域中追求成功，有一種策略大致適用。釐清關於成功與失敗的工作定義，並對成功率有一定程度的了解，隨後我們便能決定要驗證哪一項建議或策略對成功有效，看看成本是否能在可接受的範圍內。你可以在例行公事、想法、產品與服務中加入或刪除一些可能相關的特徵，並觀察結果的變化。

例如，在接下來的幾個星期，我們可以選擇早上起床後先喝水、多運動、忽視他人的意見或在生活中的特定面向採用其他特定策略，看看這些策略的成本效益高不高。如果成本效益高，那很好；如果成本效益低，我們當然可以考慮其他方式、測試它們的效力，並盡可能客觀追蹤不同方式的差異。

我們遺漏了哪些重點？哪些事情毫不相干？

當我們企圖避免失敗與達到成功時，通常會考量四大經驗：他人的成功、自身的成功、他人的失敗與自身的失敗。如果單看其中任何一種經驗，就有可能產生誤解。

正確性、因果關係、時機、複雜因素與妥協；毫無幫助的選擇。倘若只從成功或失敗中學習，我們就會無法識察正確與錯誤之間的實際差別。

工作定義。如果我們不定義成功或失敗在特定情況下對自己具有什麼意義，就無法正確評估所經歷的結果。更糟的是，假使我們讓他人代勞，最後便會對自己得到的結果與付出感到懊悔。

成功率。如果成功的比例在所有結果中小得可以，就代表不太可能有簡單且一定可行的成功方法。因此，判斷目標領域中的平均成功率，是決定有無任何成功祕訣值得效仿的必要步驟。

關鍵的差異。仔細分析成功與失敗之間有何差異。這並不是一件容易的事，但這種方式能讓我們更了解導致成功或失敗的原因是什麼。然而，我們仍應謹慎評估因果關係、不確定性與時間帶來的變化。

驗證的必要。關於成功與失敗的具體區別有了理論基礎之後，必須再經過測試。起初看似合理的觀點，最後有可能導致令人失望的結果。事先進行實驗，有助於避免這種情況。

在熱切渴望成功的當代社會裡，人人都期待找到靈丹妙藥——可確保目標成功的祕訣。如果人們不加批判且草率地檢視經驗，這種「祕訣」就會出現，但它們往往虛幻且不可信。幸好，雖然目前沒有保證成功的方法，但若採取更有科學根據的方式來看待經驗，便能從中得到寶貴的見解，大幅提高成功的可能性。

第七章

找回自己的經驗

還有更多豐富的細節等待挖掘

你人在山頂上。

幾個星期前，你原本不怎麼期待造訪這個偏遠之處——近年來備受歡迎的一座滑雪勝地。最近幾年，你越來越不熱中滑雪旅行，覺得這種活動昂貴、耗時、必須忍受低溫與擁擠人潮，還很有可能受傷。然而，當朋友提議這次的旅行時，你還是忍不住答應了。這些年來，你花了大量時間與心思鍛鍊滑雪技巧，也累積了一些經驗，因此不希望白白浪費這些努力。你有許多熱愛滑雪的朋友、同事與熟人都來這座山滑雪過，就連前陣子老闆也在社群上貼出「到此一遊」的美照。你心想，這趟旅行將是加入他們行列的大好機會。

於是你報名了。而現在你到了山上，這是第一天早上，經過累人的漫長車程，你身穿好幾層厚重的衣服，站在地勢險峻的山脊上，吸著凜冽的空氣，心想此刻是自己的雙腳有生以來最難受的時候。

就在這時……你感覺到一線希望。

環顧四周，你驚嘆不已。眼前的壯麗景色令人屏息，一望無際的天空染上你從未見過的明亮色彩。遠方偌大的雲朵悠悠飄在空中，你可以清楚看見每一朵的輪廓。周圍的雄偉山脈與河谷盡收眼底，你感覺自己既居高臨下又渺小。唯一可聽見的聲音是風的呼嘯。旁邊的數名遊客也正在目睹這一切，他們似乎都看得入迷。一些人不停驚嘆，也有一、兩個人默默流下眼淚。你感覺雙腳發軟、四肢顫抖，但並不完全是因為冷。眼前的風景將你震懾地全身動彈不得、思緒混亂。你不禁讚嘆大自然的鬼斧神工。

這一刻，你真的由衷感到快樂，認為這是人生中最棒的一次旅行。假如沒有來到這座山頂，你就會錯過這個千載難逢的經驗——這簡直是奇蹟。

更幸運的是，氣象預報顯示，接下來幾天天氣晴朗。因此，未來有一整週你可以盡情玩樂，在夢幻的銀白天堂裡遨遊，遠離平日生活中的所有煩惱。你承諾自己會好好珍惜這段旅程，而且只要這個地方繼續存在，你都會開心過生活，不論是否實際來過此地。

這樣很好啊！有什麼不妥嗎？

事後發現，遵守這個承諾並不容易。日子一天天過去，最初的強烈喜悅漸漸消退。你多次回到那座山頂，欣賞同樣令人著迷的景致，但過了一會兒，那片風景不再帶給你相同的悸動。同時，你雙腳感受到的疼痛遲遲不散，開始讓你難以專注於眼前的美景。

到了旅程的最後一天，你再度登上山頂，準備展開最後一次滑行。在這趟旅程中，你一直很滿意自己的表現，也和朋友們玩得很開心。除了每天享用美食佳餚，晚上更香甜入睡。經過一整個星期的劇烈運動，你逐漸擺脫身體的疲累與痠痛，獲得了更多成就感。

既然自己的滑雪技巧在過去一週的練習下有所進步，你決定走一條難度稍高、速度更快且偏離主雪道的路徑，想趁最後這個機會來點刺激的體驗。向下滑行的途中，你想到了回程旅途，還有日常生活中等著你的一堆工作。

不料……大事不妙。

雪道上有一大塊冰面突起，使你偏離了路徑。其中一塊滑雪板鬆脫，行進的速度越來越快，逐漸失控。為了減慢速度，你整個人往後倒在地上，但依舊失控滑向斜坡的一側。這麼做於事無補，而你也沒有體力再試一次了。驚慌之餘，你意識到自己無能為力，只能隨著重力掉下一座小懸崖，飛向一顆巨石與一旁有著銳利邊緣的樹木殘幹。你閉上雙眼，驚聲尖叫。

你終於重重摔在地上。

半昏不醒地過了一會兒，你睜開眼試著評估眼前的狀況，但無法專心。其他滑雪客循著尖叫聲找到了你，焦急地大喊：

「你還好嗎？」

「需要幫忙嗎？」

「你有聽到我說什麼嗎？」

你聽得到他們說話，而且身體似乎沒有大礙。手臂、背部與雙腿疼痛，但還可以動。全身陷在雪裡的你環顧四周，才知道自己正好閃過了巨石與殘木，掉在兩者之間的雪堆裡。圍觀的群眾幫忙撿拾你的裝備，你慢慢地走下山坡，腳步搖搖晃晃，但毫髮無傷。

不過……事情還沒結束。

回到房間後，你發現皮夾不見了，心想一定是剛才發生意外時從忘了拉上拉鍊的口袋裡掉出來的。那裡頭裝有現金、信用卡與身分證，但你不能去找了，因為你和朋友大概一小時後就要離開度假村。你感到焦躁不安。這下子你得掛失信用卡、跟朋友借錢，回去還得為了重辦證件跑一些冗長費時的行政手續。你苦惱地對自己大吼。

現在，請你回想過去這一個星期。這是一場美好的旅行嗎？你有何感想？你感到快樂、滿足或心煩意亂？這次旅程中有哪些經驗是你很久之後想起仍覺得歷歷在目的？哪些部分是你可能遺忘的？

這段滑雪之旅的故事改編自真實經歷。稍後我們會再回顧這個故事，從不同觀點探討經驗在幸福感中扮演的角色。一旦了解各種看待事物的濾鏡與其對經驗造成的影響，不論自身個性如何，我們都能從更廣泛的角度評估幸福。

日積月累的經驗：適應與慣例

時間深刻影響我們對於自身經驗的看法。

舉例來說，適應作用使過往經驗的影響無可避免地隨時間流逝或反覆發生而淡化。在這種過程中，我們會調整自身情緒以適應眼前的情況，因而確保最終的幸福相對不受生活中的各種事件（不論好壞）所影響。[1]

遺憾的是，人生有時充滿了可怕的經驗。每天有數千人死去，其中許多人離開得太早，而且毫無預警，留給備受打擊的親人無限悲痛，另外還有許多人無時無刻都面臨殘疾、重病、暴力、戰爭、飢餓、沉重的意外、長期失業、悲慘的工作環境或貧窮。

作為文明的物種，人類似乎越來越有能力預防與解決以上許多問題。這無疑是一項好消息，但這些負面經驗始終存在，而且在可預見的未來也將如此。

幸好，我們擁有適應的能力。經歷某些負面事件時，我們通常會在起初的震驚過後逐漸恢復適度的幸福感。適應的速度與程度取決於事件的本質與強度，也會因個人的性格與情況而異。人不一定都能順利適應各種狀況，但時間有助於緩解負面經驗導致的影響。[2]

一些學者將適應作用比喻為在跑步機上慢跑。就幸福而言，我們不論走到哪裡，多少都能適應現狀，讓生活恢復到接近以往的水準。[3]

適應作用背後的一個過程是去敏感化（desensitization）。如果一個人持續接觸不利的經驗，往往會產生一種熟悉感，這會減少負面經驗對幸福的不良影響。這就有如入鮑魚之肆，過沒多久，那種氣味依然存在，甚至絲毫不減，但我們的鼻子去敏感化的速度驚人，很快就習慣了那種味道。同樣地，找工作可以是一件令人挫折且困難的事，最初幾次的求職與面試讓人備感壓力。但過了一陣子，許多求職者會設法在某個程度上適應隨之而來的焦慮感。

另一個潛在過程是時近效應（effect of recency）。如果負面經驗發生的時間在很久之前，那麼更新鮮、更正面的經驗便可能沖淡過往經驗對個人情緒的影響。這可以防止人們遲遲走不出久遠以前的不幸事件與陰霾，幫助他們在創傷過後繼續生活、尋求進步與學習。[4]

因此，評估經驗與從經驗中學習，有助於我們恢復正常，避免一次的不幸或長期的困境永遠毀了生活。透過適應作用，經驗讓我們變得快樂一些。

遺憾的是，在相反的情況下，適應機制也一樣運作良好，甚至更加強烈。

畢竟，生活中充滿了令人愉悅的經驗。每天有成千上萬個嬰兒出生，而他們的父母往往感到欣喜萬分。我們享用美食、盡情購物、結交朋友、陪伴親人、享受魚水之歡、結婚、學習新事物、到外地旅遊、從病痛中痊癒、互相幫助、發想新點子，以及朝目標前進。

在生活中經歷這些事情時我們感到快樂。但是，適應作用會使它們帶來的正面影響，不如我們所希望的那樣持久。

回到前面提到的登頂情境，那樣壯觀的景色起初令人喜出望外，但這種情緒會在幾次相似的事件過後大幅淡化。人們很快就會對過往的喜悅感到麻木，渴望尋求更多刺激，也許還會在最後一次滑雪下山時選擇比較危險的路徑。

同樣地，隨著我們在生活中擁有更多的東西與更崇高的地位，時間也會使當初的狂喜漸漸回到較正常、熟悉的程度。更糟的是，一旦嘗過了最初的興奮滋味，我們就會不斷尋求更多的物質或更高的地位，未能意識到自己已經擁有許多寶貴的事物。因此，不管山峰再怎麼高、雪道再怎麼刺激，都無法滿足我們的需求。

更棘手的是，相較於正面經驗，負面經歷對最終的幸福感影響更大，因為失去的傷痛比獲得的喜悅來得深刻。因此，我們很容易將成功視為理所當然，對失敗的挫折則耿耿於懷。[5]

工作上，我們經年累月地努力爭取升遷，並在迎來好消息的那一刻欣喜若狂。但是，在你恢復正常、開始為了升到更高職位而苦惱之前，那種喜悅持續了多久？幾個月？還是幾週？

雖然在某方面，適應作用會限制幸福感，但有利於我們持續發展與發揮創造力。這能防止我們在努力的過程中半途而廢，並驅使我們不斷進步。

另一方面，適應作用也經常使我們高估一些假設。例如擁有更多財產、達到更多成就或取得更高地位，自己會更加快樂。我們時常覺得鄰居庭院的草地比較翠綠，但如果跨過了圍籬，我們很快就會適應那個環境，開始渴求更綠意盎然的庭院。

簡而言之，適應作用對幸福感影響甚大。經驗累積越多，越有助於我們隨時間的流逝走出悲傷，但這也同樣有效地將我們從狂喜的高峰上拉下來。

經驗的增長遲早會導致人們養成習慣，形成難以打破的慣例與常規，不論它們對幸福感的影響是好或壞。慣例會促成更多經驗，而更多的經驗進而鞏固那些慣例，如此循環往復。於是，某些經驗成為我們生活的一部分，定義了我們的現狀。

幸好，慣例有時也會令人感到快樂。對於一件事物，我們得到的越多、接觸的經驗越豐富，便越有可能喜歡上它。例如，聆聽自己喜歡的音樂類型通常會產生這種效應。你越常聽某類音樂，就會對它越熟悉、感到越滿足。因此，同一首歌聽十五次所帶來的喜悅，可能會比聽兩次還深刻。這種過程稱為敏感化（sensitization）。[6]

只是，敏感化也會在各種情況下削弱幸福感。例如研究顯示，噪音與通勤導致的負面感受，會隨時間加深。同理，一個人與同事或家人之間的緊張關係，也可能因為頻繁接觸而越演越烈。[7]

如果有好幾種潛在過程同時運作，就會促成一種影響力強大的不幸陷阱。當最初的正面經驗逐漸遭到漠不關心取代，甚至最後演變成不滿，即是不幸陷阱在作祟。然而，經過長期的經驗累積，這種情況會成為一種難以改變的常態，使我們只會因為某些事物而感到開心。

舉例來說，你參加滑雪旅行，不是因為你真心想這麼做，而是因為你在之前投入滑雪的過程中累積了一些經驗與知識。由於不願意浪費先前投資的時間與精力，你決定投入更多，更害怕在未來浪費這些成本。

這樣的發展或許在某些類型的線上遊戲最為明顯，如果那些遊戲的玩家不再定時上線，好不容易取得的進度就會遭到刪除。《農場鄉村》（FarmVille）就是一個有名的例子，在這款遊戲中，玩家種植虛擬的蔬果而且要定期收成，否則作物就會枯萎。這種設計正是利用人們討厭失去的心理。玩家在遊戲中投入得越多，可能失去的東西就越多，也越無法承受失去的創傷。當然，這類遊戲一般會提供其他方法解決問題，例如「課金」——玩家如果在遊戲裡購買道具，就能更快破關或避免損失。一段時間過後，玩家會越來越難抗拒這些選擇。[8]

經濟學家主張，人們應該將過去不可挽回的投資視為沉沒成本，不可讓它們影響未來的決定。對於只存在於網路上的影像作品更是如此，如果不想繼續玩下去，我們就應該斷然按下退出鍵，而不該感到一絲懊悔。假如做不到，我們就只會在《農場鄉村》種出更多無生命植物，任由它們阻礙未來的幸福。[9]

遺憾的是，經驗不是這樣運作的。當我們累積越多經驗，就越像給自己挖一個坑跳進去。如果我們享受這種過程，甚至陷得越深就越開心，那也就算了。但如果我們開始厭惡這個坑洞，而且陷到幸福感開始減少時，就可以說我們被經驗困住了。

人際關係與事業這兩種長期任務，很容易受這些影響所害。它們在最初通常會產生正面的感受與良善的意圖，長期而言的確能帶來真正的快樂。但如果人們未能謹慎處理與累積經驗，就會逐漸適應最初的興奮感，乃至開始厭倦現狀，甚至因為過往經歷而窒礙難行。如此一來，人們可能會投入更多成本，進而陷入更難擺脫的處境。

因此，經驗的累積，有可能讓人受困於不幸的狀態。你會漸漸對於自己固守同一條路感到懊悔，卻又因為害怕損失成本而越來越難以選擇其他出路。

銘記在心的經驗：兩個自我互相衝突

如同時間，記憶也在我們看待自身經驗時扮演重要角色。對於同一種情況，不同的人所經歷的與記得的事情都不一樣，感受到的快樂程度也不同。[10]

在本書一開始，我們將經驗定義為包含自身與環境的短暫互動（一種過程），以及隨之而來、最終烙印於心的教訓（一種產物）。說到幸福，我們必須分別考量這兩個面向。在《快思慢想》（*Thinking, Fast and Slow*）中，丹尼爾・康納曼將前者稱為「體驗的自我」，後者為「記憶的自我」。[11]

「體驗的自我」專門處理我們在每個時刻產生的感受，譬如聆聽優美旋律、品嘗美食或在山頂欣賞壯闊景色的那一瞬間。

「記憶的自我」則負責從這些感受中挑選片段來組成記憶。它根據事件發生的時序編織故事，進而定義我們從音樂會、聚餐或旅行中衍生的滿足感。

重點是，「記憶的自我」在編寫「體驗的自我」實際經歷哪些事情時，擁有大量渲染的空間。例如，在滑雪之旅的最後弄丟錢包，如何影響你對這趟旅程的滿意度？這起事件的掃興程度，有超越之前你與朋友們一起吃喝玩樂的喜悅嗎？在山頂飽覽美景的幸福時刻，是否影響了你腦海裡的經驗？事實上，旅途中的某些片段無可避免地比其他記憶更加鮮明。

值得一提的是，研究顯示，人們往往會壓縮一連串事件，但特別注重開頭、高峰與結尾。這種現象通常稱為**峰終定律**（**peak-end rule**）。評估整體經驗的滿意度時，我們重視的是與高峰時刻有關的感受，同時會忽略其他時刻持續了多久，這種傾向即為**忽視持續時間**（duration neglect）。[12]

事實上，這正是身為作者的我們在撰寫故事時最主要的原則。本章開頭敘述的滑雪之旅，主要聚焦兩個高峰時刻：最初的愉悅感受與最終的悲慘遭遇。但是，如果從另一種角度來描述同一段旅程呢？倘若比起高峰時刻，我們更重視事件實際持續了多久呢？那麼，本章的開頭便會截然不同，內容除了變得怪異不自然，還讓人讀不下去：

> 為了這趟滑雪之旅，你得搭飛機到那座山脈附近的城市。上機前，你在機場的登機門等了十七分鐘。一切不算太糟，因為你排隊等待時喝了一些水，還無意間發現前面兩名旅客用外語聊天，於是好奇地聽他們對話聽了三分鐘。
>
> 進入登機長廊時，你覺得很冷。你一邊慢慢走上飛機，一邊穿起毛衣，感覺好多了。
>
> 你花了兩分鐘找到座位。將登機箱放到行李置物櫃後，你坐下來，開始看自己帶來的報紙。
>
> 第一篇文章描述一項新發明。你花了四分鐘看完，仔細思考這個創意成功的

可能性，發現自己迫不及待想看到這項技術成為主流。要是成真了，你的生活將方便許多。

第二篇文章也花了你四分鐘的時間，內容是關於……（接下來的流水帳冗長繁雜，大約還有五十頁的細節，之後才會寫到登上山頂的那一段。）

在人的生命中，記憶協助我們思考一件事的滿意度，並特別檢視過程中的某些面向。這個傾向能幫助我們保留過往的精華，讓冗長、相對不重要的插曲不去干擾最終的評估結果。

因此，記憶的選擇性會盡可能縮減相對乏味的插曲——譬如等待登機時隨機閱讀一篇報刊文章——所占用的心智空間，藉此增進個人的幸福感。但是，我們也會因此無法充分欣賞不適用於峰終定律的美好時光。在滑雪之旅這樣的故事裡，那些香甜入睡、開心談天與令人喜悅的時刻，全都歸入「歡樂時光」的籠統標籤下，然而到了最後，那些大好與大壞的極端時刻卻搶盡了光彩。

不可否認地，在這些共同的傾向之外，也有個別的差異。由於個性、關注的重點、人格、過往經歷、心情、期望與目標形成的濾鏡，讓每個人對於相同經驗所產生的記憶都不同。旅程的經過與事件發生的順序都一樣，但有些人從中得到的快樂，就是比別人多。只要記憶存在主觀的面向，這種差異就無可避免。[13]

許多人會忍不住透過照片或影片來記錄各種經驗，其中一個原因是，希望盡可能客觀捕捉所有可能相關的時刻，尤其是任何正面經驗與高峰時刻。我們希望記憶的自我能永遠記下那些令人滿足的事件，甚至會依據這些自己深信已成為永恆的時刻來打造未來的經驗。我們還希望可以與他人分享這些時刻，將這些回憶變成集體的記憶。

聽起來很合理。但說到幸福，適度是關鍵。過度渴望捕捉特定經驗的每分每刻，可能會危害體驗的自我。我們會減少那些時光帶來的即刻喜悅。漸漸地，我們做某些事不是因為真心感到快樂，而是因為如此能創造出可輕易捕捉並與他人分享的時刻。

直到十幾年前，我們還承擔不起這麼做所需的費用。在那個年代，記錄時刻的過程（譬如透過照相）相當耗時且昂貴。甚至在相機問世之前，幾乎不可能這麼做。如今，科技讓人們得以拍下無數張高畫質的照片，動一動手指就能盡情錄製影片，這種便利實在令人難以抵抗。但是，我們捕捉的時刻越多，之後重溫那些經歷的時間與機會就越少。

總之，在滿足「體驗的自我」與「記憶的自我」之間，取得良好的個人平衡，已成為一項棘手且重要的人生挑戰。若能了解這兩種自我的運作原則，將有助於增進最終的生活滿意度。

相對的經驗：跟上他人的腳步

將自身經驗與他人的經驗相比，也會減損幸福感。

試試在網路上搜尋「失望透頂的得獎者」，你會發現一些世界頂尖運動員的一系列照片，他們全都因為沒能在賽事中贏得金牌而擺出一張臭臉。其中一個著名例子是體操選手麥凱拉．馬羅尼（McKayla Maroney），她在二〇一二年倫敦奧運中獲頒銀牌時繃著一張臉，受到媒體廣泛報導。[14]

基於對這個現象的好奇，社會心理學家維多莉亞．梅德維克（Victoria Medvec）與同事著手調查獲獎奧運選手的幸福感。不出所料，金牌得獎者對於自身表現的滿意度最高。然而，銅牌選手平均而言看起來比銀牌選手更開心。[15]

梅德維克與同事歸結，雖然銀牌選手也為自己的成就感到開心，但仍會忍不住糾結於差點就贏得金牌的事實。因此，未能達到的成就破壞了他們的幸福感。相較之下，銅牌得主肯定自己比其他未能贏得獎牌的選手表現更出色，因此發自內心地感到高興。

人們回應事件的方式，與奧運獎牌得主很類似。我們傾向根據特定的參考點來評斷自身經驗，譬如之前的期望或他人的行為。因此，同樣的經驗放到不同人身上，會造成不同的影響。這端視個人的基準而定。然而，這種相對的評估，讓我們很容易落入外部力量為了引發焦慮而設下的陷阱。

例如，許多組織向來標榜階層式職涯發展，鼓勵同事之間相互較勁。經濟學家羅伯特．法蘭克在《奢侈病》（*Luxury Fever*）書中主張，如果一個人拿自己的財力和地位與他人比較，並加以評估自我價值，會導致永無止盡的角力戰，讓人擁有再多也不知滿足。

二〇〇〇年的電影《美國殺人魔》（American Psycho）裡著名的一幕即是這種比較的極端例子。主角派屈克．貝特曼（Patrick Bateman）因為自己的名片不論在材質、色調與字型上的設計都比同事遜色而丟盡顏面。[16]

社群媒體與網路平台也使各式各樣的參考基準日益唾手可得，因此我們評判結果時很容易以此作為依據。這些參考點讓我們得以分享自己的生活與探索他人的生活。

網路上的個人檔案與經歷，在我們的生活中越來越舉足輕重。我們經由這些工具學習新知、接收資訊、與他人分享自身故事、建立連結，以及從事其他有意義的活動。這種經驗也許能讓我們過得更快樂，但這些平台很容易淪為詭譎的學習環境，持續提供不可靠的參考基準與偏頗的反饋。

舉個例子，假設之前有朋友去滑雪，而你並未同行。當他們在社群媒體上貼出旅程中的照片與故事時，並未分享全部的過程，包括了旅費有多貴、期間有多長、天氣有多冷、滑雪場有多少人及滑雪有多容易受傷等等。我們的老闆或許在社群媒體上分享了她經歷過最愉快、最美麗的時刻，但刻意不提旅程的第二天一場離奇的意外，讓她先生肩膀脫臼。

這種讓人們選擇性分享的社群平台，無可避免地使我們偏頗看待他人的經驗。人們越選擇性地修飾自己分享的內容，這樣的學習環境就充滿越多陷阱。這種情況就像好萊塢電影，過程中拍攝了無數的畫面，但最後只有最佳鏡頭呈現在大銀幕上，甚至還經過精修後製以增進觀影體驗。

當這種電影偽裝成現實生活時，我們可能無法理智進行必要的矯正。因此到了最後，我們覺得自己的生活似乎比別人的還要無聊空虛。事實上，近期研究顯示，被動接收他人的生活亮點，會對我們的生活觀造成不良影響。除此之外，花了好幾個小時上網卻一事無成，也會讓我們感覺更糟糕。[17]

反過來說，如果我們更積極地在社交媒體上分享生活，會發生什麼事呢？我們的貼文若收到別人的回應、按讚與分享時會感到快樂，但這種主動行為的黑暗面也在隱隱作崇。[18]

例如，一些使用者可能會不斷查看自己的貼文與個人檔案，追蹤自己得到了多少讚數、分享及累積了多高的地位。他們也會收到即時通知，不斷跳出他人貼文與個人檔案的更新資訊。如果分享的內容引起他人的熱烈迴響，貼文者會欣喜不已，卻也會繼續花時間在平台上追蹤更多內容。相反地，若內容乏人問津，貼文者便有可能感到沮喪。[19]

更麻煩的是，在許多使用者不是匿名、就是冠用假名的熱門社交平台上，酸民往往隨處可見。有不計其數的人們在網路上遭到騷擾，他們的貼文收到了辱罵、有時還語帶威脅。美國民調智庫皮尤研究中心（Pew Research Center）於二〇一七年進行的一項調查報告指出，百分之四十一的美國人曾在網路上遭到騷擾，另外有百分之六十六的人看過別人受到不當對待。此外，在這些案例中，有百分之十八的情況牽涉了某些極端元素，譬如「肢體威脅、長期的騷擾行為、性騷擾或跟蹤」。[20]

因此，我們在組織或網路的社交經驗，涵蓋了一些會危害幸福的基準與元素。幸好，一旦了解各種以經驗為基礎的有害因素（時間、記憶與比較），我們便能設法促進經驗學習與生活滿意度。

變化多端的經驗：從事令人愉悅的投資

二〇一七年，美國最高法院首席大法官小約翰・羅勃茲（John G. Roberts Jr.）在兒子的高中畢業典禮上致詞時，對畢業生的未來提出了一些令人印象深刻的建議。其中，他鼓勵學生從可能遭遇的不幸中學習，如此才懂得珍惜生命中重要的事物。例如，他們應該從厄運中了解到，不應將成功與失敗視為理所當然。同樣地，偶爾發生的不公、背叛、孤獨與痛苦，可以幫助他們更深刻地體會正義、忠誠、友誼與同理心的重要性。[21]

如果經驗中只有喜悅、成功與正面情緒，我們就能過著最幸福的生活。這樣的信念看似合理吧？換句話說，我們在經驗中應該盡量避免不幸事件、失敗與負面情緒。

然而，就如那位大法官所言，如果經驗中包含了適度的動盪，實際上是有益的，如此能減輕適應作用的負面影響，並幫助我們更認識既有的慣例。

我們來看看何以如此。

首先，不論我們的身分為何，若渴望生活中不存在任何問題，是非常不切實際的。每個人必定都會遭遇壞事。基於這一點，記者奧立佛・柏克曼（Oliver Burkeman）在《樂觀病：給正面思考中毒的人的快樂解藥》（*The Antidote*）中強調，一味追逐幸福，反而會讓人貪得無厭。如果人們期望能相對輕鬆得到幸福並維持它，將會不斷失望。[22]

第二，一些負面事件並不如我們預想的那樣令人不悅，尤其以長期角度而言。心理學家丹尼爾・吉伯特（Daniel Gilbert）在《快樂為什麼不幸福？》（*Stumbling on Happiness*）中主張，人人都有一套「心理免疫系統」，可達到「一種平衡，讓我們做好面對問題的準備，但也會感覺糟到什麼事都不想做」，藉此對抗不快樂的感受。因此，我們會認為，自己面臨突如其來的壞消息時，會受到深刻與長久的打擊。不過，想像中的感受與遭遇不幸後的真實感受之間，具有顯著的差異。[23]

第三，一些讓我們一下子很不快的事件，其實長期而言可以帶來快樂。心理學家索妮亞・柳波莫斯基（Sonja Lyubomirsky）在《練習，讓自己更快樂》（*The Myths of Happiness*）中解釋，人在經歷某些逆境之後，才能發展韌性、定義自我與培養樂觀態度。因此，憤怒、擔憂與哀傷的經歷，會讓人更有能力解決未來的情感問題。[24]

總而言之，經驗中的適度動盪，可為我們的長期幸福帶來助益。假如我們在滑雪之旅的某天遇上了濃霧，或許更能珍惜山頂美景是多麼得來不易。

因此，若想維持幸福感、避免惡性適應與無謂慣例，你可以考慮將時間與精力投入那些喜悅感不會隨時間被稀釋的事物。例如，購買一輛昂貴的汽車（而不是相對平價的車款）。長期而言，這個決定是否能讓人變得比較快樂？[25]

答案取決於更詳細的情境。以買車的例子來說，就得考慮交通情況與當事人對汽車的研究程度。但是，作為對幸福的一項投資，購車的行為有幾個缺點。第一，當事人也許很快就習慣擁有那個車款的喜悅。第二，擁有一台時髦的車，可能會使當事人與別人比較後產生了新的期待，因此過沒多久就渴望能入手更高檔的車款。第三，當事人開著一台所費不貲的車子在路上跑，可能會擔心車子碰到或損傷，進而在事情真的發生時感到特別難過。

另一方面，經驗的運作頗為不同。它們會成為個人身分的一部分，你可以在任何時候以自己喜歡、不會受到他人質疑的方式回顧。本書第二章討論過，將時間與空間投入特定的活動中非常重要，這有助於我們體驗令人愉悅且富有創造性的經驗。如果特別注重日常生活中一些令人振奮的心流時刻，也許能讓我們不管是短期或長期都擁有更多幸福。

事實上，汽車製造商推出的廣告大多主打刺激的駕車體驗，這並非巧合。這些廣告並未說明汽車的技術性質或其他具體性能，而是企圖訴諸駕馭時會產生的情緒——在蜿蜒山路上恣意馳騁、俯瞰壯觀景色的快感。他們希望灌輸給顧客一種感覺，那就是買一台新車，不僅僅是多了一樣財產，更是買下了能為生活添加適度變化的一種經驗。這種訴諸長期樂趣的宣傳方式，依據的是完整的心理學理論。

不可得的經驗：不希望擁有與並未擁有的東西

我們在這個世界上得到的經驗，極度依賴立即可得與可觀察的事物。人們很容易以為眼前所見即代表一切，即使實際上還有許多事情不為人知。經驗並未將長期性與貌似真實、但並未發生的事件納入考量，因此低估了它們對於幸福的影響。

舉例來說，假如你在滑雪發生意外的過程中，頭部真的撞到了巨石或滿是尖刺的樹樁，而不像上述故事只掉進了軟綿綿的雪堆裡呢？假使真的撞上去了，這次的可怕經驗會讓你陷入多麼悲慘的境地？令人遺憾地，順利避開這般不幸後，鬆一口氣的感覺稍縱即逝，反倒是弄丟錢包的痛苦會破壞我們慶幸的喜悅。

儘管人們總是因為錯失良機而感到懊惱與不悅，但也習慣將好不容易逃過一劫的情況視為理所當然。此外，我們也很容易陶醉於他人經過選擇而分享出來的愉悅經驗裡，並在比較過後感到挫折。因此到最後，我們往往會覺得自己就像「銀牌得主」，心中永遠想的是自己或他人所定義的「金牌」，因而無法充分覺察自身的勝利與享受獲得肯定的喜悅。

一九八六年，認知心理學家海利爾．殷紅因罹癌而英年早逝。在此數個月前、同時也是廣受歡迎的線上社交平台問世之前，他罕見地接受訪問。當中他描述，某天在一間中餐廳吃完晚餐後，他意外地在幸運餅乾中發現了啟發人心的智慧。那則籤文寫著：「想想你不希望擁有、也並未擁有的事物。」殷紅起初看完後搖了搖頭，感到非常困惑。但之後，他開始思考，將幸福視為我們**希望擁有**與**實際擁有**之間的一個函數，具有什麼意義。[27]

他發現，這些意義可以分為四類。

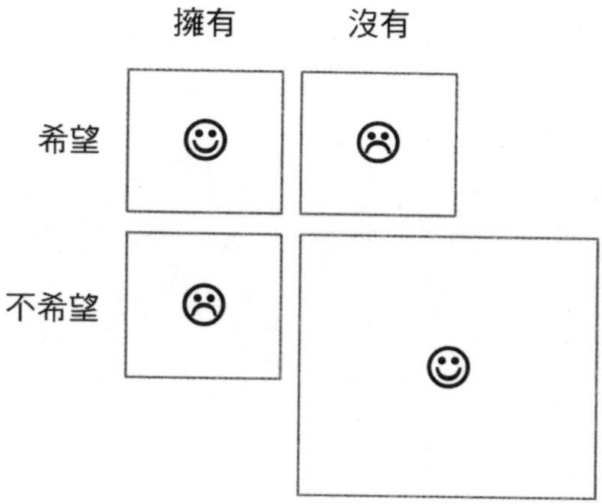

第一類是我們**希望擁有與實際擁有**的事物。多數人目前的人際關係與財產都屬於這一類。這些事物令我們感到開心。

第二類包含我們**不希望擁有、但實際擁有**的事物。健康問題、體重過重與財務困難都在此類。這些事情基本上會讓人感到不快樂。

第三類則涵蓋我們**希望擁有、但並未擁有**的事物。更多的金錢或更好的工作都屬於此類。這些事物本身不會令我們感到快樂，但是當我們實際獲得並將它們轉換為第一類事物時，便能感到快樂。

對一般人而言，這三種類型的事物隨處可見，而且大多是人們思考自身幸福時會參考的基準。它們幾乎構成了我們所有的經歷。我們可以輕易地觀察、感受、仔細思索，以及與他人討論這些事物。

然而，第四類通常不在人們的經驗範圍之內，也就是我們**不希望擁有、也並未擁有**的事物。這些事物包含各種看似真實存在的健康、財務與社交難題，還好，我們並未遇到（至少目前是如此）。事實上，我們身處的社會越進步，家庭與群體的生活越富足，這個象限的範圍就越廣。

這些尚未發生的事情萬一成真，我們就會遭遇不幸。不過，由於我們並未真的經歷過，因此它們並不存在。雖然這些事情還未發生，但一般時候並不會讓我們覺得有什麼好快樂的。或許，我們應該感到開心才對，殷紅認為——至少在某種程度上——我們過得其實比經驗顯示的還要幸福。

我們遺漏了哪些重點？哪些事情毫不相干？

幸福在極大程度上因人而異，我們也無法完全控制。但是，我們應該要了解經驗如何影響幸福。

滑雪之旅的情境凸顯了經驗影響幸福感的一些方式。做決定時（不論明智與否），我們主要依據的是受經驗加深的慣例與比較。我們會逐漸適應起初令人快樂的事件，並試圖冒險以尋求更大程度的愉悅。我們對於情況的看法，可能會受到選擇性記憶、他人的片段經驗以及轉頭就忘的短暫慶幸所影響。

適應作用。人類適應環境的能力極強。經歷正面或負面事件之後，幸福程度通常會回復至先前的狀態。當我們考慮做出改變或進行投資，以期未來能過著更快樂的生活時，也必須考量適應作用的步調與程度。

毫無用處的慣例。經驗有可能促成難以打破的常規與慣例，導致不幸的陷阱。因此，分析成本效益時，我們應該以預期發生的經驗為主要依據，而不是擔心萬一改變了既有傳統會造成哪些損失。

時間長短。思考過往事件時，我們的記憶主要包含了起始、結局與高峰時刻，往往忽略掉事件持續了多久。因此，長時間的正面經驗，對於整體幸福感的影響力可能不如我們預期。

毫無幫助的比較。幸福的感受通常是比較來的。正面的經驗如果不符合個人的期待與參考基準，也可能造成負面的影響。另一方面，不如預期來得可怕的負面結果，也可能促成正面的情緒。因此，評估經驗時必須設定適當的標準。

變異性。經由物質的獲得而產生的幸福感，容易因為適應作用與慣例而減弱。相比之下，多樣化經驗所引發的幸福感較為深刻且持久。這有一部分是因為我們比較能夠控制自己要透過什麼樣的方式來記憶這些愉快經驗，而不需要說服他人相信這些經驗對我們來說有什麼意義。

不相干的可得性。我們的經驗在很大程度上取決於觀察得到的事物——儘管我們觀察不到的事物對幸福來說也一樣重要。例如，我們不希望擁有、也並未擁有的事物，通常不會在心中留下深刻的印象——儘管這些事物也可能引發強烈的幸福感。這種「反事實思維」可以降低比較性與選擇性經驗對自身看法的負面影響，還能讓我們意識到，就統計數據而言，我們比自己以為的還要快樂。

總之，了解經驗如何影響幸福（不論是好是壞），有助於我們做出更滿意的選擇。

結語

經驗的智慧

地球是平的嗎？

它在轉動嗎？

它是否繞著太陽旋轉？

它是否在太空中旅行？

二〇一八年上映的紀錄片《地球不是圓的》（Behind the Curve），以一位知名地球平坦論信徒如何回答這些問題為開頭。他暗指，由於我們感覺不到，因此人類不太可能居住在銀河系或太陽系其中一顆星球上，事實上，每個星球都以極高速在浩瀚的宇宙中移動。由於他可以看見數公里外的建築，因此他不認為地球是圓的。「科學把數學的難題丟給我們。」他說：「而我們就這樣棄之不管。順帶一提，往那個方向可以看到西雅圖。」[1]

根據他的經驗，地平論者是對的。

如同不少動物，人類具有能力可透過觀察與參與來獲取資訊與見解。我們經由反覆練習發展出各式各樣的生理與概念性技能，還能反思過去的事件並預測未來。

然而，我們未必能從中獲得可靠的知識。經驗一向是良師的看法，是一種迷思。

如果人生就像騎單車或打網球，那麼從經驗中衍生的多數教訓便值得參考。雖然這類活動牽涉到許多複雜與未知的因素，尤其是在競爭的層面上，但仍舊是友善的學習環境。這裡的經驗可提供即時、豐富與準確的反饋。即使人們犯了錯或有時做出不良的行為，仍能藉由反覆修正與嘗試，以獲取更多機會來得到有效的見解與技能。在這種環境下，遊戲規則不會突然間出現大幅度的變動，因此從中衍生的教訓歷久彌新。為了進一步提升學習成效，專業人士會聘請教練客觀評估技能與提供具有建設性的評論。

只是，生活中有許多情況不同於騎單車或打網球。在錯綜複雜與瞬息萬變的世界裡，經驗的教訓或許不如我們設想的那樣可靠。許多學習環境充滿了陷阱，而我們因此產生的直覺有可能與現實大相逕庭。這種直覺不僅無法正確反映眼前的情況，還不斷灌輸我們貌似可信的錯覺。在這樣的環境下，遊戲規則會無預警地劇烈變動，導致人們的直覺變得陳舊過時。

然而，由於經驗帶來的教訓始終因人而異，不僅讓人下意識地接受它，其效果快速、持久且鼓舞人心，因此我們仍然容易相信經驗，並且在做判斷與決定時將其視為主要的依據。

要否定或超越經驗並不容易，尤其是一些說法牴觸了傳統上對於經驗的信念，卻又不足以明確到反駁經驗的教訓。即使面對具體的反面證據，我們依然堅信從經驗中習得的觀念。經驗越多，情況就有可能越糟，這導致許多意見領袖固守著不可動搖、卻引人誤解的信念。

在《跨能致勝》（*Range*）中，作家與記者大衛・艾波斯坦（David Epstein）論述面對這種情況時，若「跳出經驗框架思考」有什麼好處。在數學方法與技術進展的輔助下，這個方式最終讓科學家得以深入了解人類所生活與持續體驗的地球真正的形狀與運動模式。由內而外的觀點也許清晰透徹，但可能與實際狀況不符，進一步加深了錯誤的觀念。這正是為什麼「跳出經驗框架思考」的能力如此重要。[2]

但是，除了對錯之外，還有更嚴重的問題。人們經由與環境互動發展出許多偏好與傾向。每個人之所以喜好各異，純粹是因為接觸了不同的經驗。我們能從經驗中學到哪些東西，取決於先前的信念、喜好與知識。個人經驗在極大程度上影響了我們是誰、渴望擁有什麼與如何行事。[3]

因此，審視經驗的能力至關重要。然而，有鑑於不同領域的學習環境各有差異，如何分析經驗成了棘手的難題。更麻煩的是，若想覺察這些問題並採取有效的解決方法，往往需要一定程度的經驗（不論好壞）。

還好，人類也與大多數的動物不同，不需要被動接收經驗。我們可以掌控並主動建構學習的過程。我們可以利用認知資源超越經驗，進一步充實自己對於這個世界的認識。承認經驗會影響心智後，我們就能從中汲取教訓並加以「反學習」，從頭練習、改進或忽視，一切端視個人或集體的目標而定。我們也可以設計一些方法與機制，建立更友善的學習環境與更可靠的經驗。

若想這麼做，第一個步驟是承認經驗通常會經過系統性的過濾。這個過程通常在不知不覺中遺漏掉細節與摻雜了不相關的資訊。有時，這些濾鏡並非我們能控制。例如，某個既有程序中的許多小失敗可能不為人知，但成功者與倖存者明顯可見。另外有些扭曲來自我們蒐集、思考與記憶的不當，譬如根據有限的個人經驗得出過於籠統的結論。

在事關重大的情況下，我們看待經驗時尤其必須思考兩個問題：遺漏了哪些重點？哪些事情毫不相干？接著，再利用得到的答案建立警戒機制，提醒自己將經驗當作反省與測試的警訊，而非最終的定論。

雖然這個方法旨在增進從經驗中習得的教訓，但若要在思考個人決定時就這麼做，無疑是有違直覺且困難的。正因如此，來自外部的觀點才值得參考。[4]

我們給別人的建議，通常比給自己的要好得多。我們可以快速且輕易地發現別人的問題並提供解決方法，但同樣的問題若發生在自己身上，卻難以認清與設法解決。[5]儘管如此，多數人跟專業運動員不同，並沒有教練在旁觀察並針對個人的目標、看法、判斷與重大決定提供持續且可靠的反饋，最後變成我們的父母、老師、朋友與伴侶必須身兼這種角色。但是，他們也跟多數人一樣，未能察覺經驗造成的各種假象。

那麼，我們是否可以自己想像出一位「經驗教練」在身旁，負責發現經驗的潛在缺陷並提出警告？若一名顧問建議我們應該從經驗及相關教訓中學習時，主要的考量因素是什麼？

當經驗無法提供可靠的知識、反倒造成錯覺時，有三個明顯的重大徵兆。如果你能察覺這些警訊，便可迅速發現潛在的學習盲點並找出癥結點，之後要解決問題就容易多了。

可得性偏差

人們通常會根據可得的經驗評估事件的重要性與可能性，越常觀察到某件事，就越容易根據這個經驗進行判斷。這種傾向在友善的學習環境中助益良多，可幫助決策者在習取教訓與做決定時省下大量的時間與精力。[6]然而在詭譎的學習環境中，人們很少有完整的工具以驗證經驗。下列問題應該有助於挖掘個人經驗經常遺漏了哪些重點。

經驗是否以結果為主要依據？如果是，光憑經驗並無法了解事件的發生經過以及所有複雜、相關的因素。

經驗是否以選擇性結果為主要依據？如果是，從經驗中就無法得知特定類型的結果（不管成功或失敗），以及它們獨特的性質。

經驗是否以個人觀察為主要依據？如果是，從經驗中就無法得知違背事實的假設與他人的看法，以及更能夠代表實際情況與更具創意的觀點。

簡而言之，如果你將顯而易見的經驗視為主要的學習來源，「經驗教練」就會發出警示。超越可得的經驗後，你就能更明確地理解情況。

不當的參考基準

人們在做判斷、預測與決定時，傾向借助特定的參考基準，據此確立最終的結果。這種傾向在友善的學習環境中可帶來助益，讓人能透過比較與聯想更清楚了解情況。[7]然而，在詭譎的學習環境中，人們很容易聚焦與定錨在不相關、甚至有害自身利益的細節上。下列問題應該能幫助你辨別不當的參考基準。

從經驗中是否歸結出簡單的因果關係，並據此做決定？學習環境越複雜、充滿了越多未知因素，觀察到的因果關係就越不可信。

經驗是否牽涉了誘人的安逸、情緒、選擇或遊戲？這些因素有可能暗藏不道德的實踐，使人在追求個人目標時脫離了正軌。

經驗是否讓人只注重特定的次要問題上。如果是，情況的變化會使經驗很快就不合時宜。即便情況維持不變，個人也有可能錯失寶貴的機會與令人愉悅的時刻。

總之，「經驗教練」能夠找出既定情況中的主要錨點，並在這些參考基準牴觸個人喜好或最佳利益時提出警告。若能超越這些不當的參考基準，將可改善個人的處事方法與決策。

漏洞百出的信念

人們可以從經驗中獲取專業知識，因此不必審慎思考其中許多細節。在友善的學習環境中，這種傾向不會帶來問題。一個人會隨著知識與技能的增長更有自信與能力[8]。然而在充滿陷阱的學習環境中，豐富的經驗可能會導致不可靠的信念，阻礙我們回顧、反學習、重新學習與改善經驗。

以下列出兩組問題供你思考。第一組與學習環境有關：

- **經驗如何遭到過濾與扭曲？**
- **複雜與未知的程度有多高？**
- **未來是否與過去的情況類似？**
- **相較於正式的知識學習方式，經驗對個人的學習與直覺有多大的影響力？**
- **哪些事情顯而易見、不為人知或毫不相關？**

第二組問題與決策者有關：

- **決策者對於特定的教訓抱持多強烈的信念？**

- **這個信念在多大程度上受個人經驗所驅動？**
- **這個信念在多大程度上應驗自身的預言？**
- **決策者解讀統計數據的能力如何？**
- **決策者是否曾驗證任何建立在經驗之上的信念？**

簡而言之，學習環境越詭譎，經驗的教訓就越不值得信賴，從中衍生的信念也越不正確。「經驗教練」會在個人以不當經驗作為判斷依據時發出警告，然後試圖透過以上兩組問題適度灌輸客觀懷疑的精神。若能超越漏洞百出的信念，便可以更快、更好地適應環境。

實際上，經驗可作為值得信賴的良師、親愛的朋友與重要的盟軍。它是重要的資訊來源，其中的教訓可助人形成喜好與看法。正因如此，我們必須以批判的眼光來看待經驗及所處的環境。

在組織層面上，「經驗教練」可找出不同部門學習環境的問題，進而設計更健全的學習與決策機制。若從外部角度來思考這些問題，會比較容易發現潛在的徵兆，而不會誤信狡詐的教訓。我們兩位作者在本書試圖扮演這種角色，並盡可能針對發現到的問題提出解決辦法。

在個人層面上，你必須成為自己的「經驗教練」。這並不容易，因此我們希望透過本書提供的客觀角度來看待經驗所需的動力，以實用的方法解讀其意涵。

如此一來，大家經常得面對的詭譎學習環境，或許會變得更友善。

鳴謝

我們之所以想共同寫一本書來討論「經驗陷阱」，是因為我在羅賓的招待下，隱居他在阿維尼奧內特德-普伊格文托斯（Avinyonet de Puigventós）——西班牙東北角一座小村莊——一棟有著四百五十年歷史的鄉間別墅時，共同激發的靈感。每天，我們早上外出散步，晚上舒服地窩在火爐旁，記下彼此源源不絕的文思，播下了合著本書的種子。

我們兩人都有一項優勢，就是多年來累積了各式各樣的見解與經驗。因此，我們相當清楚要在書中探討什麼主題。這個部分相對容易。不過，如何寫作，又是另一回事。幸好，在建構、回顧與重塑內容的同時，我們得到了各界人士的協助。他們批評、驗證、反駁，最終改善了我們提出的案例與論點。

其中一些人是決策科學領域的知名學者。我們尤其感謝伊琳娜·科朱哈倫科

（Irina Cojuharenco）、哈利・戴維斯（Harry Davis）、琳達・金澤（Linda Ginzel）、雷德・海斯蒂（Reid Hastie）、娜塔莉亞・卡雷拉亞（Natalia Karelaia）、史派洛斯・馬克里達基斯、約翰尼斯・穆勒-特雷德（Johannes Müller-Trede）及保羅・蘇梅克（Paul Schoemaker）給予的寶貴評論。

我們也向許多具有不同背景與專長的讀者和決策者尋求建議及反饋。馬麥德・索耶（Mehmet U. Soyer）在各種情況下都專業且熱情地提供建議與指引。此外也感謝許多人不吝賜教：霍爾・索耶（Hale Soyer）、伊佩克・艾克塔（Ipek Aktar）、尼勒姆・卡爾沙（Neelum Khalsa）、艾蜜莉・馬修斯（Emily Mathews）、西格德姆・多魯奧盧（Çiğdem Doğruoğlu）、薩斯努希・穆斯利揚（Sasnuhi Muşlıyan）、塔希爾・奧茲圖克（Tahir Öztürk）、埃雷・尤塞爾（Eray Yücel）、烏特庫・奧茲曼（Utku Özmen）、索納・貝漢（Soner Beyhan）、波拉・葛波拉（Bora Gökbora）、梅根・福特（Megan Ford）、馬穆特・葛波拉（Mahmut Gökbora）、沙德特・厄茲納爾・葛波拉（Saadet Öznal Gökbora）、沙瓦斯・厄茲德米希（Sava Özdemir）、祖拜爾・科特（Zübeyir Kurt）、安潔莉卡・米娜亞・阿基爾德茲（Angelica Minaya Akyıldız）與塞哈・伊斯曼・奧茲古爾（Seha İşmen Özgür）。

在整個寫作過程中，我們的經紀人珍・迪斯特爾（Jane Dystel）及她的團隊毫無保留地大力支持。編輯克里夫・普里德（Clive Priddle）與助理編輯阿努帕瑪・羅伊-喬杜里（Anupama Roy-Chaudhury）將我們努力的成果導向正確的地方，巧妙揭露了我們的盲點，並且協助我們展現長處。他們還為我們引介卡爾・韋伯（Karl Weber），多虧了他寶貴且別出心裁的意見，本書才能誕生，並得以在凱特・穆勒（Kate Mueller）精湛的編校功力下大放異彩。

最後，我們要對家人致上最深的謝意。如果沒有他們在情感、理智與物質上的支持，我們根本無法想像這本書的誕生。非常感謝你們！

注釋

序言

1. 有無數的資料來自目擊者的說詞與記述，詳細描述喬治・華盛頓生前最後的那段日子。例如V. V. Vadakan, "The asphyxiating and exsanguinating death of President George Washington, "*The Permanente Journal* 8 no. 2 (2004): 76–79; H. Merkel,"Dec. 14, 1799: The Excruciating Final Hours of President George Washington," PBS News Hour, December 14, 2014, www.pbs.org/newshour/health/dec-14-1799-excruciating-final-hours-president-george-washington; P. E. Tetlock and D. Gardner, *Superforecasting: The Art and Science of Prediction* (New York: Random House, 2016), 26–27; and D. M. Morens, "Death of a president," *New England Journal of Medicine* 341 (1999): 1845–1850, www.nejm.org/doi/pdf/10.1056/NEJM199912093412413.
2. 關於華盛頓的潛在病因眾說紛紜。在美國公共廣播電視（ＰＢＳ）的一段訪問中，密西根大學（University of Michigan）歷史學家霍華德・馬克爾（Howard Markel）表示，不論前總統華盛頓當時的病因為何，今日如果病患有類似的情況，醫生都會進行插管並注射更多液體。J. Woodward, "Bloodletting, Blisters and the Mystery of Washington's Death," PBS NewsHour, YouTube, 4:45, December 15, 2014, www.youtube.com/watch?v=6mm9p606Hn0.

3. T. M. Bell, "A brief history of bloodletting," *Journal of Lancaster General Hospital* 11, no. 4 (2016), www.jlgh.org/Past-Issues/Volume-11---Issue-4/Brief-History-of-Bloodletting.aspx; and A. C. Celsus, *De Medicina* (Strasbourg, Germany: Societas Bipontina, 1806).

4. I. H. Kerridge and M. Lowe, "Bloodletting: The story of a therapeutic technique," *Medical Journal of Australia* 163, no. 11–12 (1995): 631–633; R. G. DePalma, V. W. Hayes, and L. R. Zacharski, "Bloodletting: Past and present," *Journal of the American College of Surgeons* 205, no. 1 (2007): 132–144; G. Greenstone, "The history of bloodletting," *BC Medical Journal* 52, no. 1 (2010): 12–14; A. Davis and T. Appel, "Bloodletting instruments in the National Museum of History and Technology," *Smithsonian Studies in History and Technology* (1979): 1–103; T. M. Bell, "A brief history of bloodletting," *Journal of Lancaster General Hospital* 11, no. 4 (2016); and D. Burch, *Taking the Medicine: A Short History of Medicine's Beautiful Idea and Our Difficulty Swallowing It* (New York: Random House, 2009).

5. S. Fried, *Rush: Revolution, Madness, and the Visionary Doctor Who Became a Founding Father* (New York: Crown, 2018).

6. 應該以當時的背景來看待拉許與其他醫師的行為與治療方式。我們發現，下列資料的論述客觀且經過充分調查。見P. E. Kopperman, "Venerate the lancet: Benjamin Rush's yellow fever therapy in context," *Bulletin of the History of Medicine* 78, no. 3 (2004): 539–574; and M. D. Shuman et al., "Bleeding by the

numbers: Rush versus Corbett," *The Pharos*, 2014, alphaomegaalpha.org/pharos/PDFs/2014/4/Complete.pdf#page=12. 如欲參考一七九三年費城黃熱病大流行的詳細敘述，請見J. H. Powell, *Bring Out Your Dead: The Great Plague of Yellow Fever in Philadelphia in 1793* (Philadelphia: University of Pennsylvania Press, 1993). 激進的治療方式也呼應了希波克拉底的第六個箴言：「就限制而言，極端的疾病最適合採取極端的療法。」見Hippocrates, *The Genuine Works of Hippocrates*, trans. F. Adams (Baltimore, MD: William and Wilkins Company, 1939; originally published in 1886 by William Wood and Company, NewYork), classics.mit.edu/Hippocrates/aphorisms.1.i.html. 拉許曾詳細描述自己對放血的強烈信念："A defense of blood-letting, as a remedy for certain diseases," *Medical Inquiries and Observations*, vol. 4 (Philadelphia: J. Conrad, 1805), 276–361, nlm.nih.gov/2569003RX4.

7. 引述自E. Crahan, *Letters of Benjamin Rush: Volume II: 1793–1813*, vol. 5597 (Princeton, NJ: Princeton University Press, 2019), 665. Letter dated September 15, 1793. Also mentioned in Powell, *Bring Out Your Dead*, 118.

8. A. R. Mills, "The last illness of Lord Byron," *Proceedings of the Royal College of Physicians of Edinburgh* 28, no. 1 (1998): 73–80; and A. Maurois, *Byron* (Paris: Bernard Grasset, 1930), archive.org/stream/in.ernet.dli.2015.98342/2015.98342.Byron_djvu.txt.

9. 關於希波克拉底意義相似的格言，有好幾種翻譯。我們採用法蘭西斯・亞當斯（Francis Adams）的翻譯，但選擇使用「不可靠」一詞而非「危險」，因為當代一些著名的歷史學家（如米契爾・克拉克）使用了這個形容詞。Hippocrates, "Aphorisms," in *The Genuine Works of Hippocrates*.

10. K. C. Carter, *The Decline of Therapeutic Bloodletting and the Collapse of Traditional Medicine* (London:

Routledge, 2017); D. Gillies, "Why did bloodletting decline?" *Studies in History and Philosophy of Biology and Biomedical Science* 3, no. 44 (2013): 433–434; A. Hrobjartsson and P. C. Gotzsche, "Placebo interventions for all clinical conditions," *Cochrane Database of Systematic Reviews* 1 (2010); and B. Goldacre, *Bad Science: Quacks, Hacks, and Big Pharma Flacks* (New York: Faber and Faber, 2010).

11. 艾莉莎・庫倫・狄克（Elisha Cullen Dick）博士曾是拉許的學生，但據說他在參與華盛頓總統的放血療程時，曾質疑放血過量：D. M. Morens, "Death of a president," *New England Journal of Medicine* 341 (1999): 1845–1849; and D. P. Thomas, "The demise of bloodletting," *Journal of the Royal College of Physicians of Edinburgh* 44 (2014): 72–77.

12. W. M. Clarke, "On the history of bleeding, and its disuse in modern practice," *British Medical Journal* 2, no. 759 (1875): 67; and H. Miton, N. Claidiere, and H. Mercier, "Universal cognitive mechanisms explain the cultural success of bloodletting," *Evolution and Human Behavior* 36, no. 4 (2015): 303–312.

13. 數個世紀以來，不同的文化採用了不同的放血方式。拔罐與水蛭吸血法用於抽取最少量的血。到了今日，針對特定的罕見疾病才會實行放血療法：R. G. DePalma, V. W. Hayes, and L. R. Zacharski, "Bloodletting: past and present," *Journal of the American College of Surgeons* 205, no. 1 (2007): 132–144.

14. "experience," *Merriam-Webster's Collegiate Dictionary*, 11th ed., www.merriam-webster.com/dictionary/experience; D. A. Kolb, *Experiential Learning: Experience as the Source of Learning and Development* (Upper Saddle River, NJ: FT Press, 2014); and J. P. Wilson and C. Beard, *Experiential Learning: A Handbook for Education, Training and Coaching* (Chicago: Kogan Page, 2013).

15. R. B. Zajonc, "Mere exposure: A gateway to the subliminal," *Current Directions in Psychological Science*

10, no. 6 (2001): 224–228; V. De Cosmi, S. Scaglioni, and C. Agostoni, "Early taste experiences and later food choices," *Nutrients* 9, no. 2 (2017): 107; and E. H. Margulis, *On Repeat: How Music Plays the Mind* (New York: Oxford University Press, 2014).

16. L. Hasher and R. T. Zacks, "Automatic and effortful processes in memory," *Journal of Experimental Psychology: General* 108, no. 3 (1979): 356–388; and R. T. Zacks and L. Hasher, "Frequency processing: A twenty-five year perspective," in *ETC. Frequency Processing and Cognition*, ed. P. Sedlmeier and T. Bestch (New York: Oxford University Press, 2002), 21–36.

17. J. Willis and A. Todorov, "First impressions: Making up your mind after a 100-ms exposure to a face," *Psychological Science* 17, no. 7 (2006): 592–598; A. Tversky and D. Kahneman, "Belief in the law of small numbers," *Psychological Bulletin* 76, no. 2 (1971): 105–110; and M. Rabin, "Inference by believers in the law of small numbers," *Quarterly Journal of Economics* 117, no. 3 (2002): 775–816.

18. R. Hertwig, R. M. Hogarth, and T. Lejarraga, "Experience and description: Exploring two paths to knowledge," *Current Directions in Psychological Science* 27, no. 2 (2018): 123–128.

19. K. A. Ericsson, R. T. Krampe, and C. Tesch-Romer, "The role of deliberate practice in the acquisition of expert performance," *Psychological Review* 100, no. 3 (1993): 363–406; and K. A. Ericsson, "Deliberate practice and acquisition of expert performance: a general overview," *Academic Emergency Medicine* 15, no. 11 (2008): 988–994.

20. 目前智慧型球拍的技術仍在初期階段。如欲參考案例，請見 A. Diallo, "Can Babolat's Smart Racket Improve Your Tennis Game?," *Forbes*, August 28, 2014, www.forbes.com/sites/amadoudiallo/2014/08/28/

can-babolats-smart-racket-improve-your-tennis-game/.

21. J. Dewey, *Experience and Education* (New York: Kappa Delta, 1938); and Kolb, *Experiential Learning*. For more detailed and recent discussions on learning research, see also P. Honey and A. Mumford, *The Manual of Learning Styles* (Berkshire, UK: Honey, Ardingly House, 1992); and H. Pashler et al., "Learning styles: Concepts and evidence," *Psychological Science in the Public Interest* 9, no. 3 (2008): 105–119.
22. F. Heider and M. Simmel, "An experimental study of apparent behavior," *American Journal of Psychology* 57, no. 2 (1944): 243–259; A. Michotte, *The Perception of Causality* (London: Routledge, 1963); and H. E. Gruber, C. D. Fink, and V. Damm, "Effects of experience on perception of causality," *Journal of Experimental Psychology* 53, no. 2 (1957): 89–93.
23. S. M. Barnett and S. J. Ceci, "When and where do we apply what we learn?: A taxonomy for far transfer," *Psychological Bulletin* 128, no. 4 (2002): 612–637; and L. Argote and P. Ingram, "Knowledge transfer: A basis for competitive advantage in firms," *Organizational Behavior and Human Decision Processes* 82, no. 1 (2000): 150–169.
24. L. Argote et al., "Knowledge transfer in organizations: Learning from the experience of others," *Organizational Behavior and Human Decision Processes* 82, no. 1 (2000): 1–8; B. Levitt and J. G. March, "Organizational learning," *Annual Review of Sociology* 14, no. 1 (1988): 319–338; and T. A. Scandura, "Mentorship and career mobility: An empirical investigation," *Journal of Organizational Behavior* 13, no. 2 (1992): 169–174.
25. D. Kahneman, *Thinking, Fast and Slow* (New York: Farrar, Straus and Giroux, 2011).
26. R. M. Hogarth, *Educating Intuition* (Chicago: University of Chicago Press, 2001).

27. T. Gilovich, *How We Know What Isn't So* (New York: Free Press, 1993), 3.
28. Plato, "The Allegory of the Cave," in *Republic*, VII, trans. Thomas Sheehan (Stanford, CA: Stanford University), 514 a, 2–517 a, 7, web .stanford.edu/class/ihum40/cave.pdf.
29. J. G. March, *The Ambiguities of Experience* (Ithaca, NY: Cornell University Press, 2010); R. M. Hogarth, T. Lejarraga, and E. Soyer, "The two settings of kind and wicked learning environments," *Current Directions in Psychological Science* 24, no. 5 (2015): 379–385; B. Brehmer, "In one word: Not from experience," *Acta Psychologica* 45, no. 1–3 (1980): 223–241; and P. J. H. Schoemaker, *Brilliant Mistakes: Finding Success on the Far Side of Failure* (Philadelphia: Wharton Digital Press, 2011).
30. D. Brown, "Derren Brown's The System," YouTube, 46:57, February 3, 2018, www.youtube.com/watch?v=zv-3EfC17Rc.
31. J. Baron and J. C. Hershey, "Outcome bias in decision evaluation," *Journal of Personality and Social Psychology* 54, no. 4 (1988): 569–579; and J. Denrell, C. Fang, and C. Liu, "Perspective: Chance explanations in the management sciences," *Organization Science* 26, no. 3 (2014): 923–940.
32. S. J. Brown et al., "Survivorship bias in performance studies," *Review of Financial Studies* 5, no. 4 (1992): 553–580; and M. Shermer, "Surviving statistics," *Scientific American* 311, no. 3 (2014): 94.
33. A. Tversky and D. Kahneman, "Availability: A heuristic for judging frequency and probability," *Cognitive Psychology* 5, no. 2 (1973): 207–232; and T. Bock, "What Is Selection Bias?," Displayr Blog, April 13, 2018, www.displayr.com/what-is-selection-bias/.
34. 經驗再一次導致我們確信對於現象成因的錯誤看法。我們看到車子開上斜坡，因此認為那座山坡肯定具有磁力。

35. K. Sengupta, T. K. Abdel-Hamid, and L. N. Van Wassenhove, "The experience trap," *Harvard Business Review* 86, no. 2 (2008): 94–101; and M. Hamori and B. Koyuncu, "Experience matters? The impact of prior CEO experience on firm performance," *Human Resource Management* 54, no. 1 (2015): 23–44.
36. D. Sandlin, "The Backwards Brain Bicycle: Smarter Every Day 133," Smarter Every Day, YouTube, 7:57, April 24, 2015, www.youtube.com/watch?v=MFzDaBzBlL0.
37. J. Cole, "Swype Right" (blog post), Almost Looks Like Work, June 4, 2017, jasmcole.com/2017/06/04/swype-right/.
38. 經濟學家將此現象稱為「路徑依賴（path dependence）」S. J. Liebowitz and S. E. Margolis, "Path dependence, lock-in, and history," *Journal of Law, Economics, & Organization* 11, no. 1 (1995): 205–226.
39. A. Toffler, *Future Shock* (New York: Bantam, 1971).
40. A. Zimmerman Jones, "Copernican Principle," ThoughtCo., July 3, 2019, www.thoughtco.com/copernican-principle-2699117; and S. Arbesman, "The Copernican Principle," in *This Will Make You Smarter*, ed. J. Brockman (London: Penguin, 2012), www.edge.org/response-detail/10277.
41. H. J. Einhorn and R. M. Hogarth, "Confidence in judgment: Persistence of the illusion of validity," *Psychological Review* 85, no. 5 (1978): 395–416.
42. C. Heath, R. P. Larrick, and J. Klayman, "Cognitive repairs: How organizational practices can compensate for individual shortcomings," *Review of Organizational Behavior* 20 (1998): 1–37; A. M. Helmenstine, "What Is a Testable Hypothesis?," ThoughtCo., January 13, 2019, www.thoughtco.com/testable-hypothesis-

explanation-and-examples-609100; and L. B. Christensen, B. Johnson, and L. A. Turner, *Research Methods, Design, and Analysis,* 12th ed. (New York: Pearson, 2014).

43. C. R. Rogers, *On Becoming a Person: A Therapist's View of Psychotherapy* (Boston: Houghton Mifflin Harcourt, 1995), 23–24.

第一章 不真實的故事

1. F. Heider and M. Simmel, "An experimental study of apparent behavior," *American Journal of Psychology* 57, no. 2 (1944): 243–259. 動畫影片連結：Kenjirou, "Heider and Simmel (1944) Animation," YouTube, 1:32, July 26, 2010, www.youtube.com/watch?v=VTNmLt7QX8E; A. Michotte, *The Perception of Causality* (London: Routledge, 1963); B. J. Scholl and P. D. Tremoulet, "Perceptual causality and animacy," *Trends in Cognitive Sciences* 4, no. 8 (2000): 299–309; and L. J. Rips, "Causation from perception," *Perspectives on Psychological Science* 6, no. 1 (2011): 77–97.

2. G. H. Bower and M. C. Clark, "Narrative stories as mediators for serial learning," *Psychonomic Science* 14, no. 4 (1969): 181–182; J. Gottschall, *The Storytelling Animal: How Stories Make Us Human* (New York: Houghton Mifflin Harcourt, 2012); R. D. Hill, C. Allen, and P. McWhorter, "Stories as a mnemonic aid for older learners," *Psychology and Aging* 6, no. 3 (1991): 484; and E. Cooke, "How Narratives Can Aid Memory," *Guardian* (Manchester, UK), January 15, 2012, www.theguardian.com/lifeandstyle/2012/jan/15/story-lines-facts.

3. Y. N. Harari, *Sapiens: A Brief History of Humankind* (New York: HarperCollins, 2014).
4. F. W. Nietzsche and G. Handwerk, *Human, All Too Human, I*, vol. 3 (Palo Alto, CA: Stanford University Press, 2000), 279. 這段引文也收錄於J. G. March, *The Ambiguities of Experience* (Ithaca, NY: Cornell University Press, 2010), 48.
5. D. J. Watts, *Everything Is Obvious: Once You Know the Answer* (New York: Crown/Random House, 2011), 155.
6. M. Shermer, "Patternicity: Finding meaningful patterns in meaningless noise," *Scientific American* 299, no. 6 (2008): 48; A. L. Mishara, "Klaus Conrad (1905–1961): Delusional mood, psychosis, and beginning schizophrenia," *Schizophrenia Bulletin* 36, no. 1 (2009): 9–13; N. N. Taleb, *The Black Swan: The Impact of the Highly Improbable* (New York: Random House, 2007); and "Avoiding Falling Victim to the Narrative Fallacy" (blog post), Farnam Street, fs.blog/2016/04/narrative-fallacy/.
7. F. Blanco, "Positive and negative implications of the causal illusion," *Consciousness and Cognition* 50 (2017): 56–68.
8. SI staff, "Recent SI Cover Jinx," *Sports Illustrated*, March 7, 2016, www.si.com/sports-illustrated/photo/2016/03/07/recent-si-cover-jinx.
9. "*Sports Illustrated* Cover Jinx," Wikipedia, en.wikipedia.org/wiki/Sports_Illustrated_cover_jinx; and T. Smith, "That old black magic millions of superstitious readers—and many athletes—believe that an appearance on *Sports Illustrated*'s cover is the kiss of death. But is there really such a thing as the SI jinx?," Vault archives, *Sports Illustrated,* January 21, 2001, www.si.com/vault/2002/01/21/8107599/that-old-black-magic-millions-of-superstitious-readersand-many-athletesbelieve-that-an-appearance-on-sports-illustrateds-

cover-is-the-kiss-of-death-but-is-there-really-such-a-thing-as-the-si-jinx.

10. "Regression Toward the Mean: An Introduction with Examples" (blog post), Farnam Street, fs.blog/2015/07/regression-to-the-mean/.
11. S. Vyse, "Where Do Superstitions Come From?," TEDEd: Lessons Worth Sharing, YouTube, 5:10, March 9, 2017, www.youtube.com/watch?v=quOdF1CAPXs.
12. J. M. Bland and D. G. Altman, "Regression towards the mean," *British Medical Journal* 308, no. 6942 (1994): 1499; A. G. Barnett, J. C. Van Der Pols, and A. J. Dobson, "Regression to the mean: What it is and how to deal with it," *International Journal of Epidemiology* 34, no. 1 (2004): 215–220; and C. E. Davis, "The effect of regression to the mean in epidemiologic and clinical studies," *American Journal of Epidemiology* 104, no. 5(1976): 493–498.
13. D. Kahneman and A. Tversky, "On the psychology of prediction," *Psychological Review* 80, no. 4 (1973): 237–251.
14. E. P. Lazear, "The Peter principle: A theory of decline," *Journal of Political Economy* 112, no. S1 (2004): S141–S163; and L. J. Peter and R. Hull, *The Peter Principle* (London: Souvenir Press, 1969).
15. B. Bruinshoofd and B. Ter Weel, "Manager to go? Performance dips reconsidered with evidence from Dutch football," *European Journal of Operational Research* 148, no. 2 (2003): 233–246; and J. C. van Ours and M. A. van Tuijl, "In-season head-coach dismissals and the performance of professional football teams," *Economic Inquiry* 54, no. 1 (2016): 591–604.
16. L. Mlodinow, *The Drunkard's Walk: How Randomness Rules Our Lives* (New York: Vintage Books, 2009).

17. S. Basuroy and S. Chatterjee, "Fast and frequent: Investigating box office revenues of motion picture sequels," *Journal of Business Research* 61, no. 7 (2008): 798–803; S. Lilienfeld, "Beware the Regression Fallacy," The Skeptical Psychologist (blog), *Psychology Today*, January 4, 2014, www.psychologytoday.com/us/blog/the-skeptical-psychologist/201401/beware-the-regression-fallacy; and Z. Crockett, "Why Hollywood Keeps Making Terrible Sequels," Vox, YouTube, 4:39, July 6, 2016, www.youtube.com/watch?v=OYirwDFKEX0.
18. N. P. Repenning and J. D. Sterman, "Capability traps and selfconfirming attribution errors in the dynamics of process improvement," *Administrative Science Quarterly* 47, no. 2 (2002): 265–295.
19. J. L. Hilton and W. Von Hippel, "Stereotypes," *Annual Review of Psychology* 47, no. 1 (1996): 237–271.
20. L. Jussim, *Social Perception and Social Reality: Why Accuracy Dominates Bias and Self-Fulfilling Prophecy* (Oxford, UK: Oxford University Press, 2012).
21. K. Fiedler, "Beware of samples! A cognitive-ecological sampling approach to judgment biases," *Psychological Review* 107, no. 4 (2000): 659.
22. M. Gladwell, *Blink: The Power of Thinking Without Thinking* (New York: Little, Brown, 2005); and C. Goldin and C. Rouse, "Orchestrating impartiality: The impact of 'blind' auditions on female musicians," *American Economic Review* 90, no. 4 (2000): 715–741.
23. R. B. Cialdini, *Influence: Science and Practice,* 5th ed. (Boston: Allyn and Bacon, 2009); and P. Rosenzweig, *The Halo Effect . . . and the Eight Other Business Delusions That Deceive Managers* (New York: Simon and Schuster, 2014).

24. M. Lewis, *Moneyball: The Art of Winning an Unfair Game* (New York: W. W. Norton, 2004), 18.

25. L. Wachowski and L. Wachowski, directors, The Matrix, film (produced by Joel Silver, Warner Bros, Village Roadshow Pictures, Groucho II Film Partnership, Silver Pictures, 1999).

26. "Oedipus," Greek Mythology, www.greekmythology.com/Myths/Mortals/Oedipus/oedipus.html.

27. "Why did Voldemort want to kill the Potters in the first place?," Science Fiction & Fantasy, StackExchange, February 20, 2014, scifi.stackexchange.com/questions/50467/why-did-voldemort-want-to-kill-the-potters-in-the-first-place; and "Would Voldemort have succeeded if he simply ignored the prophecy?," Science Fiction & Fantasy, StackExchange, December 1, 2016, scifi.stackexchange.com/questions/146330/would-voldemort-have-succeeded-if-he-simply-ignored-the-prophecy/146331.

28. L. Thomas, *The Youngest Science: Notes of a Medicine-Watcher* (New York: Penguin Books, 1983), 22; and R. K. Merton, "The self-fulfilling prophecy," *Antioch Review* 8 (1948): 193–210. 29. H. J. Einhorn and R. M. Hogarth, "Confidence in judgment:

29. Persistence of the illusion of validity," *Psychological Review* 85, no. 5 (1978): 395–416.

30. D. Glover, A. Pallais, and W. Pariente, "Discrimination as a self-fulfilling prophecy: Evidence from French grocery stores," *Quarterly Journal of Economics* 132, no. 3 (2017): 1219–1260.

31. P. Smith, *Lead with a Story: A Guide to Crafting Business Narratives That Captivate, Convince, and Inspire* (New York: Amacom, 2012); P. J. Zak, "Why Your Brain Loves Good Storytelling," *Harvard Business Review*, October 28, 2014, hbr.org/2014/10/why-your-brain-loves-good-storytelling; and D. Schawbel, "How to Use Storytelling as a Leadership Tool," *Forbes*, August 12, 2012, www.forbes.com/sites/

danschawbel/2012/08/13/how-to-use-storytelling-as-a-leadership-tool.

32. K. Schulz, "The Pessimistic Meta-induction from the History of Science," in *This Will Make You Smarter*, ed. J. Brockman (New York: Random House, 2012), www.edge.org/response-detail/11135.
33. K. Schulz, *Being Wrong: Adventures in the Margin of Error* (New York: HarperCollins, 2010).
34. U. Gneezy and J. List, *The Why Axis: Hidden Motives and the Undiscovered Economics of Everyday Life* (New York: Random House, 2014).
35. N. J. Roese, "Counterfactual thinking," *Psychological Bulletin* 121, no.1 (1997): 133–148.
36. S. Johnson, *Farsighted: How We Make the Decisions That Matter the Most* (London: Penguin, 2018).
37. J. Pearl and D. Mackenzie, *The Book of Why: The New Science of Cause and Effect* (New York: Basic Books, 2018); K. Hartnett, "To Build Truly Intelligent Machines, Teach Them Cause and Effect," Quanta Magazine, May 15, 2018, www.quantamagazine.org/to-build-truly-intelligent-machines-teach-them-cause-and-effect-20180515/.

第二章　遺失自己的見解

1. "List of Google Products," Wikipedia, en.wikipedia.org/wiki/List_of_Google_products.
2. 成功的創意遭到拒絕，實際上是無所不在的現象。例如：S. H. Aronson, "Bell's Electrical Toy: What's the Use? The Sociology of Early Telephone Usage," in *The Social Impact of the Telephone*, ed. I. de Sola Pool (Cambridge, MA: MIT Press, 1977), 15–39; and P. David, "The Hero and the Herd in Technological

History: Reflections on Thomas Edison and the Battle of the Systems," in *Favorites of Fortune: Technology, Growth, and Development in the Industrial Revolution*, ed. P. Higonnet, D. Landes, and H. Rosovsky (Cambridge, MA: Harvard University Press, 1991), 72–119.

3. J. Norah, "Where JK Rowling Wrote Harry Potter in Edinburgh" (blog post), Independent Travel Cats, April 7, 2019, independenttravelcats.com/cafes-where-jk-rowling-wrote-harry-potter-in-edinburgh/; A. Flood, "JK Rowling Says She Received 'Loads' of Rejections Before Harry Potter

4. Success," *Guardian* (Manchester, UK), March 24, 2015, www.theguardian.com/books/2015/mar/24/jk-rowling-tells-fans-twitter-loads-rejections-before-harry-potter-success; "Revealed: The Eight-Year-Old Girl Who Saved Harry Potter," *Independent* (London), July 3, 2005, www.independent.co.uk/arts-entertainment/books/news/revealed-the-eight-year-old-girl-who-saved-harry-potter-296456.html; Keli, "Harry Potter Rejected" (blog post), January 29, 2010, harrypotterrejected.blogspot.com; and J. Shamsian, "How J. K. Rowling Went from Struggling Single Mom to the World's Most Successful Author," Insider, July 31, 2018, www.insider.com/jk-rowling-harry-potter-author-biography-2017-7.

5. V. Khosla, "Fireside chat with Google cofounders, Larry Page and Sergey Brin," Khosla Ventures, YouTube, 41:55, July 3, 2017, www.youtube.com/watch?v=Wdnp_7atZ0M; and S. Makridakis, R. Hogarth, and A. Gaba, *Dance with Chance: Making Luck Work for You* (Oxford, UK: Oneworld Publications, 2009).

6. R. X. Cringely, *Triumph of the Nerds: An Irreverent History of the PC Industry*, actors: R. X. Cringely, D. Adams, S. Albert, P. G. Allen, and B. Atkinson, DVD (New York: Ambrose Video, August 29, 2002); and R. Pebam, "How Steve Jobs got the idea for GUI from Xerox," YouTube, 9:40, January 4, 2014, www.youtube.

com/watch?v=J33pVRdxWbw.

7. J. S. Brown, "Changing the Game of Corporate Research: Learning to Thrive in the Fog of Reality," in *Technological Innovation: Oversights and Foresights*, ed. R. Garud, P. R. Nayyar, and Z. B. Shapira (Cambridge, UK: Cambridge University Press, 1997), 95–110.

8. 見J. Schumpeter, "Creative destruction," *Capitalism, Socialism and Democracy* 825 (1942): 82–85; and C. M. Christensen, M. E. Raynor, and R. McDonald, "What is disruptive innovation?," *Harvard Business Review* 93, no. 12 (2015): 44–53. 這個問題與「黑天鵝」的概念——由統計學家與作家納辛姆．塔雷伯所提出與廣泛論述——也有關係。因此，雖然這個概念經常用於指涉風險與負面干擾，但許多破壞性的創新也可歸類為黑天鵝事件。過去出現了許多可喻為白天鵝的常見想法，因而可能導致預測者誤將即將問世、百年難得一見的創意視為白天鵝。本章不會詳述這個概念，而是聚焦創意背景下其他因經驗而生的問題。不過，我們將在第三章深入探討如何運用這個概念來預測與評估災難。

9. B. Chesky, "7 Rejections," Venture Capital, Medium, July 12, 2015, medium.com/@bchesky/7-rejections-7d894cbaa084.

10. "The Anti-Portfolio" (web page), Bessemer Venture Partners, www.bvp.com/portfolio/anti-portfolio.

11. J. M. Berg, "When silver is gold: Forecasting the potential creativity of initial ideas. Forthcoming," *Organizational Behavior and Human Decision Processes* 154 (2019): 96–117.

12. IMDbPRO, Box Office Mojo, www.boxofficemojo.com/franchises/chart/?id=pixar.htm. 當然，我們不知道這些點子是否為那些動畫在籌備階段時的最初構想；事實上，這正是我們想討論的重點。

13. Pixar and Khan Academy, "Welcome to Pixar in a Box," Khan Academy, YouTube, 5:19, August 27, 2015,

www.youtube.com/watch?v=3Iu1Z0h1i1Y.

14. E. Catmull, "How Pixar fosters collective creativity," *Harvard Business Review* 86, no. 9 (September 2008): 65–72.

15. R. A. Posner, *The Little Book of Plagiarism* (New York: Pantheon, 2007).

16. A. M. Grant, *Originals: How Non-conformists Move the World* (London: Penguin, 2007), 3.

17. K. Ferguson, filmmaker, Everything Is a Remix, video series (Portland, OR: 2015–2020), www.everythingisaremix.info/; K. Ferguson, "Embrace the Remix," TED Talks, 9:27, June 2012, https://www.ted.com/talks/kirby_ferguson_embrace_the_remix.

18. Editors of Encyclopaedia Britannica, "Phonograph," *Encyclopaedia Britannica*, www.britannica.com/technology/phonograph; and D. Hochfedler, "Alexander Graham Bell: American Inventor," *Encyclopaedia Britannica,* February 28, 2020, www.britannica.com/biography/Alexander-Graham-Bell.

19. "The meaning and origin of the expression: Standing on the shoulders of Giants," The Phrase Finder, www.phrases.org.uk/meanings/268025.html.

20. D. K. Murray, *Borrowing Brilliance: The Six Steps to Business Innovation by Building on the Ideas of Others* (New York: Gotham Books, 2009).

21. L. M. Fisher, "Company News; Xerox Sues Apple Computer Over Macintosh Copyright," *New York Times,* December 15, 1989, www.nytimes.com/1989/12/15/business/company-news-xerox-sues-apple-computer-over-macintosh-copyright.html; *Apple Computer, Inc., vs. Microsoft Corporation*, US Court of Appeals for Ninth Circuit—35 F.3d 1435, 1994, Justia US Law, law.justia.com/cases/federal/appellate-courts/

F3/35/1435/605245/; and G. Edwards, "Led Zeppelin's 10 Boldest Rip-Offs," *Rolling Stone*, June 22, 2016, www.rollingstone.com/music/music-news/led-zeppelins-10-boldest-rip-offs-223419/.

22. "Charles Lyell: Principles of Geology," Nova Evolution, PBS, www.pbs.org/wgbh/evolution/library/02/4/l_024_01.html; S. Brin and L. Page, "The anatomy of a large-scale hypertextual web search engine," *Computer Networks and ISDN Systems* 30, no. 1–7 (1998): 107–117; and L. Page, S. Brin, R. Motwani, and T. Winograd, *The PageRank citation ranking: Bringing order to the web*, Technical Report, Stanford InfoLab, January 29, 1998, ilpubs.stanford.edu:8090/422/1/1999-66.pdf.

23. D. J. Simons and C. F. Chabris, "Gorillas in our midst: Sustained inattentional blindness for dynamic events," *Perception* 28, no. 9 (1999): 1059–1074; and C. Chabris interview, "Paying Attention," Alumni, Research, Harvard University: The Graduate School of Arts and Sciences, July 25, 2017, gsas.harvard.edu/news/colloquy/summer-2017/paying-attention.

24. D. J. Simons, "Monkeying around with the gorillas in our midst: Familiarity with an inattentional-blindness task does not improve the detection of unexpected events," *i-Perception* 1, no. 1 (2010): 3–6.

25. D. Memmert, "The effects of eye movements, age, and expertise on inattentional blindness," *Consciousness and Cognition* 15, no. 3 (2006): 620–627.

26. T. Drew, M. L. H. Vo, and J. M. Wolfe, "The invisible gorilla strikes again: Sustained inattentional blindness in expert observers," *Psychological Science* 24, no. 9 (2013): 1848–1853.

27. R. Wiseman, *The Luck Factor: Changing Your Luck, Changing Your Life—the Four Essential Principles* (New York: Miramax Books, 2003); and G. Klein, *Seeing What Others Don't: The Remarkable Ways We*

Gain Insights (New York: Public Affairs, 2013). 尼克・查特（Nick Chater）在近期出版的一本書中主張，如果人們認為大腦會持續思考如何解決自己並未主動思索的問題，那就錯了，也就是說，這種無意識的思想並不存在。他認為，倘若希望想出解決方法，可以在一段時間或從事其他任務之後，回頭思考問題並產生嶄新的見解。見：N. Chater, *The Mind Is Flat: The Illusion of Mental Depth and the Improvised Mind* (London: Allen Lane, 2018); and D. J. Cai, S. A. Mednick, E. M. Harrison, J. C. Kanady, and S. C. Mednick, "REM, not incubation, improves creativity by priming associative networks," *Proceedings of the National Academy of Sciences* 106, no. 25 (2009): 10130–10134.

28. K. Duncker and L. S. Lees, "On problem-solving," *Psychological Monographs* 58, no. 5 (1945): i–113; and R. E. Adamson, "Functional fixedness as related to problem solving: A repetition of three experiments," *Journal of Experimental Psychology* 44, no. 4 (1952): 288–291.
29. H. Rahmandad, N. Repenning, and J. Sterman, "Effects of feedback delay on learning," *System Dynamics Review* 25, no. 4 (2009): 309–338, 310.
30. M. Csikszentmihalyi, *Flow: The Psychology of Optimal Experience* (New York: Harper and Row, 1990).
31. K. Robinson and L. Aronica, *The Element: How Finding Your Passion Changes Everything* (London: Penguin, 2010).
32. T. M. Amabile, *How to Kill Creativity* (Boston: Harvard Business School Publishing, 1998); and D. H. Pink, *Drive: The Surprising Truth About What Motivates Us* (London: Penguin, 2011).
33. "Rules of the Dojo," Student Handbook, Aikido Schools of Ueshiba, August 31, 2016, asu.org/student-handbook/proper-dojo-etiquette/.

34. M. Schrage, "Just How Valuable Is Google's '20% Time'?," *Harvard Business Review*, August 20, 2013, hbr.org/2013/08/just-how-valuable-is-googles-2-1; and V. Govindarajan and S. Srinivas, "The Innovation Mindset in Action: 3M Corporation," *Harvard Business Review*, August 6, 2013, hbr.org/2013/08/the-innovation-mindset-in-acti-3.

35. S. H. Seggie, E. Soyer, and K. H. Pauwels, "Combining big data and lean startup methods for business model evolution," *AMS Review* 7, no. 3–4 (2017): 154–169.

36. "Mary Phelps Jacob: Brassiere," Historical Inventors, Lemelson-MIT Progam, lemelson.mit.edu/resources/mary-phelps-jacob; M. E. Ruane, "Caresse Crosby, Who Claimed the Invention of the Bra, Was Better Known for Her Wild Life," *Washington Post,* November 11, 2014; P. Lyle, "The Crosbys: Literature's Most Scandalous Couple," *Telegraph* (London), June 19, 2019, www.telegraph.co.uk/culture/5549090/The-Crosbys-literatures-most-scandalous-couple.html; and "Bibliographic data: US1115674 (A)—1914-11-02, Brassiere," Espacenet: Patent Search, worldwide.espacenet.com/publicationDetails/biblio?FT=D&date=19141103&DB=&locale=en_EP&CC=US&NR=1115674A&KC=A&ND=1.

37. J. Swearingen, "An Idea That Stuck: How George de Mestral Invented the Velcro Fastener," The Vindicated, *New York*, November 2016, nymag.com/vindicated/2016/11/an-idea-that-stuck-how-george-de-mestral-invented-velcro.html.

38. J. M. Benyus, *Biomimicry: Innovation Inspired by Nature* (New York: Morrow, 1997); "The World Is Poorly Designed: But Copying Nature Helps," Vox, YouTube, 6:49, November 9, 2017, www.youtube.com/watch?v=iMtXqTmfta0; and T. McKeag, "How One Engineer's Birdwatching Made Japan's Bullet Train

Better," The Biomimicry Column (blog), Green-Biz, October 19, 2012, www.greenbiz.com/blog/2012/10/19/how-one-engineers-birdwatching-made-japans-bullet-train-better.

39. E. Dane, "Reconsidering the trade-off between expertise and flexibility: A cognitive entrenchment perspective," *Academy of Management Review* 35, no. 4 (2010): 579–603. 有一篇學位論文分析了興趣與創造力的關聯：L. Niemi and S. Cordes, "The Arts and Economic Vitality: Leisure Time Interest in Art Predicts Entrepreneurship and Innovation at Work," working paper, 2015, www.arts.gov/sites/default/files/Research-Art-Works-BostonCollege.pdf. 另有一項研究探討諾貝爾獎得主本身及他們在多大程度上比同儕更有可能對藝術與手工藝感興趣。R. Root-Bernstein et al., "Arts foster scientific success: Avocations of nobel, national academy, royal society, and sigma xi members," *Journal of Psychology of Science and Technology* 1, no. 2 (2008): 51–63.

40. D. Shah, "By the Numbers: MOOCS in 2017," Class Central: MOOC Report, January 18, 2018, www.class-central.com/report/mooc-stats-2017/.

41. A. Sliwka, "The Contribution of Alternative Education," in *Innovating to Learn, Learning to Innovate* (Paris: OECD/CERI, 2008), 93; "What Is a Flipped Classroom?" (blog post), Panopto, September 17, 2018, www.panopto.com/blog/what-is-a-flipped-classroom/; M. Resnick, "Kindergarten for Our Whole Lives," TEDxBeaconStreet, YouTube, 16:03, November 30, 2017, www.youtube.com/watch?v=IfvgVpQI56I; and K. Dickinson, "How does Finland's top-ranking education system work?," Big Think, February 8, 2019, bigthink.com/politics-current-affairs/how-finlands-education-system-works.

42. E. G. Pitcher, "An evaluation of the Montessori method in schools for young children," *Childhood Education*

42, no. 8 (1966): 489–492; C. Marshall, "Montessori education: a review of the evidence base," *npj Science of Learning* 2, no. 1 (2017), 11; and J. C. Manner, "Montessori vs. Traditional Education in the Public Sector: Seeking Appropriate Comparisons of Academic Achievement," *Forum on Public Policy Online* 2007, no. 2 (2007).

43. 關於遁入興趣的機制，其他的運作細節有：學校可以規範必修核心課程的最低時數，讓學生在期中考及格後可選擇不修習課程的部分進階內容。到了學期的後段，學生可以選擇棄修面授時數較多的課程，如此可確保每個人都處於相似的條件之下。校方也可設立學業平均成績的門檻，讓學生必須達到一定程度才可參加這項計畫。可將學生分成小組進行專案。由於這項計畫需要通過期中考才能參加，因此棄修某些課程的學生將必須學會基本的課程內容，而這是他們在傳統的教學方式下大多會忽略的東西。為了在期中考過後擺脫某一門課，他們會在學期初認真學習。如此一來，隨著內容主題的進展，課程將能篩除對此興趣缺缺的學生。這項機制也帶來一些挑戰，例如，學校將必須在某種程度上監督整個過程，並將那些選擇棄修某些課程的學生集中管理，同時告知家長關於這項機制的細節運作。校方也應該持續測試與調整這種教學方式。

44. J. Hirsch, "Pixar's Secret for Giving Feedback (Communication)," Leadx, June 20, 2017, leadx.org/articles/pixar/.

第三章　無視風險

1. P. Schulte et al., "The Chicxulub asteroid impact and mass extinction at the Cretaceous-Paleogene

boundary," *Science* 327, no 5970 (2010): 1214–1218; R. A. DePalma et al., "A seismically induced onshore surge deposit at the KPg boundary, North Dakota," *Proceedings of the National Academy of Sciences* 116, no. 17 (2019): 8190–8199; R. Smith, "Here's What Happened the Day Dinosaurs Died," *National Geographic*, June 11, 2016, news.nationalgeographic.com/2016/06/what-happened-day-dinosaurs-died-chicxulub-drilling-asteroid-science/; and D. Preston, "The Day the Dinosaurs Died," *The New Yorker,* March 29, 2019, www.newyorker.com/magazine/2019/04/08/the-day-the-dinosaurs-died. 小行星撞擊是距今約六千六百萬年前大滅絕（又稱K－T事件）爆發的主要假設原因。另一個說法是當時印度的火山活動日益頻繁所致，稱為德干暗色岩（Deccan Traps）假說。這兩起事件都有可能屬實並造成地球毀滅。然而，真正的滅絕原因為何，並不影響本章利用這段歷史來凸顯經驗陷阱的意義：B. Bosker, "The Nastiest Feud in Science," *The Atlantic*, September 2018, www.theatlantic.com/magazine/archive/2018/09/dinosaur-extinction-debate/565769/.

2. N. N. Taleb, *The Black Swan: The Impact of the Highly Improbable* (New York: Random House, 2007).
3. "1918 Pandemic (H1N1 virus)" (web page), Centers for Disease Control and Prevention, National Center for Immunization and Respiratory Diseases (NCIRD), March 20, 2019, www.cdc.gov/features/1918-flu-pandemic/index.html.
4. "The Effects of Climate Change" (web page), Global Climate Change, NASA, climate.nasa.gov/effects/; and D. J. Wuebbles et al., eds., *Climate Science Special Report: Fourth National Climate Assessment*, vol. 1 (Washington, DC: US Global Change Research Program, 2017), doi: 10.7930/J0J964J6.
5. D. Ferber, "Livestock feed ban preserves drugs' power," *Science* 295, no. 5552 (2002): 27–28; and "Antimicrobial

Resistance" (web page), World Health Organization, February 15, 2018, www.who.int/news-room/fact-sheets/detail/antimicrobial-resistance.

6. "We'll Live to 100—How Can We Afford It?" (white paper), World Economic Forum, May 2017, www3.weforum.org/docs/WEF_White_Paper_We_Will_Live_to_100.pdf.

7. R. Hertwig et al., "Decisions from experience and the effect of rare events in risky choice," *Psychological Science* 15 (2004): 534–539; R. Hertwig and I. Erev, "The description-experience gap in risky choice," *Trends in Cognitive Sciences* 13, no. 12 (2009): 517–523; R. Hau et al., "The description-experience gap in risky choice: The role of sample size and experienced probabilities," *Journal of Behavioral Decision Making* 21, no.5 (2008): 493–518; and A. de Palma et al., "Beware of black swans: Taking stock of the description-experience gap in decision under uncertainty," *Marketing Letters* 25 (2014): 269–280. 如欲參考其他觀點，請見：A. Glockner et al., "The reversed description-experience gap: Disentangling sources of presentation format effects in risky choice," *Journal of Experimental Psychology: General* 145, no. 4 (2016): 486–508.

8. 相反的情況也有可能發生。如果某個人經歷了罕見事件，隨之而來的看法可能會與專家所預測的不同，換句話說會感覺某事件比實際上更有可能發生。但就罕見的災難而言，這種情況的可得性較低，影響的人口比例也比較少。

9. 一年有三百六十五天，兩個人同天生日的或然性是1/365，因此不同天生日的或然性為364/365。連續兩組人不同天生日的機率是(364/365)2 = .9972，連續n組人不同天生日的機率則為(364/365)*n*。以二十五人的群體而言，兩個人分為一組有三百種可能；而這三百組中，兩個人彼此生日不同天的機率是(364/365)300 = 44%，因此，至少有一組人同天生日的機率是1 – 44% = 56%。

10. R. Meyer and H. Kunreuther, *The Ostrich Paradox: Why We Underprepare for Disasters* (Philadelphia: Wharton Digital Press, 2017).

11. ESF #14, ed., *Hurricane Ike Impact Report* (Washington, DC: FEMA, December 2008), www.fema.gov/pdf/hazard/hurricane/2008/ike/impact_report.pdf; and D. F. Zane et al., "Tracking deaths related to hurricane Ike, Texas, 2008," *Disaster Medicine and Public Health Preparedness* 5, no. 1 (2011): 23–28.

12. E. Michel-Kerjan, S. Lemoyne de Forges, and H. Kunreuther, "Policy tenure under the US national flood insurance program (nfip)," *Risk Analysis* 32, no. 4 (2012): 644–658.

13. B. M. Barber and T. Odean, "All that glitters: The effect of attention and news on the buying behavior of individual and institutional investors," *The Review of Financial Studies* 21, no. 2 (2007): 785–818; I. Erev and E. Haruvy, "Learning and the Economics of Small Decisions," in *The Handbook of Experimental Economics*, vol. 2, ed. J. H. Kagel and A. E. Roth (Princeton, NJ: Princeton University Press, 2016), 1–136; D. Fudenberg and A. Peysakhovich, "Recency, records, and recaps: Learning and nonequilibrium behavior in a simple decision problem," *ACM Transactions on Economics and Computation (TEAC)* 4, no. 4 (2016): 23; and T. Lejarraga, J. K. Woike, and R. Hertwig, "Description and experience: How experimental investors learn about booms and busts affects their financial risk taking," *Cognition* 157 (2016): 365–383.

14. "What Would Happen If We Stopped Vaccinations?" (web page), Vaccines & Immunizations, National Center for Immunization and Respiratory Diseases, Centers for Disease Control and Prevention, June 29, 2018, www.cdc.gov/vaccines/vac-gen/whatifstop.htm; and A. Kata, "Anti-vaccine activists, Web 2.0, and the postmodern paradigm: An overview of tactics and tropes used online by the anti-vaccination movement,"

Vaccine 30, no. 25 (2012): 3778–3789.

15. "Ebola Virus Disease" (web page), Regional Office for Africa, World Health Organization, www.afro.who.int/health-topics/ebola-virus-disease; "Ebola virus disease—Democratic Republic of the Congo" (Disease outbreak news: Update), Emergencies preparedness, response, World Health Organization, April 25, 2019, www.who.int/csr/don/25-april-2019-ebola-drc/en/; and J. Golding, "Ebola: How a Killer Disease Was Stopped in Its Tracks," *BBC News*, July 23, 2018, www.bbc.com/news/health-44872418.

16. M. Molteni, "Ebola Is Now Curable: Here's How the New Treatments Work," *Wired*, December 8, 2019, www.wired.com/story/ebola-is-now-curable-heres-how-the-new-treatments-work/

17. B. Brende et al., "CEPI: A new global R&D organisation for epidemic preparedness and response," *Lancet* 389, no. 10066 (2017): 233–235.

18. E. Wilson, "Thank You Vasili Arkhipov, the Man Who Stopped Nuclear War," *Guardian* (Manchester, UK), October 27, 2012, www.theguardian.com/commentisfree/2012/oct/27/vasili-arkhipov-stopped-nuclear-war.

19. P. Aksenov, "Stanislav Petrov: The Man Who May Have Saved the World," *BBC News*, September 23, 2013, www.bbc.com/news/world-europe-24280831; P. Hoffman, "I Had a Funny Feeling in My Gut," *Washington Post,* February 10, 1999, www.washingtonpost.com/wp-srv/inatl/longterm/coldwar/soviet10.htm; and A. Nagesh, "Stanislav Petrov—the Man Who Quietly Saved the World—Has Died Aged 77," *Metro* (London), September 18, 2017, metro.co.uk/2017/09/18/stanislav-petrov-the-man-who-quietly-saved-the-world-has-died-aged-77-6937015/.

20. P. Anthony, director, *The Man Who Saved the World*, documentary about Stanislav Petrov (Denmark:

Statement Film, Light Cone Pictures, 2014); and “The Nobel Prize in Chemistry 1995,” www.nobelprize.org/prizes/chemistry/1995/summary/.

21. N. Aizenman, “The Doctor Killed in Friday’s Ebola Attack Was Dedicated—But Also Afraid,” *NPR*, April 23, 2019, www.npr.org/sections/goatsandsoda/2019/04/23/716121928/the-doctor-killed-in-fridays-ebola-attack-was-dedicated-but-also-afraid; and G. Sume, “Remembering Dr. Richard Valery Mouzoko Kiboung: 1977–2019” (statement), World Health Organization, May 4, 2019, www.who.int/news-room/detail/04-05-2019-remembering-dr-richard-valery-mouzoko-kiboung.

22. K. W. Morrison, “Reporting Near Misses,” *Safety + Health,* August 24, 2014, www.safetyandhealthmagazine.com/articles/10994-reporting-near-misses; C. H. Tinsley, R. L. Dillon, and P. M. Madsen, “How to avoid catastrophe,” *Harvard Business Review* 89, no. 4 (2011): 90–97; and S. Jones, C. Kirchsteiger, and W. Bjerke, “The importance of near miss reporting to further improve safety performance,” *Journal of Loss Prevention in the Process Industries* 12, no. 1 (1999): 59–67.

23. T. Harford, “Mental bias leaves us unprepared for disaster,” *FinancialTimes,* August 1, 2017.

24. S. Laska, “What if Hurricane Ivan had not missed New Orleans?,” *Sociological Inquiry* 78, no. 2 (2008): 174–178. This article first appeared in *Natural Hazards Observer,* November 2004, 5–6, hazards.colorado.edu/uploads/observer/2004/nov04/nov04.pdf. See also S. Laska and B. H. Morrow, “Social vulnerabilities and Hurricane Katrina: An unnatural disaster in New Orleans,” *Marine Technology Society Journal* 40, no. 4 (2006): 16–26; and S. Laska, “Shirley Laska Award Statement,” American Sociological Association, www.asanet.org/news-and-events/member-awards/public-understanding-sociology-asa-award/shirley-laska-award-

statement.

25. T. M. Nichols, *The Death of Expertise: The Campaign Against Established Knowledge and Why It Matters* (Oxford, UK: Oxford University Press, 2017).

26. G. J. Velders et al., "The importance of the Montreal Protocol in protecting climate," *Proceedings of the National Academy of Sciences* 104, no. 12 (2007): 4814–4819; and A. R. Douglass, P. A. Newman, and S. Solomon, "The Antarctic ozone hole: An update," *Physics Today* 67, no. 7 (2014): 42.

27. K. K. Wallman, "Enhancing statistical literacy: Enriching our society," *Journal of the American Statistical Association* 88, no. 421 (1993): 1–8; and M. Schield, "Statistical literacy: Thinking critically about statistics," *Of Significance* 1, no. 1 (1999): 15–20.

28. H. Rosling, *Factfulness: 10 Reasons We're Wrong About the World—and Why Things Are Better Than You Think* (New York: Flatiron Books, 2018); and "Almost Nobody Knows the Basic Global Facts" (web page), Gapminder, www.gapminder.org.

29. 許多成就非凡的學者與實踐者花費大量時間與精力探討並啟發大眾了解複雜的統計學問題。以下簡短舉幾個例子（無特定順序）：捷爾德．蓋格瑞澤撰寫了幾本暢銷著作，包括《直覺思維：你超越邏輯的快速決策天賦》（*Gut Feelings*）、《機率陷阱》（*Risk Savvy*）及《把風險當一回事》，書中的精闢見解有助於統計學的理解，並可幫助人們在做決定時運用或然性與統計學；霍華德．維納寫作了多本書探討教育、經濟與醫學等領域如何因為錯誤的分析與呈現而不當地解讀證據，其暢銷著作包含《真相或貌似真實的表象》（*Truth or Truthiness*）、《無知的猜測》（*Uneducated Guesses*）、《醫學啟示》（*Medical Illuminations*）與《視覺的啟發》（*Visual Revelations*）；納辛姆．塔雷伯如今正擴充前著《不確定》（*Incerto*）五部曲，「探究人們在不了解這個世界的情況下，所面臨的不透明、運氣、未知、或然性、人為錯誤、風險及決策」；大衛・史匹格哈特在各種熱門的平台上寫了多篇淺顯易懂的文章，也上廣播節目促進「社會大眾對於未知與風險的討論，示範如何從或然性與統計學的研究中得到益處與樂趣」；班・高達可致力於探討醫學界中各式各樣的統計與決策問題，相關著作如《不良製藥》（*Bad Pharma*）與《小心壞科學》（*Bad Science*）。另《事情比你想像的要複雜》（*I Think You'll Find It's a Bit More Complicated Than That*）一書也集結了他的文章與論點；菲利浦・泰特洛克鑽研與分析人們預測重大政治、社會與經濟事件的能力，他與其他人士共同主持的大規模實驗「良好判斷計畫」（Good Judgment Project）洞察了不同專家如何進行預測與表達對於未來的觀點，合著有《超級預測：洞悉思考的藝術與科學，在不確定的世界預見未來優勢》（*Superforecasting: The Art and Science of Prediction*）；安德魯・格爾曼經營一個部落格探討「統計模式、因果關係與社會科學」，與見解獨到的評論家討論世界各地科學家發表的各種重大研究有何意涵；約翰・阿倫・保羅斯有多本著作論述數學與統計能力的重要性，如果你想知道基礎數學的正確理解為何是明智決策的關鍵，可以從《數盲》（*Innumeracy*）這本書開始讀起；山姆・薩維奇著有《平均值的缺陷》（*The Flaw of Averages*）並成立「或然性管理」（Probability Management）組織，與團隊成員「透過溝通、計算與可信的估計，重新思考未知」；愛德華・塔夫特身為統計學者與藝術家，被視為資料視覺化與資訊設計的先驅，主要的相關著作有《美麗的證據》（*Beautiful Evidence*）、《計量資訊的視覺顯示》（*The Visual Display of Quantitative Information*）、《眼見為訊》（*Envisioning Information*）及《視覺解釋》（*Visual Explanations*）；史派洛斯・馬克里達基斯是一位專精預測的統計學家，自七〇年代以來舉辦了多場「M-Competition」，讓各種統計方法與專業人士相互競爭，以確立不同統計方法的相對準確性，近期與他人合著一本以運氣為主題的書籍，名為《與機會共舞》（*Dance with Chance*）。

30. T. O'Riordan, *Interpreting the Precautionary Principle* (Abingdon, UK: Routledge, 2013); and N. N. Taleb et al., "The precautionary principle (with application to the genetic modification of organisms)," Extreme Risk Initiative, NYU School of Engineering Working Paper Series, 2014, arXiv preprint arXiv:1410.5787. 如欲參考反面論點與進一步的討論，也可見C. R. Sunstein, *Laws of Fear: Beyond the Precautionary Principle*, vol. 6 (Cambridge, UK: Cambridge University Press, 2005); and A. Bell, "What's All the Fuss About the Precautionary Principle?," *Guardian* (Manchester, UK), July 12, 2013, www.theguardian.com/science/political-science/2013/jul/12/precautionary-principle-science-policy.

31. "On Human Gene Editing: International Summit Statement" (news release), National Academies of Sciences, Engineering, Medicine, December 3, 2015, www8.nationalacademies.org/onpinews/newsitem.aspx?Record ID=12032015a; and G. O. Schaefer, "Why Treat Gene Editing Differently in Two Types of Human Cells?," Biomedicine & Biochemistry, December 18, 2015, scitechconnect.elsevier.com/treat-gene-editing-differently-human-cells/.

32. C. Zimmer, "Genetically Modified People Are Walking Among Us," *New York Times*, December 1, 2018, www.nytimes.com/2018/12/01/sunday-review/crispr-china-babies-gene-editing.html; and "One of CRISPR's Inventors Has Called for Controls on Gene-Editing Technology," *MIT Technology Review*, November 15, 2019, www.technologyreview.com/f/614719/crispr-has-made-jennifer-doudna-rich-now-she-says-it-must-be-controlled/.

第四章　不自由的選擇

1. E. H. L. Aarts and S. Marzano, eds., *The New Everyday: Views on Ambient Intelligence*. (Rotterdam, Netherlands: Uitgeverij 010, 2003); M. E. Pullman and M. A. Gross, "Ability of experience design elements to elicit emotions and loyalty behaviors," *Decision Sciences* 35, no. 3 (2004): 551–578; M. Hassenzahl, *Experience Design: Technology for All the Right Reasons* (San Rafael, CA: Morgan and Claypool, 2010); H. McLellan, "Experience design," *Cyberpsychology and Behavior* 3, no. 1 (2000): 59–69; and M. Hassenzahl et al., "Designing moments of meaning and pleasure. Experience design and happiness," *International Journal of Design* 7, no. 3 (2013): 21–31.
2. A. Toffler, *Future Shock* (New York: Bantam, 1971).
3. B. J. Pine II and J. H. Gilmore, *The Experience Economy* (Boston: Harvard Business School Press, 2011).
4. E. Fromm, *To Have or to Be?* (New York: Harper and Row, 1976), 11.
5. E. Claparede, "Recognition and 'Me-ness,'" in *Organization and Pathology of Thought: Selected Sources*, ed. and trans. D. Rapaport (New York: Columbia University Press, 1965).
6. J. LeDoux, *The Emotional Brain: The Mysterious Underpinnings of Emotional Life* (New York: Simon and Schuster, 1998); J. S. Feinstein, M. C. Duff, and D. Tranel, "Sustained experience of emotion after loss of memory in patients with amnesia," *Proceedings of the National Academy of Sciences* 107, no. 17 (2010): 7674–7679; and N. H. Frijda, *The Emotions* (Cambridge, UK: Cambridge University Press, 1986).
7. A. R. Damasio, *Descartes' Error* (New York: Harper Perennial, 1995), 193–194. 據說這些病患腦部腹內側

前額葉皮質的兩側均有受損，使杏仁核與前額葉皮質無法相通。

8. FORA.tv, "When Emotions Make Better Decisions—Antonio Damasio," A. Damasio in conversation with D. Brooks, Aspen Ideas Festival, YouTube, 3:22, July 4, 2009, www.youtube.com/watch?v=1wup_K2WN0I; and Aspen Institute, "This Time with Feeling: David Brooks and Antonio Damasio," Aspen Ideas Festival, YouTube, 1:05:35, 2009, posted January 29, 2015, www.youtube.com/watch?v=IifXMd26gWE.
9. J. S. Lerner et al., "Emotion and decision making," *Annual Review of Psychology* 66 (2015): 799–823.
10. J. P. Forgas, "Why Bad Moods Are Good for You: The Surprising Benefits of Sadness," The Conversation, May 14, 2017, theconversation.com/why-bad-moods-are-good-for-you-the-surprising-benefits-of-sadness-75402; and A. Roberts, "Sadness makes us seem nobler, more elegant, more adult. Which is pretty weird, when you think about it," Aeon, March 14, 2014, aeon.co/essays/why-does-sadness-inspire-great-art-when-happiness-cannot.
11. G. S. Berns et al., "Neurobiological substrates of dread," *Science* 312, no. 5774 (2006): 754–758.
12. J. Haidt, *The Righteous Mind: Why Good People Are Divided by Politics and Religion* (New York: Vintage, 2012); and H. H. Ong et al., "Moral judgment modulation by disgust is bi-directionally moderated by individual sensitivity," *Frontiers in Psychology* 5 (2014), 194.
13. A. I. Abramowitz and S. W. Webster, "The rise of negative partisanship and the nationalization of US elections in the 21st century," *Electoral Studies* 41 (2016): 12–22; and A. I. Abramowitz and S. W. Webster, "Negative partisanship: Why Americans dislike parties but behave like rabid partisans," *Political Psychology* 39 (2018): 119–135.

14. T. Brader, *Campaigning for Hearts and Minds: How Emotional Appeals in Political Ads Work* (Chicago: University of Chicago Press, 2006); M. T. Parker and L. M. Isbell, "How I vote depends on how I feel: The differential impact of anger and fear on political information processing," *Psychological Science* 21, no. 4 (2010): 548–550; N. A. Valentino et al., "Election night's alright for fighting: The role of emotions in political participation," *Journal of Politics* 73, no. 1 (2011): 156–170; and F. Passarelli and G. Tabellini, "Emotions and political unrest," *Journal of Political Economy* 125, no. 3 (2017): 903–946.
15. D. Ariely and T. S. Wallsten, "Seeking subjective dominance in multidimensional space: An explanation of the asymmetric dominance effect," *Organizational Behavior and Human Decision Processes* 63, no. 3 (1995): 223–232; and J. E. Slaughter, E. E. Kausel, and M. A. Quinones, "The decoy effect as a covert influence tactic," *Journal of Behavioral Decision Making* 24, no. 3 (2011): 249–266.
16. D. Ariely, *Predictably Irrational: The Hidden Forces That Shape Our Decisions* (New York: HarperCollins, 2008).
17. R. Kivetz, O. Netzer, and V. Srinivasan, "Alternative models for capturing the compromise effect," *Journal of Marketing Research* 41, no. 3 (2004): 237–257; S. Frederick, L. Lee, and E. Baskin, "The limits of attraction," *Journal of Marketing Research* 51, no. 4 (2014): 487–507; S. Yang and M. Lynn, "More evidence challenging the robustness and usefulness of the attraction effect," *Journal of Marketing Research* 51, no. 4 (2014): 508–513; and J. Huber, J. W. Payne, and C. P. Puto, "Let's be honest about the attraction effect," *Journal of Marketing Research* 51, no. 4 (2014): 520–525.
18. A. Tversky and D. Kahneman, "Judgment under uncertainty: Heuristics and biases," *Science* 185, no. 4157

(1974): 1124–1131; N. Epley and T. Gilovich, "The anchoring-and-adjustment heuristic: Why the adjustments are insufficient," *Psychological Science* 17, no. 4 (2006): 311–318; and A. Furnham and H. C. Boo, "A literature review of the anchoring effect," *Journal of Socio-Economics* 40, no. 1 (2011): 35–42.

19. B. S. Nichols, "The development, validation, and implications of a measure of consumer competitive arousal (CCAr)," *Journal of Economic Psychology* 33, no. 1 (2012): 192–205; S. Gupta and J. W. Gentry, "The behavioral responses to perceived scarcity—the case of fast fashion," *International Review of Retail, Distribution and Consumer Research* 26, no. 3 (2016): 260–271; and H. Park, A. K. Lalwani, and D. H. Silvera, "The impact of resource scarcity on price-quality judgments," *Journal of Consumer Research* 46, no. 6 (2020): 1110–1124.

20. 有研究探討選項的數量對選擇有何影響。在某些情況下，更多的選項會使情況變得複雜。相關討論請見B. Scheibehenne, R. Greifeneder, and P. M. Todd, "Can there ever be too many options? A meta-analytic review of choice overload," *Journal of Consumer Research* 37, no. 3 (2010): 409–425; B. Schwartz, *The Paradox of Choice: Why More Is Less* (New York: Harper Perennial, 2005); A. Chernev, U. Bockenholt, and J. Goodman, "Choice overload: A conceptual review and meta-analysis," *Journal of Consumer Psychology* 25, no. 2 (2015): 333–358; and E. Soyer and R. M. Hogarth, "The size and distribution of donations: Effects of number of recipients," *Judgment and Decision Making* 6, no. 7 (2011): 616.

21. A. Berger et al., "Gamified interactions: Whether, when, and how games facilitate self-brand connections," *Journal of the Academy of Marketing Science* 46, no. 4 (2018): 652–673.

22. N. Scheiber, "How Uber Uses Psychological Tricks to Push Its Drivers' Buttons," *New York Times*, April 2, 2017.

23. E. Costa and D. Halpern, "The behavioural science of online harm and manipulation, and what to do about it," The Behavioural Insights Team, 2019, www.bi.team/wp-content/uploads/2019/04/BIT_The-behavioural-science-of-online-harm-and-manipulation-and-what-to-do-about-it_Single.pdf; and T. Mirsch, C. Lehrer, and R. Jung, "Digital nudging: Altering user behavior in digital environments," *Proceedings der 13. Internationalen Tagung Wirtschaftsinformatik (WI 2017)* (2017): 634–648.

24. E. Pariser, *The Filter Bubble: What the Internet Is Hiding from You* (London: Penguin, 2011); C. Sunstein, "The Daily We: Is the Internet Really a Blessing for Democracy?," *Boston Review*, June 1, 2001; and C. Sunstein, "The Rise of the Daily Me Threatens Democracy," Financial Times, June 10, 2008, www.ft.com/content/3e2ee254-bf96-11dc-8052-0000779fd2ac.

25. S. Vosoughi, D. Roy, and S. Aral, "The spread of true and false news online," *Science* 359 (2018): 1146–1151; H. Allcott and M. Gentzkow, "Social media and fake news in the 2016 election," *Journal of Economic Perspectives* 31, no. 2 (2017): 211–236; and G. L. Ciampaglia and F. Menczer, "Misinformation and Biases Infect Social Media, Both Intentionally and Accidentally," The Conversation, June 20, 2018, theconversation.com/misinformation-and-biases-infect-social-media-both-intentionally-and-accidentally-97148.

26. P. Noor, "There Are Plenty More Like Cambridge Analytica. I Know—I've Used the Data," Guardian (Manchester, UK), March 23, 2018, www.theguardian.com/commentisfree/2018/mar/23/plenty-more-like-cambridge-analytica-data-facebook; N. Bowles, "After Cambridge Analytica, Privacy Experts Get to Say 'I Told You So,'" New York Times, April 12, 2018, www.nytimes.com/2018/04/12/technology/privacy-

researchers-facebook.html; J. Isaak and M. J. Hanna, "User data privacy: Facebook, Cambridge Analytica, and privacy protection," *Computer* 51, no. 8 (2018): 56–59; and E. L. Andrews, "The Science Behind Cambridge Analytica: Does Psychological Profiling Work?," Stanford Business (Insights), April 12, 2018, www.gsb.stanford.edu/insights/science-behind-cambridge-analytica-does-psychological-profiling-work.

27. T. Harris, "How a Handful of Tech Companies Control Billions of Minds Every Day," TED Talks, April 2017, www.ted.com/talks/tristan_harris_the_manipulative_tricks_tech_companies_use_to_capture_your_attention?language=en.

28. R. H. Thaler and C. R. Sunstein, *Nudge: Improving Decisions About Health, Wealth, and Happiness* (New York: Penguin, 2009).

29. H. Cronqvist and R. H. Thaler, "Design choices in privatized social-security systems: Learning from the Swedish experience," *American Economic Review* 94, no. 2 (2004): 424–428; S. Benartzi and R. H. Thaler, "Behavioral economics and the retirement savings crisis," *Science* 339, no. 6124 (2013): 1152–1153; J. J. Choi et al., "Optimal defaults," *American Economic Review* 93 no. 2 (2003): 180–185; P. Rozin et al., "Nudge to nobesity I: Minor changes in accessibility decrease food intake," *Judgment and Decision Making* 6 no. 4 (2011): 323–332; and E. Dayan and M. Bar-Hillel, "Nudge to nobesity II: Menu positions influence food orders," *Judgment and Decision Making* 6, no. 4 (2011): 333–342. For a more generic perspective on business applications, see D. G. Goldstein et al., "Nudge your customers toward better choices," *Harvard Business Review* 86, no. 12 (2008): 99–105.

30. P. W. Schultz et al., "The constructive, destructive, and reconstructive power of social norms," *Psychological*

Science 18, no. 5 (2007): 429–434; P. W. Schultz et al., “The constructive, destructive, and reconstructive power of social norms: Reprise,” *Perspectives on Psychological Science* 13, no. 2 (2018): 249–254; and D. L. Costa and M. E. Kahn, “Energy conservation ‘nudges’ and environmentalist ideology: Evidence from a randomized residential electricity field experiment,” *Journal of the European Economic Association* 11, no. 3 (2013): 680–702.

31. P. John, *How Far to Nudge? Assessing Behavioural Public Policy* (Cheltenham, UK: Edward Elgar Publishing, 2018); T. Grune-Yanoff and R. Hertwig, “Nudge versus boost: How coherent are policy and theory?,” *Minds and Machines* 26, no. 1–2 (2016): 149–183; and S. Reijula et al., “Nudge, boost, or design? Limitations of behaviorally informed policy under social interaction,” *Journal of Behavioral Economics for Policy* 2, no. 1 (2018): 99–1055.

32. O. G. Leon, “Value-focused thinking versus alternative-focused thinking: Effects on generation of objectives,” *Organizational Behavior and Human Decision Processes* 80, no. 3 (1999): 213–227; and S. D. Bond, K. A. Carlson, and R. L. Keeney, “Generating objectives: Can decision makers articulate what they want?,” *Management Science* 54, no. 1 (2008): 56–70.

33. D. Goleman, *Emotional Intelligence* (New York: Bantam, 2006).

34. R. B. Cialdini, *Influence: The Psychology of Persuasion* (New York: HarperCollins, 2007).

35. J. B. Singer, “Five Ws and an H: Digital challenges in newspaper newsrooms and boardrooms,” *International Journal on Media Management* 10, no. 3 (2008): 122–129. 除了我們提出的建議之外，也推薦拉爾夫・基尼（Ralph Keeney）論述價值焦點思考法的著作：R. L. Keeney, *Value-focused Thinking:*

A Path to Creative Decision Making (Cambridge, MA: Harvard University Press, 1992).

36. B. Schwartz et al., "Maximizing versus satisficing: Happiness is a matter of choice," *Journal of Personality and Social Psychology* 83, no. 5 (2002): 1178.

第五章　檢視外部成本

1. 兩位作者援引奧斯卡・王爾德的名言時備受拉傑・帕特爾（Raj Patel）的著作所啟發：R. Patel, *The Value of Nothing: How to Reshape Market Society and Redefine Democracy* (London: Portobello Books, 2011).
2. Glossary of Industrial Organisation Economics and Competition Law, compiled by R. S. Khemani and D. M. Shapiro, commissioned by the Directorate for Financial, Fiscal and Enterprise Affairs, OECD, 1993, stats.oecd.org/glossary/detail.asp?ID=3215.
3. "Stress, overtime, disease, contribute to 2.8 million workers' deaths per year, reports UN labour agency," UN News, April 18, 2019, news.un.org/en/story/2019/04/1036851; "Poor working conditions are main global employment challenge," Newsroom, International Labour Organization, February 13, 2019, www.ilo.org/global/about-the-ilo/newsroom/news/WCMS_670171/lang--en/index.htm; and International Labour Organization, *Safety and Health at the Heart of the Future of Work: Building on 100 Years of Experience*(Geneva, Switzerland: ILO, 2019), www.ilo.org/wcmsp5/groups/public/---dgreports/---dcomm/documents/publication/wcms_686645.pdf.
4. R. A. Matthew, O. Brown, and D. Jensen, *From Conflict to Peacebuilding:The Role of Natural Resources*

and the Environment (Nairobi, Kenya:United Nations Environment Programme, 2009), postconflict.unep.ch/publications/pcdmb_policy_01.pdf; X. Sala-i-Martin and A. Subramanian, "Addressing the natural resource curse: An illustration from Nigeria," *Journal of African Economies* 22, no. 4 (2013): 570–615; and A. J. Venables,"Using natural resources for development. Why has it proven so difficult?,"*Journal of Economic Perspectives* 30, no. 1 (2016): 161–184.

5. L. Lebreton et al., "Evidence that the Great Pacific Garbage Patch is rapidly accumulating plastic," *Scientific Reports* 8, no. 4666 (2018); J. Hammer, M. H. Kraak, and J. R. Parsons, "Plastics in the marine environment: The dark side of a modern gift," *Reviews of Environmental Contamination and Toxicology* 220 (2012): 1–44; UNEP, *Marine Plastic Debris and Microplastics: Global Lessons and Research to Inspire Action and Guide Policy Change* (Nairobi, Kenya: United Nations Environment Programme, 2016), doi.org/10.18356/0b228f55-en; and S. Sharma and S. Chatterjee, "Microplastic pollution, a threat to marine ecosystem and human health: A short review," *Environmental Science and Pollution Research* 24, no. 27 (2017): 21530–21547.

6. N. Rodriguez-Eugenio, M. McLaughlin, and D. Pennock, *Soil Pollution: A Hidden Reality* (Rome: FAO, 2018), 142.

7. J. A. Manik and J. Yardley, "Building Collapse in Bangladesh Leaves Scores Dead," New York Times, April 24, 2013, https://www.nytimes.com/2013/04/25/world/asia/bangladesh-building-collapse.html; J. Moulds, "Child Labor in the Fashion Supply Chain: Where, Why and What Can Be Done," Guardian (Manchester, UK), 2016, labs.theguardian.com/unicef-child-labour/; and International Labour Office, *Marking Progress*

Against Child Labour: Global Estimates and Trends 2000–2012 (Geneva, Switzerland: ILO/IPEC, 2013).

8. M. Springmann et al., "Options for keeping the food system within environmental limits," *Nature* 562, no. 7728 (2018): 519–525; and G. Eshel et al., "Land, irrigation water, greenhouse gas, and reactive nitrogen burdens of meat, eggs, and dairy production in the United States," *Proceedings of the National Academy of Sciences* 111, no. 33 (2014): 11996–12001.
9. M. Contag et al., "How They Did It: An Analysis of Emission Defeat Devices in Modern Automobiles," in *2017 IEEE Symposium on Security and Privacy (SP)* (San Jose, CA: Institute of Electrical and Electronics Engineers, 2017), 231–250; and D. Carrington, "Wide Range of Cars Emit More Pollution in Realistic Driving Tests, Data Shows," *Guardian* (Manchester, UK), 2015, www.theguardian.com/environment/2015/sep/30/wide-range-of-cars-emit-more-pollution-in-real-driving-conditions-tests-show.
10. Featured in M. Heffernan, *Willful Blindness: Why We Ignore the Obvious* (New York: Simon and Schuster, 2011). 此引言可直接見於參議院報告紀錄稿：“An overview of the ENRON collapse," Senate Hearing 107–724, December 18, 2001 (Washington, DC: US Government Printing Office, 2015), www.govinfo.gov/content/pkg/CHRG-107shrg82282/html/CHRG-107shrg82282.htm.
11. M. H. Bazerman and A. E. Tenbrunsel, *Blind Spots: Why We Fail to Do What's Right and What to Do About It* (Princeton, NJ: Princeton University Press, 2011).
12. Heffernan, *Willful Blindness.*
13. BadfishKoo, "The Hitchhiker's Guide to the Galaxy—Point of View Gun" (2005), YouTube, 2:58, posted June 11, 2014, www.youtube.com/watch?v=zxo3Jy3p8zo.

14. P. Bloom, *Against Empathy: The Case for Rational Compassion* (London: Penguin, 2018).
15. P. Slovic et al., "Iconic photographs and the ebb and flow of empathic response to humanitarian disasters," *Proceedings of the National Academy of Science* 114 (2017): 640–644; and D. Vastfjall et al., "Compassion fade: Affect and charity are greatest for a single child in need," *PLoS One* 9, no. 6 (2014): e100115.
16. 心理學家保羅．布倫在《失控的同理心》中定義與深入探討理性同情的普遍概念。人們對於理性同情的認知都由這種方式的初始與基本部分組成，包括蒐集特定情況中無法靠直接觀察得知的道德相關資訊。
17. M. V. Halter, M. C. C. De Arruda, and R. B. Halter, "Transparency to reduce corruption?," *Journal of Business Ethics* 84, no. 3 (2009): 373.
18. "Poverty headcount ration at $1.90 a day (2011 PPP) (% of population)" (table), Poverty, The World Bank, data.worldbank.org/topic/poverty; "Global Health Observatory (GHO) data" (web page), World Health Organization, www.who.int/gho/mortality_burden_disease/life_tables/en/; and M. Roser and E. Ortiz-Ospina, "Global Extreme Poverty," Our World in Data, published 2013, updated 2019, ourworldindata.org/extreme-poverty.

第六章　真有致勝祕訣？

1. 不論線上或線下，有無數的資源都根據成功人士與組織的經驗提供建議。我們曾詳細討論過向這些經驗借鏡的問題：E. Soyer and R. M. Hogarth, "Stop Reading Lists of Things Successful People Do,"

Harvard Business Review, March 13, 2017, hbr.org/2017/03/stop-reading-lists-of-things-successful-people-do. The list of strategies featured in the beginning of the chapter come from many popular sources: J. Goudeau, "14 Things Successful People Do Before Breakfast," *World Economic Forum and Business Insider*, November 2, 2015, wef.ch/1GXNYzF; M. Schwantes, "Warren Buffett Says This 1 Simple Habit Separates Successful People from Everyone Else," Inc., January 18, 2018, www.inc.com/marcel-schwantes/warren-buffett-says-this-is-1-simple-habit-that-separates-successful-people-from-everyone-else.html; S. R. Covey, *The 7 Habits of Highly Effective People: Powerful Lessons in Personal Change* (New York: Simon and Schuster, 2004); H. Grant-Halvorson, *Nine Things Successful People Do Differently* (Boston: Harvard Business Press, 2012); K. Kruse, *15 Secrets Successful People Know About Time Management* (Philadelphia: Kruse Group, 2015); B. Spall and M. Xander, *My Morning Routine: How Successful People Start Every Day Inspired* (New York: Portfolio/Penguin, 2018); M. Ward, "9 Habits of Highly Successful People, from a Man Who Spent 5 Years Studying Them," *CNBC*, March 28, 2017, www.cnbc.com/2017/03/28/9-habits-of-highly-successful-people.html; L. Ho, "How to Be Successful in Life? 13 Tips from the Most Successful People," *Lifehack*, July 4, 2019, www.lifehack.org/articles/lifestyle/how-to-be-successful-in-life.html; B. Wiest, "13 Things Highly Successful People Do Not Waste Their Mental Energy On," *Forbes*, July 23, 2018, www.forbes.com/sites/briannawiest/2018/07/23/13-things-highly-successful-people-do-not-waste-their-mental-energy-on; R. LoCascio, "Why the Most Successful People Fail Most Often," Inc., August 23, 2016, www.inc.com/rob-locascio/4-spectacular-failures-from-the-most-successful-entrepreneurs.html; and D. Schwabel, "4 Things Every Successful Person Has in Common," *Forbes*, December 17, 2013, www.forbes.

com/sites/danschawbel/2013/12/17/14-things-every-successful-person-has-in-common/.

2. D. Fincher, director, The Social Network (Culver City, CA: Sony Pictures Home Entertainment, 2010; and T. Schwartz, "The Social Network: Separating fact from fiction," MTV, Oct 4, 2010, mtv.com/news/2437629.

3. L. Vanderkam, "Um, about that World Economic Forum tweet and infographic," Laura Vanderkam: Writer, Author, Speaker, January 21, 2016, lauravanderkam.com/2016/01/um-about-that-world-economic-forum-tweet-and-infographic/.

4. N. J. Roese and K. D. Vohs, "Hindsight bias," *Perspectives on Psychological Science* 7, no. 5 (2012): 411-426.

5. Z. Church, "Uber CEO's Eight Traits of Great Entrepreneurs," Ideas Made to Matter (blog), MIT Management Sloan School, December 3, 2015, mitsloan.mit.edu/newsroom/articles/uber-ceo-eight-traits-of-great-entrepreneurs/.

6. M. J. Mauboussin, *Think Twice: Harnessing the Power of Counterintuition* (Boston: Harvard Business Review Press, 2012).

7. 在《黑天鵝效應》中，納辛姆・塔雷伯將那些觀察到的失敗稱為「沉默的證據」。N. N. Taleb, *The Black Swan: The Impact of the Highly Improbable* (New York: Random House, 2007).

8. R. H. Frank, *Success and Luck: Good Fortune and the Myth of Meritocracy* (Princeton, NJ: Princeton University Press, 2016).

9. M. Shermer, "Surviving statistics," *Scientific American* 311, no. 3 (2014): 94; J. Denrell, "Vicarious learning, undersampling of failure, and the myths of management," *Organization Science* 14, no. 3 (2003): 227–243 ; and G. Le Mens and J. Denrell, "Rational learning and information sampling: On the 'naivety' assumption in

sampling explanations of judgment biases," *Psychological review* 118, no. 2 (2011): 379.

10. Grant-Halvorson, *Nine Things Successful People Do Differently*.

11. R. M. Hogarth and E. Soyer, "Simulated experience: Making intuitive sense of big data," *MIT Sloan Management Review* 56, no. 2 (Winter 2015): 49–54.

12. A. Duckworth, *Grit: The Power of Passion and Perseverance* (New York: Scribner, 2016).

13. 根據兩個資料來源得知此話出自巴布・狄倫：Expecting Rain, www.expectingrain.com/discussions/viewtopic.php?f=6&t=89999&sid=f631ecbe520af16796a92b5c75ca2ad1&view=print; and subreddit: r/bobdylan, Reddit, 2018, www.reddit.com/r/bobdylan/comments/6ynj1e/bob_dylan_really_said_the_sentence_a_man_is_a/.

14. "success," Lexico, Oxford, en.oxforddictionaries.com/definition/success.

15. E. J. Langer, "The illusion of control," *Journal of Personality and Social Psychology* 32, no. 2 (1975): 311–328; J. Klayman, "Varieties of Confirmation Bias," in *Psychology of Learning and Motivation*, vol. 32 (New York: Academic Press, 1995), 385–418; and R. S. Nickerson, "Confirmation bias: A ubiquitous phenomenon in many guises," *Review of General Psychology* 2, no. 2 (1998): 175–220.

16. M. R. Leary and D. R. Forsyth, "Attributions of Responsibility for Collective Endeavors," in *Review of Personality and Social Psychology: Vol. 8. Group processes*, ed. C. Hendrick (Newbury Park, CA: Sage, 1987), 167– 188; and J. Schroeder, E. M. Caruso, and N. Epley, "Many hands make overlooked work: Over-claiming of responsibility increases with group size," *Journal of Experimental Psychology: Applied* 22, no. 2 (2016): 238.

17. R. M. Arkin, A. J. Appelman, and J. M. Burger, "Social anxiety, self-presentation, and the self-serving bias in causal attribution," *Journal of Personality and Social Psychology* 38, no. 1 (1980): 23; T. S. Duval and P. J. Silvia, "Self-awareness, probability of improvement, and the self-serving bias," *Journal of Personality and Social Psychology* 82, no. 1 (2002): 49; and J. Shepperd, W. Malone, and K. Sweeny, "Exploring causes of the self-serving bias," *Social and Personality Psychology Compass* 2, no. 2 (2008): 895–908.
18. M. Syed, *Black Box Thinking: The Surprising Truth About Success* (London: Hachette, 2015).
19. R. Byrne, *The Secret* (New York: Simon and Schuster, 2008); and "What Is the Secret? The Secret by Rhonda Byrne," The Law of Attraction, www.thelawofattraction.com/the-secret/.
20. 考科蘭輔助醫療（Cochrane Complementary Medicine）表示：「此領域成立於一九九六年，旨在支持與促進輔助、替代與整合性療法的系統性回顧，並期望作為考科蘭（為各種健康照護治療籌劃系統性回顧的全球性組織）與輔助醫療領域的實踐者、研究人員與消費者之間的橋樑。」cam.cochrane.org.
21. T. Gilovich, *How We Know What Isn't So* (New York: Simon and Schuster, 2008); D. Graham-Rowe, "Biodiversity: Endangered and in demand," *Nature* 480, no. 7378 (2011): S101–S103; and Y. Feng et al., "Bear bile: dilemma of traditional medicinal use and animal protection," *Journal of Ethnobiology and Ethnomedicine* 5, no. 2 (2009).
22. W. H. Starbuck and B. Hedberg,"How Organizations Learn from Success and Failure," in *Handbook of Organizational Learning and Knowledge*, ed. M. Dierkes et al. (Oxford: Oxford University Press, 2001).
23. 成功率與基礎率的概念相似。例如，在某個求職情境中，基礎率代表具備的才能足以得到那份工作的人口比例，成功率則代表順利錄取的人口比例。M. Bar-Hillel, "The baserate fallacy in probability

judgments," *Acta Psychologica* 44, no. 3 (1980): 211–233; and M. McDowell et al., "A simple tool for communicating the benefits and harms of health interventions: A guide for creating a fact box," *Medical Decision Making Policy & Practice* 1 (2016): 1–10.

24. J. Denrell, C. Fang, and C. Liu, "Perspective—Chance explanations in the management sciences," *Organization Science* 26, no. 3 (2014): 923–940.

25. 另一個重點是認清個人的參考類別。計算成功率時，應該參考性質與目標類似的專案。例如以文中的情況而言，如果我們認為自己的專案優於這位顧問經手半數以上的專案，那麼成功率就會是1/10。

26. G. Gigerenzer, *Reckoning with Risk: Learning to Live with Uncertainty* (London: Penguin, 2003).

27. D. McRaney, "Survivorship Bias," You Are Not So Smart: A Celebration of Self-Delusion" (blog), May 23, 2013, youarenotsosmart.com/2013/05/23/survivorship-bias/.

28. "FailCon Goes Global" (web page), FailCon, thefailcon.com; "We Live Without Filters: By Sharing Stories of Failure" (web page); and Fail Festival (website), failfestival.org.

29. M. Stefan, "A CV of failures," *Nature* 468, no. 7322 (2010): 467. Houshofer's regular CV and CV of Failures can both be found at www.princeton.edu/haushofer/.

30. E. Ries, *The Lean Startup: How Today's Entrepreneurs Use Continuous Innovation to Create Radically Successful Businesses* (New York: Crown Business, 2011), 56.

31. Peter Skillman Design (spaghetti tower design challenge), www.peterskillmandesign.com/spaghetti-tower-design-challenge; and "Draw Toast" (web page), Tom Wujec, www.tomwujec.com/marshmallowchallenge.

第七章　找回自己的經驗

1. K. M.Sheldon and R. E. Lucas, eds., *Stability of Happiness: Theories and Evidence on Whether Happiness Can Change* (Amsterdam: Elsevier, 2014); D. Kahneman, E. Diener, and N. Schwarz, eds., *Well-being: The Foundations of a Hedonic Psychology* (New York: Russell Sage Foundation, 1999).
2. R. E. Lucas, "Adaptation and the set-point model of subjective well-being: Does happiness change after major life events?," *Current Directions in Psychological Science* 16, no. 2 (2007): 75–79; S. Fredrick and G. Loewenstein, "Hedonic Adaptation," in *Well-being: The Foundations of a Hedonic Psychology*, 302–329; and A. Tversky and D. Griffin, "Endowment and Contrast in Judgments of Well-being," in *Subjective Well-being: An Interdisciplinary Perspective*, ed. F. Strack, M. Argyle, and N. Schwarz (Oxford, UK: Pergamon Press, 1991), 101–118.
3. P. Brickman and D. T. Campbell, "Hedonic Relativism and Planning the Good Society," in *Adaptation Level Theory: A Symposium*, ed. M. H. Appley (New York: Academic Press, 1971), 287–302; D. Myers, *The Pursuit of Happiness* (New York: Morrow, 1992); and E. Diener, R. E. Lucas, and C. N. Scollon, "Beyond the Hedonic Treadmill: Revising the Adaptation Theory of Well-being," in *The Science of Well-being* (Dordrecht, UK: Springer, 2009), 103–118.
4. 第三章討論過這個問題（時近效應）。如果遭遇災難的經驗淡化了，我們便無法有效做好準備。在生活安逸的背景下，經驗對感受的影響會隨時間逐漸消退。
5. D. Kahneman, J. L. Knetsch, and R. H. Thaler, "Anomalies: The endowment effect, loss aversion, and status

quo bias," *Journal of Economic Perspectives* 5, no. 1 (1991): 193–206; and N. Novemsky and D. Kahneman, "The boundaries of loss aversion," *Journal of Marketing Research* 42, no. 2 (2005): 119–128.

6. P. M. Groves and R. F. Thompson, "A dual-process theory of habituation: Neural mechanisms," *Habituation*, vol. 2 (New York: Academic Press, 1973), 175–205; R. Zajonc, "Attitudinal effects of mere exposure," *Journal of Personality and Social Psychology Monograph Supplement* 9, no. 2, pt., 2 (1968): 1–32; and A. Heingartner and J. V. Hall, "Affective consequences in adults and children of repeated exposure to auditory stimuli," *Journal of Personality and Social Psychology* 29, no. 6 (1974): 719–723.

7. N. D. Weinstein, "Community noise problems: Evidence against adaptation," *Journal of Environmental Psychology* 2, no. 2 (1982): 87–97; D. Weinhold, "The happiness-reducing costs of noise pollution," *Journal of Regional Science* 53, no. 2 (2013): 292–303; and R. W. Novaco and O. I. Gonzalez, "Commuting and Well-being," in *Technology and Psychological Well-being*, ed. Y. Amichai-Hamburger (Cambridge, UK: Cambridge University Press, 2009), 174–205.

8. C. Lewis, N. Wardrip-Fruin, and J. Whitehead, "Motivational Game Design Patterns of 'ville Games," in *Proceedings of the International Conference on the Foundations of Digital Games* (New York: ACM, 2012), 172– 179; and D. McRaney, "The Sunk Cost Fallacy," You Are Not So Smart: A Celebration of Self-Delusion (blog), March 25, 2011, youarenotsosmart.com/2011/03/25/the-sunk-cost-fallacy/.

9. B. M. Staw, "Knee deep in the big muddy: A study of escalating commitment to a chosen course of action," *Organizational Behavior and Human Performance* 16 (1976): 27–44; and R. H. Thaler, "Toward a positive theory of consumer choice," *Journal of Economic Behavior and Organization* 1 (1980): 39–60.

10. V. Liberman et al., "Happiness and memory: Affective significance of endowment and contrast," *Emotion* 9, no. 5 (2009): 666.

11. D. Kahneman, *Thinking, Fast and Slow* (New York: Farrar, Straus and Giroux, 2011).

12. B. L. Fredrickson and D. Kahneman, "Duration neglect in retrospective evaluations of affective episodes," *Journal of Personality and Social Psychology* 65, no. 1 (1993): 45–55; A. M. Do, A. V. Rupert, and G. Wolford, "Evaluations of pleasurable experiences: The peak-end rule," *Psychonomic Bulletin & Review* 15, no. 1 (2008): 96–98; and D. Kahneman et al., "When more pain is preferred to less: Adding a better end," *Journal of Personality and Social Psychology* 65, no. 1 (1993): 401–405.

13. 不論風景再怎麼壯觀，過去曾多次造訪同一家滑雪度假村的遊客，看到相同的景色並不會產生相同的感受。同樣地，之前曾掉過錢包或發生類似意外的遊客，對最後的插曲也會有不同的看法。親身經驗也會影響一個人對滑雪之旅的期待，進而影響最終的滿意度。

14. Brian Snyder, Reuters.

15. "Disappointment on the podium: Silver medalists" (web page), Yahoo! Sports, August 6, 2012, sports.yahoo.com/photos/olympics-silver-medal-expressions-slideshow/olympics-day-9-gymnastics-artistic-photo-1344256222.html; and V. H. Medvec, S. F. Madey, and T. Gilovich, "When less is more: Counterfactual thinking and satisfaction among Olympic medalists," *Journal of Personality and Social Psychology* 69, no. 4 (1995): 603–610.

16. R. H. Frank, *Luxury Fever: Why Money Fails to Satisfy in an Era of Excess* (New York: Simon and Schuster, 2001). M. Harron and G. Turner, screenwriters, American Psycho, film (Muse Productions, Lionsgate Films,

2000), based on B. E. Ellis, *American Psycho* (Vintage Books, 1991).

17. M. Konnikova, "How Facebook makes us unhappy," *The New Yorker*, Setpember 10, 2013; P. Verduyn et al., "Passive Facebook usage undermines affective well-being: Experimental and longitudinal evidence," *Journal of Experimental Psychology: General* 144, no. 2 (2015): 480–488; H. Krasnova et al., "Envy on Facebook: A hidden threat to users' life satisfaction?" Paper presented at International Conference on Wirtschaftsinformatik (WI), Leipzig, Germany, 2013; C. Seife, *Virtual Unreality: Just Because the Internet Told You, How Do You Know It's True?* (London: Penguin, 2014); and P. Steel, *The Procrastination Equation* (Sydney, Australia: Murdoch Books, 2011).

18. S. Valenzuela, N. Park, and K. F. Kee, "Is there social capital in a social network site?: Facebook use and college students' life satisfaction, trust, and participation," *Journal of Computer-Mediated Communication* 14, no. 4 (2009): 875–901; M. Burke, C. Marlow, and T. Lento, "Social Network Activity and Social Well-being," in *Proceedings of the SIGCHI Conference on Human Factors in Computing Systems* (New York: ACM, 2010), 1909–1912; and M. D. Lieberman, *Social: Why Our Brains Are Wired to Connect* (Oxford, UK: Oxford University Press, 2013).

19. A. Alter, *Irresistible: The Rise of Addictive Technology and the Business of Keeping Us Hooked* (London: Penguin, 2017); and N. Eyal and R. Hoover, *Hooked: A Guide to Building Habit-Forming Products* (New York: Portfolio/Penguin, 2013).

20. M. Duggan, "Online Harassment 2017," Pew Research Center: Internet & Technology, July 11, 2017, www.pewinternet.org/2017/07/11/online-harassment-2017/; and M. Duggan, "Experiencing Online Harassment,"

Pew Research Center: Internet & Technology, July 11, 2017, www.pewinternet.org/2017/07/11/experiencing-online-harassment/.

21. Cardigan Mountain School, "Cardigan's Commencement Address by Chief Justice John G. Roberts, Jr.," YouTube, 18:03, June 6, 2017, www.youtube.com/watch?time_continue=627&v=Gzu9S5FL-Ug.

22. O. Burkeman, *The Antidote: Happiness for People Who Can't Stand Positive Thinking* (New York: Farrar, Straus and Giroux, 2012).

23. D. Gilbert, *Stumbling on Happiness* (New York: Knopf, 2006).

24. S. Lyubomirsky, *The Myths of Happiness: What Should Make You Happy, but Doesn't, What Shouldn't Make You Happy, but Does* (London: Penguin, 2014).

25. A. Kumar and T. Gilovich, "Some 'thing' to talk about? Differential story utility from experiential and material purchases," *Personality and Social Psychology Bulletin* 41, no. 10 (2015): 1320–1331; T. Gilovich, A. Kumar, and L. Jampol, "A wonderful life: Experiential consumption and the pursuit of happiness," *Journal of Consumer Psychology* 25, no. 1 (2015): 152–165; L. Van Boven and T. Gilovich, "To do or to have? That is the question," *Journal of Personality and Social Psychology* 85, no. 6 (2003): 1193–1202; and E. Fromm, *To Have or to Be?* (New York: Harper and Row, 1976).

26. S. Davidai and T. Gilovich, "The headwinds/tailwinds asymmetry: An availability bias in assessments of barriers and blessings," *Journal of Personality and Social Psychology* 111, no. 6 (2016): 835–851; S. Plous, *The Psychology of Judgment and Decision Making* (New York: McGraw-Hill, 1993); and A. Tversky and D. Kahneman, "Availability: A heuristic for judging frequency and probability," *Cognitive Psychology* 5, no. 2

(1973): 207–232.

27. Behavior Studio, "Hillel Einhorn on Happiness: Happiness Is a 2 x 2," YouTube, 1:13, December 5, 2016, www.youtube.com/watch?v=f6BALquQ_Bo; and R. M. Hogarth and J. Klayman, "Hillel J. Einhorn 1941–1987," *American Psychologist* 43, no. 8 (1988): 656.

結語

1. D. J. Clark, director, *Behind the Curve*, documentary (Aliso Viejo, CA: Delta-v Productions, 2018).
2. D. Epstein, *Range: Why Generalists Triumph in a Specialized World* (New York: Riverhead Books, 2019).
3. M. B. Holbrook and R. M. Schindler, "Age, sex, and attitude toward the past as predictors of consumers' aesthetic tastes for cultural products," *Journal of Marketing Research* 31 (1994): 412–422.
4. D. Lovallo and D. Kahneman, "Delusions of success," *Harvard Business Review* 81, no. 7 (2003): 56–63.
5. E. Kross and I. Grossmann, "Boosting wisdom: Distance from the self enhances wise reasoning, attitudes, and behavior," *Journal of Experimental Psychology: General* 141 (2012): 43–48.
6. A. Tversky and D. Kahneman, "Availability: A heuristic for judging frequency and probability," *Cognitive Psychology* 5, no. 2 (1973): 207–232.
7. A. Furnham and H. C. Boo, "A literature review of the anchoring effect," *Journal of Socio-Economics* 40, no. 1 (2011): 35–42; and N. Epley and T. Gilovich, "The anchoring-and-adjustment heuristic: Why the adjustments are insufficient," *Psychological Science* 17, no. 4 (2006): 311–318.

8. J. K. Phillips, G. Klein, and W. R. Sieck, "Expertise in judgment and decision making: A case for training intuitive decision skills," *Blackwell Handbook of Judgment and Decision Making* 297 (2004): 315; G. Klein, "Developing expertise in decision making," *Thinking & Reasoning* 3, no. 4 (1997): 337– 352; and D. Kahneman and G. Klein, "Conditions for intuitive expertise: A failure to disagree," *American Psychologist* 64, no. 6 (2009): 515–526.

MI1040

經驗陷阱：檢視經驗的偏誤，找回決策的主動權

The Myth of Experience: Why We Learn the Wrong Lessons, and Ways to Correct Them

作　　者❖埃姆雷．索耶爾（Emre Soyer）、羅賓．霍格思（Robin M. Hogarth）
譯　　者❖張馨方
封面設計❖朱陳毅
內頁排版❖張彩梅
總 編 輯❖郭寶秀
責任編輯❖力宏勳
行銷企劃❖許芷瑀

發 行 人❖涂玉雲
出　　版❖馬可孛羅文化
10483台北市中山區民生東路二段141號5樓
電話：(886)2-25007696
發　　行❖英屬蓋曼群島商家庭傳媒股份有限公司城邦分公司
10483台北市中山區民生東路二段141號11樓
客服服務專線：(886)2-25007718；25007719
24小時傳真專線：(886)2-25001990；25001991
服務時間：週一至週五9:00～12:00；13:00～17:00
劃撥帳號：19863813　戶名：書虫股份有限公司
讀者服務信箱：service@readingclub.com.tw
香港發行所❖城邦（香港）出版集團有限公司
香港灣仔駱克道193號東超商業中心1樓
電話：(852)25086231　傳真：(852)25789337
E-mail：hkcite@biznetvigator.com
馬新發行所❖城邦（馬新）出版集團【Cite(M) Sdn. Bhd. (458372U)】
41-3, Jalan Radin Anum, Bandar Baru Sri Petaling,
57000 Kuala Lumpur, Malaysia.
電話：(603)90578822　傳真：(603)90576622
E-mail：services@cite.com.my
輸出印刷❖前進彩藝有限公司
一版一刷❖2022年5月
定　　價❖480元

ISBN 978-986-0767-91-9
ISBN 978-986-0767-92-6 (EPUB)

城邦讀書花園
www.cite.com.tw

國家圖書館出版品預行編目（CIP）資料

經驗陷阱：檢視經驗的偏誤，找回決策的主動權／埃姆雷．索耶爾（Emre Soyer）、羅賓．霍格思（Robin M. Hogarth）著；張馨方譯. -- 初版. -- 臺北市：馬可孛羅文化出版：英屬蓋曼群島商家庭傳媒股份有限公司城邦分公司發行, 2022.05
面；　公分
譯自：The Myth of Experience: Why We Learn the Wrong Lessons, and Ways to Correct Them
ISBN 978-986-0767-91-9（平裝）
1.CST: 經驗　2.CST: 經驗心理學　3.CST: 社會心理學
143.43　　111004424

The Myth of Experience: Why We Learn the Wrong Lessons, and Ways to Correct Them
By Emre Soyer and Robin M. Hogarth
This edition published by arrangement with PublicAffairs, an imprint of Persues Books, LLC, a subsidiary of Hachette Book Group, Inc., New York, New York, USA.
through Bardon-Chinese Media Agency